Flores · Die arabische Welt

W0109390

Alexander Flores

Die arabische Welt

Ein kleines Sachlexikon

Philipp Reclam jun. Stuttgart

Umschlagabbildung:
Straßenszene in Kairo
Foto: A. F. Kersting, London

RECLAMS UNIVERSAL-BIBLIOTHEK Nr. 18270
Alle Rechte vorbehalten
© 2003 Philipp Reclam jun. GmbH & Co., Stuttgart
Gesamtherstellung: Reclam, Ditzingen. Printed in Germany 2005
RECLAM, UNIVERSAL-BIBLIOTHEK und
RECLAMS UNIVERSAL-BIBLIOTHEK sind eingetragene Marken
der Philipp Reclam jun. GmbH & Co., Stuttgart
ISBN 3-15-018270-0

www.reclam.de

Inhalt

Einleitung

> In der jetzigen arabischen Gesellschaft bemühen alle Herrscher die Vergangenheit. Sie beschwören sie, weil sie so glorreich war. Diese große Vergangenheit schult das Gedächtnis und errichtet eine Barriere vor dem aktiven Handeln im gegenwärtigen Alltag, der in der Wahrnehmung eines Arabers nur einen dünnen Streifen bildet angesichts der großen Fläche, die die Vergangenheit im Gedächtnis einnimmt.
>
> *Rafik Schami*

Die Araber haben keine gute Presse. Alle möglichen Klischees über sie sind im Umlauf: der verschlagene, schlitzohrige Händler, der reiche Ölscheich, der hinterhältige Terrorist, der nicht erst seit dem 11. September wahrgenommen wird, sondern längst vorher durch unzählige Spionagefilme popularisiert wurde. Die Gleichsetzung von Arabern und Muslimen fügt ein weiteres grobes Klischee hinzu, wobei gern auch noch der Islam als monolithisches Phänomen vorgestellt und womöglich mit dem islamischen Fundamentalismus in eins gesetzt wird. Weiter stellt man sich die Entrechtung der Frauen in der arabischen Welt oft vereinfacht und übertrieben vor, sieht die Defizite im Hinblick auf Demokratie und Menschenrechte, sieht die hassverzerrten Gesichter und gezückten Waffen bei Demonstrationen gegen Israel, sieht auch manche anderen widrigen Aspekte der heutigen Araber – und fügt das alles zu einem ziemlich einheitlichen, widerspruchsfreien und sehr negativen Bild *des* Arabers zusammen.

Auf der anderen Seite das Arabische als das Exotische schlechthin, alle Araber als Figuren aus Tausendundeiner Nacht, das Bild des Beduinen als des edlen Wilden – mit einem Wort, die Araber werden unter dem Motto »ewiger Zauber des Orients« verklärt. Nichts gegen die Faszination durch den Orient in seinem merkwürdigen, fremdartigen, poetischen, ästhetisch reizvollen Charakter. Zur Kenntnis der realen arabischen Welt trägt diese Dimension allenfalls einen Teilaspekt bei.

Beide Bilder der Araber, das negative wie das faszinierende, sind, wenn nicht grundsätzlich falsch, so doch extrem reduziert. Dass diese Vorstellungen existieren, zeigt, dass die Araber uns offenbar beschäftigen. Dass sie sich in ihrer Plakativität halten konnten, hat mit starken Vorurteilen und mit einer weit verbreiteten Unkenntnis der realen Araber und ihrer Lebensumstände zu tun. Diese Unkenntnis sollten wir uns nicht weiter leisten. Die arabische Welt ist die Europa unmittelbar benachbarte Weltregion, viele Araber leben bei uns, das Verhältnis zur arabischen Welt wird für uns auch weiterhin eine große Rolle spielen, und wir sollten an dieses Verhältnis rational, auf der Basis solider Kenntnisse herangehen.

Die arabische Welt, das muss man wissen, um ihre heutige Situation zu verstehen, war einmal die Heimat einer sehr entwickelten Zivilisation, mit reicher Landwirtschaft, großen Städten, vielfältigem Gewerbe und blühendem Handel. Die Araber kamen ohne entwickelte politische Organisation von der kargen Arabischen Halbinsel; sie gruppierten sich um eine neue Idee, den gerade erst entstandenen Islam, schufen zur einen Staat und verleibten ihm große, reiche und entwickelte Gebiete ein. Sie übernahmen zum großen Teil die zivilisatorischen Traditionen dieser Gebiete; sie zogen Wissen heran, wo immer sie es finden konnten; sie setzten sich mit diesem Wissen auseinander, verbanden es mit ihren eigenen hauptsächlich religiösen Ideen und schufen so eine islamische Kultur in arabischer Sprache, die ebenbürtig neben der materiellen Zivilisation stand und an deren Entstehung auch Nichtmuslime einen gewichtigen Anteil hatten. Philosophie, Naturwissenschaft und Medizin standen auf einem für die damalige Welt enorm hohen Niveau; religiöse Wissenszweige waren sehr ausgearbeitet; die Literatur – und hier keineswegs nur die religiöse – war ebenfalls entwickelt; innerhalb von Philosophie und Literatur gab es sogar ausgesprochen kritische und skeptische Richtungen. Dies alles nach bescheidenen Anfängen innnerhalb kurzer Zeit erreicht zu haben, war eine enorme Leistung. Die arabisch-islamische Zivilisation trug in den ersten Jahrhunderten der islamischen Geschichte wesentlich zum menschlichen Fortschritt bei.

Es blieb freilich nicht bei diesem hohen Niveau, und auch den Vorsprung gegenüber anderen Weltregionen konnte die arabische Welt nicht halten, ja sie geriet sogar im Verhältnis zu Europa deutlich ins Hintertreffen. In einem länger dauernden Prozess, der allerdings ungleichmäßig verlief und immer wieder von Perioden der Erholung unterbrochen wurde, gingen politische Stärke sowie wirtschaftlicher und zivilisatorischer Hochstand der arabischen Welt zurück. Parallel dazu verloren sich auch die Offenheit, die Vielfalt, der Reichtum und die Freiheit auf kulturellem und intellektuellem Gebiet, die vorher eine so wesentliche Dimension der arabischen Kultur ausgemacht hatten. Diese Kultur entwickelte sich nicht mehr so dynamisch weiter wie vorher – arabische Autoren selbst sprechen von Verknöcherung oder Erstarrung. Das wurde so lange als wenig beunruhigend empfunden, wie sich auch anderwärts der Fortschritt allenfalls in gemächlichem Tempo vollzog. Als aber in Europa Aufklärung, politische Emanzipation und industrielle Revolution stattfanden und als vor allem letztere es machtmäßig in die Lage versetzte, sehr energisch an die Pforten auch der arabischen Welt zu klopfen, empfand man dort die eigene Unterlegenheit zunehmend als schmerzlich. Europa konnte aufgrund seiner neuen Überlegenheit die arabische Welt unter seinen Einfluss und dann auch unter seine Gewalt bringen – der Umbruch zur Moderne vollzog sich dort unter dem Vorzeichen europäischer Übermacht. Er änderte vieles und stellte althergebrachte Institutionen, Vorschriften und Vorstellungen infrage, wenn sie nicht gar durch diese Veränderungen beseitigt wurden. Weil diese Entwicklung unter fremder Hegemonie erfolgte und sich nicht in jeder Hinsicht heilsam auswirkte, stieß und stößt die Moderne vielfach auf Vorbehalte. Die Einsicht in diesen Umbruchprozess, in seine Auswirkungen, in seinen Niederschlag im arabischen Bewusstsein und in die überragende Rolle, die Europa (bzw. später »der Westen«) für dieses Bewusstsein spielt, ist entscheidend für das Verständnis der heutigen arabischen Welt. Für die Beschreibung einiger Aspekte dieses Prozesses sei auf die Artikel »Stagnation«, »Penetration«, »Unterentwicklung«, »Westen und Moderne«, »Reformismus«, »Arabischer Diskurs« und »Säkularismus« im vorliegenden Band verwiesen.

Die arabische Welt ist heute ein Bestandteil der Dritten Welt; sie teilt im Großen und Ganzen deren Charakteristika: eine wenig industrialisierte und diversifizierte Wirtschaft, ein im Allgemeinen geringes Pro-Kopf-Einkommen, hohe Arbeitslosigkeit, ausgeprägte soziale Ungleichheit, Infrastrukturprobleme, anhaltende Abhängigkeit von den Zentren der industriellen und technologischen Entwicklung u. a. Es kommen aber hier noch besondere Umstände hinzu. Der enorme Reichtum einiger arabischer Länder an Erdölreserven – auf den ersten Blick eine große Chance – hat die Begehrlichkeit äußerer Mächte geweckt und so dazu beigetragen, dass der Westen seine Präsenz in dieser Region auch nach der Entkolonisierung intensiv fortsetzt und sich diese Ressource mit allen Mitteln, auch militärischen, zu sichern versucht. In den frühen Stadien der Erdöl-Erschließung flossen die Gewinne weitgehend ins Ausland ab, und auch nach dem stärkeren Zugriff nationaler Regierungen auf das Öl dienen die Erträge nur teilweise sinnvollen Entwicklungsprojekten (→ Öl). Überdies haben die sehr ungleich über die arabische Welt verteilten Ölvorkommen zu enormen Einkommensunterschieden zwischen den arabischen Ländern geführt und so interarabische Probleme verschärft. Die Vorbereitung und Gründung Israels in Palästina, einem zentral in der arabischen Welt gelegenen arabischen Land, verursachte den Palästinakonflikt, band weit über Palästina hinaus erhebliche Kräfte der Araber, verschärfte die Zersplitterung der arabischen Welt und komplizierte ihre Beziehungen mit dem Westen: In ihrer Mitte befand sich nun ein feindlicher Staat mit sehr engen Beziehungen zum Westen (→ Palästinakonflikt). Ein wesentliches Problem ist auch, dass die arabische Welt in mehr als 20 Nationalstaaten zersplittert ist, die aufgrund ihrer Unterschiedlichkeit größte Schwierigkeiten haben, sich auch nur zu koordinieren, geschweige denn zu kooperieren oder, wie es die arabischen Nationalisten wollen, sich gar staatlich zu vereinigen. Unabhängig davon, ob man das für realistisch oder erstrebenswert hält – der bestehende Zustand trägt zur Schwäche bei (→ Nation; Nationalismus).

Das Bewusstsein der heutigen Araber ist weitgehend vom Bedauern über den in der Tat wenig erfreulichen Zustand ihrer Gesellschaften und deren marginale Stellung in der Welt geprägt (→ Misere). Dabei herrscht eine Tendenz vor, alle negativen Aspekte modernen Einflüssen von außen zuzuschreiben, während die eigene glorreiche Vergangenheit in rosigen Farben gemalt wird, um sich so der Verantwortung für gesellschaftliche Probleme zu entledigen und sie anderen zuzuschieben. In der Folge lastet die Vergangenheit schwer auf den Heutigen und erschwert es ihnen, sich den gegenwärtigen Herausforderungen angemessen zu stellen (→ Verschwörungsdenken). Dabei sind die modernen Einflüsse in ihren positiven wie negativen Aspekten den Arabern wohl bekannt, sie kommen nicht an ihnen vorbei, und wenn manche negativen Erscheinungen dabei heftig abgelehnt werden, so wirkt die Moderne in ihren attraktiven Erscheinungsformen umso verführerischer. Oft hört man die Klage, dass die Araber sich aus den beiden Welten – der eigenen Vergangenheit und der Moderne – jeweils das Schlechtere herausgesucht und miteinander kombiniert haben: aus der Moderne das oberflächliche Übernehmen der jeweils neuesten Trends und Produkte, ohne sich mit ihren geistigen und technologischen Voraussetzungen auseinander zu setzen; aus der Vergangenheit das Festhalten an »althergebrachten« Institutionen, Vorschriften und Vorstellungen, Autoritätshörigkeit, Einschränkung der Rechte von Frauen usw.

Es ist oft nicht leicht, mit Arabern umzugehen. In der heutigen Welt in mancher Hinsicht zu kurz gekommen, werfen viele von ihnen einen scheelen Blick auf andere, lasten diesen in übertriebener Weise ihre ganze Misere an und unterschieben ihnen sinistre Motive, wo es doch meist bloß um die Verfolgung realer Interessen geht. Damit erschweren sie sich selbst die Überwindung der misslichen Situation, so berechtigt die Anklage oft sein mag. Und nichts wird sich ändern, wenn es nicht die Araber selbst tun. Man muss sich aber auch, um das arabische Bewusstsein richtig zu verstehen, vergegenwärtigen, in welchem Ausmaß die heutige Lage tatsächlich auf Kolonialismus und fortgesetzte Abhängigkeit zurückzuführen ist und in welchem Ausmaß der Westen »hausgemachte« negative Erscheinungen und diktatorische Regierungen unterstützt – seinerseits wiederum in Verfolgung realer Interessen. Und man muss zur Kenntnis nehmen, dass viele Araber energisch, manchmal enthusiastisch an der Überwindung der Lage arbeiten und dass auch die arabischen Intellektuellen kein einstimmiger Klagechor sind, sondern die hier angesprochenen Fragen oft sehr heftig, kontrovers und selbstkritisch diskutieren.

Die schwierige Lage der arabischen Welt hat sich auch kulturell ausgewirkt. Dennoch sind viele Zeugnisse vergangener kultureller Größe erhalten geblieben, und gerade in der Auseinandersetzung mit der »arabischen Misere« und mit dem Einbruch der Moderne haben arabische Künstler Großes geleistet. Es lohnt sich, der außerordentlich reichen und vielfältigen arabischen Kultur in allen Bereichen nachzuspüren – am besten durch einen eigenen Besuch. Die Architektur springt sofort ins Auge, wenn man alte arabische Städte besucht. Almohadische Moscheen in Marokko, der Felsendom und die al-Aqsa-Moschee in Jerusalem, die Ibn-Tulun-Moschee und viele mamlukische Monumente in Kairo gehören sicher zu den schönsten Bauwerken der Welt. Auch das abrupte Nebeneinander altehrwürdiger Monumente mit den Scheußlichkeiten moderner Städtebaus lässt sich in vielen arabischen Städten gut beobachten und sollte als sprechendes Zeugnis der Realität beachtet werden (→ Städte). Sowohl die »klassische« arabische Musik wie die zeitgenössische Musik, die sich mit der heutigen Realität auseinander setzt, etwa die Rai-Musik in Algerien und in der algerischen Emigration in Frankreich, sind Zeugnisse kultureller Lebendigkeit. Geistige Traditionen werden bewahrt bzw. wieder belebt – manchmal in der Form sterilen Konservierens, oft aber auch von kreativen Künstlern und Wissenschaftlern. Auch die moderne arabische Literatur hat gerade in der Auseinandersetzung mit Elend, Korruption, geistigem Niedergang und Demoralisierung Werke hervorgebracht, die den Vergleich mit der Weltliteratur nicht zu scheuen brauchen – der Nobelpreis für Nagib Mahfuz ist da nur das bekannteste Zeugnis. Einige der wichtigsten Autoren leben im europäischen Exil – die politischen Verhältnisse in den meisten arabischen Ländern gestatten keine allzu offene Auseinandersetzung.

Das vorliegende Buch versucht in über achtzig Stichwörtern eine Reihe von Facetten und Aspekten der heutigen arabischen Welt kurz und knapp darzustellen und gleichzeitig anzudeuten, wie die Araber selbst diese Dinge sehen. Viele Wahrnehmungen der Araber, die uns auf den ersten Blick seltsam oder irrational erscheinen, werden verständlich, andere ohne weiteres nachvollziehbar, nimmt man den Kontext mit in den Blick. Dabei soll die arabische

Welt nicht unter Hinweis auf den Kontext von jeder Kritik ausgenommen werden. Kritik aber sollte in Kenntnis der realen Lebensumstände geübt werden. Wenn dieses Büchlein zu solcher Kenntnis auch nur ein wenig beiträgt und damit verbreiteten Vorurteilen entgegenarbeitet, hat es sein Ziel erreicht.

Die Auswahl der Stichwörter folgt dem oben genannten Prinzip und will dem Verständnis und der Kenntnis der heutigen arabischen Welt dienen. Dabei werden nicht nur solche Gegenstände behandelt, welche die heutige Realität der arabischen Welt direkt betreffen, sondern auch solche, die das Selbstverständnis der heutigen Araber beleuchten bzw. prägen – mit besonderer Berücksichtigung ihres Verhältnisses zu Europa bzw. zum Westen. Auch Entwicklungen der älteren arabischen und islamischen Geschichte, auf die im heutigen arabischen Diskurs öfter Bezug genommen wird, werden berücksichtigt.

Die einzelnen Stichwörter lassen sich zur besseren Orientierung den im Folgenden aufgeführten Schwerpunkten zuordnen; wer sich zu diesen Themenkomplexen näher informieren möchte, schlage unter den zugehörigen Verweisstichwörtern nach (weiterführende Literatur zu den acht Themenkomplexen findet sich in den »Literaturempfehlungen«):

1. Grundlagen
Araber · Arabische Sprache · Arabische Welt · Geschichte · Islam · Nation · Scharia · Schia · Sunna

2. Vormoderne Geschichte (bis zum Ende des 18. Jahrhunderts)
Abbasiden · Almohaden · Almoraviden · Ayyubiden · Fatimiden · Kalifat · Kreuzzüge · Mamluken · Muhammmad · Rechtgeleitete Kalifen · Seldschuken · Umayyaden

3. Umbruch zur Moderne (19. Jahrhundert)
Dschihad · Osmanen · Penetration · Reformismus · Stagnation · Unterentwicklung · Westen und Moderne

4. Moderne Geschichte (seit dem Ersten Weltkrieg)
Al-Aqsa-Intifada · Algerienkrise · Arabische Liga · Baath · Camp David · Erster Weltkrieg · Golfkriege · Hamas · Hisbollah · Intifada · Islamismus · Junikrieg · Kolonialzeit · Libanonkonflikt · Mandat · Muslimbrüder · Nasserismus · Nationalismus · Oktoberkrieg · Oslo-Prozess · Palästinakonflikt · PLO · Wahhabiten

5. Großregionen der arabischen Welt
Arabische Halbinsel · Fruchtbarer Halbmond · Maghreb · Niltal

6. Sozialstruktur
Beduinen · Berber · Christen · Dhimma · Drusen · Juden · Konfessionalismus · Kurden · Minderheiten · Sozialstruktur · Städte

7. Wirtschaft
Bevölkerung · Landwirtschaft · Öl · Wasser · Wirtschaft

8. Gegenwart
Arabischer Diskurs · Demokratiebestrebungen · Erziehung · Frauen · Medien · Menschenrechte · Misere · Politische Systeme · Recht · Säkularismus · Verschwörungsdenken

Auf wissenschaftliche Umschrift arabischer Begriffe und Namen wurde weitgehend verzichtet, vielmehr sind die Namen und Begriffe entweder so geschrieben, wie es in Europa weithin üblich ist, oder sie sind so umschrieben, dass auch ein Laie sie möglichst nahe an der Originallautung aussprechen kann. Nur in solchen Fällen, wo mir an der Korrektheit von Namen und Bezeichnungen lag oder die bei uns übliche Bezeichnung weit von der originalen abweicht, habe ich die Begriffe oder Namen in wissenschaftlicher Umschrift hinzugefügt oder von vornherein gewählt.

Stichwörter
von A–Z

— Abbasiden —

Arab. *al-ʿabbāsiyyūn*. Mekkanische, mit Muhammad verwandte Familie, deren Angehörige für etwa fünf Jahrhunderte die Kalifen, die offiziellen Machthaber der islamischen Welt, stellten. Der Name leitet sich von Abbas, einem Onkel des Propheten, ab. Als Kalifen wurden die Abbasiden im Jahr 750 von einer Koalition aus mit der umayyadischen Herrschaft unzufriedenen Kräften an die Macht gebracht. Bei diesem Machtwechsel spielten verschiedene Motive mit: der Vorwurf der mangelnden Beachtung des Islam, die Unzufriedenheit von Nichtarabern, vor allem Persern, über ihre Stellung im islamischen Staat, die Betonung der genealogischen Nähe zum Propheten bei der Auswahl der Herrscher usw. Das Heer der Unzufriedenen sammelte sich in Khurasan (Nordostiran), zog nach Westen und stürzte die Umayyaden. Anführer war der begabte Propagandist Abu Muslim (gest. 755), der aber von den einmal zur Macht gebrachten Abbasiden bald beseitigt wurde.

Die Umayyaden wurden gründlich – auch physisch – eliminiert, nach einem Zwischenspiel wurde die Residenz von Damaskus in das an der Stelle eines christlichen Dorfs am Westufer des Tigris neu erbaute Bagdad verlegt, um auch geographisch die politische Zäsur zu markieren. Damaskus wurde nun für mehrere Jahrhunderte eine Provinzstadt, nachdem es zuvor neunzig Jahre lang die Hauptstadt eines Weltreichs gewesen war – eine Zurücksetzung, welche die Damaszener Bagdad bis heute nicht verziehen haben. Der ausgesprochen arabische Charakter des Staats machte der stärkeren Berücksichtigung von nichtarabischen Muslimen Platz; die Verwaltung wurde weitgehend persischen Bürokraten wie den Barmakiden übertragen. Der Islam wurde nun von Staats wegen stärker betont, und man nahm Rücksicht auf die Gelehrten und die Frommen. Allgemein gilt die frühe Abbasidenzeit als eine, wenn nicht als die Blütezeit der islamischen Zivilisation. Glanzvolle Namen wie Harun ar-Raschid (reg. 786–809; auch bekannt durch die Märchen aus Tausendundeiner Nacht) und al-Ma'mun bezeugen das. In der frühen Abbasidenzeit (um 750–850) erreichte der arabisch-islamische Herrschaftsbereich seine größte geographische Ausdehnung (→ Geschichte).

Die frühen Abbasiden förderten nicht nur die Wirtschaft, sondern auch die Kultur tatkräftig und hoben sie damit auf eine neue Stufe – im Grunde wurde in der höchst anregenden geistigen Atmosphäre jener Zeit eine entwickelte arabisch-islamische Kultur erst geschaffen. Bagdad mit seinen mehr als hundert Buchhandlungen war das Zentrum der Zivilisation. Es herrschte große intellektuelle Freiheit, die Errungenschaften der Antike wurden angeeignet und weiterentwickelt, naturwissenschaftliche, philosophische und theologische Literatur übersetzt. Man setzte sich mit »häretischen« Tendenzen im Islam und mit den Theologen anderer Religionen auseinander. Al-Ma'mun (reg. 813–33) machte sich durch die Gründung des »Hauses der Weisheit« (*bait al-ḥikma*) einen Namen, in dem eben diese Auseinandersetzungen in großem Stil stattfanden. Andererseits war seine Regierung mit der »Inquisition« (*miḥna*) verbunden, dem Versuch, eine bestimmte theologische Auffassung als Teil einer Staatsdoktrin durchzusetzen und den Gelehrten, die anderer Meinung waren, mit Gewalt aufzuzwingen. Dieser Versuch misslang letzten Endes, die Nachfolger von al-Ma'mun gaben ihn auf und kehrten sogar offiziell zur »orthodoxen« Position zurück.

Früh zeigten sich auch andere problematische Aspekte der abbasidischen Herrschaft. Persische Herrschertraditionen wurden übernommen, so z. B. in der weitgehenden Abschottung des Herrschers von den Untertanen, die bei den Umayyaden mit ihrem arabischen Stammeserbe so noch nicht etabliert war. Die Erzählungen von Harun ar-

Raschid, der nachts inkognito mit der Laterne in der Hand durch die Straßen Bagdads gegangen sein soll, um nach dem Rechten zu sehen, sind wohl nur eine poetische Verklärung dieser Praxis. Und es zeigten sich auch schon bald politische Probleme: In dem mörderischen Bruderkampf zwischen zwei Söhnen Haruns (al-Amin und al-Ma'mun) schienen zentrifugale Tendenzen auf; ein dritter Sohn führte die Praxis der Herrscher ein, sich zwecks Unabhängigkeit von den arabischen Truppen auf türkische Militärsklaven zu stützen, was bald zur Abhängigkeit von diesen führte; und schließlich machten sich Teilregionen de facto (Gouverneursdynastien) oder vollkommen (spanische Umayyaden, Fatimiden) selbstständig, was die Zersplitterung des bis dahin einheitlichen islamischen Herrschaftsbereichs bedeutete (→ Geschichte).

Der Niedergang des abbasidischen Kalifats als einheitliches Machtgebilde war nicht aufzuhalten. Um die Mitte des 10. Jahrhunderts übernahmen die Buyiden, schiitische Heerführer aus Iran, die Macht sogar im irakischen Zentralbereich des Kalifats, ohne allerdings den Kalifen abzusetzen, der immer noch den Titel »Amir al-Mu'minin«, Befehlshaber der Gläubigen, trug und von dem sich die meisten islamischen Machthaber weiter ihre Ernennungsschreiben erbaten. So entstand eine Art Doppelherrschaft von Kalif als Legitimationsinstanz und Sultan als realer Machthaber. Reale Macht erhielten die Kalifen nur noch selten; auch die türkischen (und sunnitischen) Seldschuken, welche die Buyiden nach etwa 100 Jahren ablösten, verhalfen dem Kalifen nicht zu größerer Macht, obwohl sie in seinem Namen auftraten. Für einige Zeit (um 1180–1225) sicherte sich der Kalif die reale Macht wenigstens im Irak; 1258 machte der Einfall der Mongolen dem abbasidischen Kalifat endgültig den Garaus. In Kairo, wohin sich einige Mitglieder der Familie geflüchtet hatten, unterhielten die mamlukischen Herrscher an ihrem Hof noch ein abbasidisches Schattenkalifat, das aber nur die Funk-

tion einer Legitimationsinstanz hatte. Mit dem Sieg der
Osmanen über die Mamluken 1516/17 ging auch dies zu
Ende.

— Al-Aqsa-Intifada —

Oft benutzte Bezeichnung für die aufstandsähnlichen Unruhen in den palästinensischen Gebieten seit Ende September 2000, mit der von der ersten → Intifada (1987–92) unterschieden wird. Hintergrund für diese Unruhen waren
das Scheitern des → Oslo-Prozesses und der Unmut der
Palästinenser über die fortdauernde Schädigung und De-
mütigung durch die Besatzung. Die Hoffnung, dass die Besatzung auf dem vereinbarten Weg beendet werden würde,
hatte getrogen. Mit dem Misserfolg des Gipfels von
→ Camp David im Juli 2000 war das überdeutlich geworden. Der provokative Besuch des damaligen Oppositions-
führers Ariel Scharon am 28. September 2000 auf dem Tempelberg und die anschließende blutige Unterdrückung palästinensischer Proteste waren nur der Auslöser der neuen
Intifada. Diese war zunächst einmal Ausdruck des Grolls
und der Verzweiflung über die Lage; im Lauf der Zeit kam
bei vielen die Hoffnung hinzu, durch fortdauernden mili-
tanten Widerstand ein Ende der israelischen Besatzung erreichen bzw. beschleunigen zu können. Der Name »Al-
Aqsa« für diese Unruhen bezieht sich auf den Umstand,
dass sie durch ein Ereignis auf dem Tempelberg ausgelöst
wurden, für den im Arabischen al-Aqsa eine geläufige Bezeichnung ist, unterstreicht aber auch den Umstand, dass
religiöse Motivationen in dieser Intifada eine größere Rolle
spielen als in der ersten, und auch dafür sind die islamischen
Heiligtümer in Jerusalem – kurz: al-Aqsa – ein Symbol.

   Die erste und die zweite Intifada weisen markante Unterschiede auf. Im Gegensatz zur ersten, die in den beiden
palästinensischen Gebieten flächendeckenden Charakter

hatte, beschränkte sich die zweite meist auf ganz bestimmte Punkte, nämlich solche, bei denen palästinensische Bevölkerungszentren und israelisches Militär eng benachbart lagen. Das waren vor allem das Josephsgrab in Nablus, das aber bald von der Armee aufgegeben wurde, eine Straßensperre an der nördlichen Ausfallstraße aus Ramallah, die Gegend von Qalandia zwischen Ramallah und Jerusalem, der nördliche Ausgang von Bethlehem und die Netzarim-Kreuzung, an der die Hauptverkehrsader des Gazastreifens eine Siedlerstraße kreuzt. An all diesen Stellen kam es zu heftigen Angriffen palästinensischer Jugendlicher auf israelische Soldaten etwa im Stil der ersten Intifada und auch aus ähnlichen Motiven. Die Armee, aufgrund vergangener Erfahrungen auf eine solche Protest-Situation gut vorbereitet, erlitt wegen der Ungleichheit der Waffen und des Trainings kaum Verluste, brachte aber ihrerseits den Palästinensern empfindliche Verluste bei. Erst im November 2000 griffen Palästinenser mit Schusswaffen in die Kämpfe ein, und seitdem musste auch die Armee Verluste hinnehmen. Insgesamt war die Beteiligung an der Intifada im Verhältnis zu der früheren, die sehr breit in der Bevölkerung verwurzelt war, sehr beschränkt – eine Folge davon, dass die Palästinenser aus den größeren Städten in der Regel keine unmittelbare Berührung mit der israelischen Armee mehr hatten und sie außerdem jetzt, da es ja eine eigene Autorität gab, dazu tendierten, dieser die Lösung des Problems zu überlassen. Diese übernahm aber nicht einmal eine orientierende Rolle in der Intifada: Offiziell immer noch in vertraglicher Vereinbarung mit Israel, aber gleichzeitig nicht willens, sich frontal gegen die eigene militante Basis zu stellen, hielt sich die palästinensische Autorität zurück. In der Praxis scheint man sich lange Zeit bemüht zu haben, die eigenen bewaffneten Organe aus den Auseinandersetzungen herauszuhalten, wollte und konnte aber diese Haltung in den späteren Stadien nicht konsequent fortsetzen.

Im Vergleich zu früher hatten die Palästinenser jetzt viel mehr Waffen zur Verfügung, zum großen Teil aus israelischen Beständen stammend, und angesichts der harten Unterdrückung der Unruhen wurden sie auch zunehmend gegen Israelis eingesetzt. Es gab immer mehr Überfälle auf Soldaten und Siedler in den besetzten Gebieten, israelische Ortschaften wurden von palästinensischem Gebiet aus beschossen, und es gab zunehmend Selbstmordattentate in israelischen Städten, die viele Opfer unter der israelischen Zivilbevölkerung forderten. In den meisten Fällen antwortete die Armee mit harten Vergeltungsmaßnahmen; palästinensische Aktivisten wurden in gezielten Aktionen getötet, und das provozierte oft die Intensivierung des Terrors. Die terroristischen Aktionen wurden zunächst nur von Islamisten unternommen; nachdem ein Anführer der Al-Aqsa-Brigaden, einer Fatah-Organisation, im Januar 2002 einem gezielten Mordanschlag zum Opfer fiel, unternahmen auch sie solche Aktionen.

Die israelische Politik gegenüber der Intifada besteht im Großen und Ganzen in dem Versuch, sie zu unterdrücken, ohne wesentliche politische Gegenleistungen zu erbringen. Seit der Amtsübernahme der Regierung Scharon im März 2001 ist es offizielle Politik, jede Beschneidung der Siedlungspolitik – für die sich Scharon immer stark gemacht hatte – zu verhindern und den Palästinensern in diesem Punkt keinerlei Konzessionen zu machen. In mehreren Einmärschen in palästinensische Autonomiegebiete im Jahr 2002 wurde nicht nur nach Terroristen gesucht, was der offizielle Zweck der Aktionen war, sondern auch ein erheblicher Teil der Infrastruktur zerstört und damit der bereits erreichte Stand der Autonomie zurückgefahren.

Bereits im Oktober 2000 wurde auf Vorschlag des damaligen amerikanischen Präsidenten eine Kommission gebildet, welche die Ursachen der Gewalt und Möglichkeiten ihrer Beendigung untersuchen sollte. Die nach ihrem Vorsitzenden benannte Mitchell-Kommission legte ihren Bericht im April 2001 vor. Bezüglich der Ursachen hielt er sich zurück und referierte im Wesentlichen die Perspektiven der beiden Seiten. Seine Vorschläge konzentrierten sich auf einen Waffenstillstand, auf die Wiederaufnahme der Sicherheitszusammenarbeit und auf »vertrauensbildende Maßnahmen«; rigorose Terrorbekämpfung durch die palästinensische Behörde, Einfrieren des Siedlungsbaus und Aufhebung der Einschränkung der Bewegungsfreiheit durch Israel. Dies sind sicherlich wichtige Elemente des Wegs zu einer Regelung, aber um die Palästinenser dazu zu bringen, ihn zu beschreiten, müsste man mehr in Aussicht stellen als die Rückkehr zum Status quo, nämlich ein wirkliches Ende der Besatzung. Auch die Israelis müssen dazu gebracht werden, einen solchen Weg zu gehen – unter dem Druck und der Angst, die der Terrorismus erzeugt, werden sie diesen Vorschlägen kaum folgen.

— Algerienkrise —

Algerien ist ein Sonderfall, auch im Vergleich mit den anderen Maghrebländern. Die französische Kolonialherrschaft begann hier sehr früh und dauerte außerordentlich lang (1830–1962). Schon vorher handelte es sich um ein politisch stark zersplittertes Territorium, das nur formal unter osmanischer Oberherrschaft stand. Die französische Herrschaft gestaltete das Land ungewöhnlich tiefgreifend um. Algerien wurde als integraler Teil Frankreichs betrachtet; Staatsbürger mit vollen Rechten waren aber nur die europäischen Siedler und die 1870 »kooptierten« algerischen Juden. Auch muslimische Algerier konnten diese Rechte erwerben, mussten dafür aber u. a. auf die Anwendung islamischen Personenstandsrechts verzichten, was wegen der zu erwartenden sozialen Isolierung nur wenige taten. Bildungssprache war ausschließlich Französisch; der Gebrauch und Unterricht der arabischen Schriftsprache

wurde rigoros zurückgedrängt. Man siedelte zahlreiche
Europäer an (1962 betrug die Siedlerbevölkerung etwa
eine Million Menschen), die sich das beste Drittel des Kulturlandes aneigneten und Einheimische (oft die früheren
Besitzer) für sich arbeiten ließen. Unter diesen Bedingungen geschah auch nichts, um die Industrialisierung des
Landes voranzutreiben. Es entstand eine weitgehend zwei-
geteilte Gesellschaft: auf der einen Seite die koloniale Siedlerbevölkerung mit vollen Rechten und ökonomischer
Vorrangstellung, auf der anderen die Einheimischen, mit
geringeren Rechten (z. B. bei Wahlen), der besten Ländereien beraubt und ohne die Möglichkeit, ihre Kultur angemessen zu pflegen und weiterzuentwickeln. Das wichtigste
unterscheidende Kriterium war die religiöse Zugehörigkeit, zumal nicht alle einheimischen Algerier Araber sind,
sondern auch große Berbergruppen im Land leben.

Dies war, als Fall von massivem Siedlerkolonialismus,
der wohl einschneidendste direkte Eingriff des Kolonialismus in die arabische Welt, wenn man den Sonderfall Palästina außer Betracht lässt. Die Migrationsbewegung fand
nicht nur in südlicher Richtung statt, sondern auch umgekehrt: Seit dem Ersten Weltkrieg wurden viele einheimische Algerier zum Militärdienst und zur Arbeit in Frankreich herangezogen. Auf diesem Weg ergab sich ein sehr
enger Kontakt zwischen Mutterland und Kolonie. Es ist
wohl kein Zufall, dass die ersten deutlichen Regungen des
algerischen Nationalismus unter den Algeriern in Frankreich zu verzeichnen waren.

Die algerische nationale Bewegung entstand zwischen
den beiden Weltkriegen. Sie hatte drei Komponenten: eine
populistisch-nationalistische Bewegung unter den algerischen Arbeitern in Frankreich, die Bewegung der islamischen Geistlichen und eine zunächst eher gemäßigt auftre-
tende bürgerlich-intellektuelle Richtung. Die Bewegung
war also heterogen und konnte ihre organisatorische Uneinigkeit im Grunde auch nie überwinden. Der Befrei-

ungskampf wurde am 1. November 1954 mit einer Reihe von Bombenattentaten begonnen; verantwortlich zeichnete der FLN (Front de Libération Nationale, Nationale Befreiungsfront) – praktisch war das nur ein Aushängeschild, hinter dem die Auseinandersetzungen zwischen verschiedenen Gruppen weitergingen. Angesichts des scharfen Gegensatzes in Algerien und der großen Siedlerbevölkerung mit ihren mächtigen Interessen wurde der algerische Befreiungskrieg mit großer Brutalität und Rücksichtslosigkeit auf beiden Seiten geführt. Die französische Armee setzte z. B. Folter ein; die Algerier bedienten sich des Terrorismus als Kampfmittel. Der Krieg kostete etwa eine Million Algerier das Leben. 1962, nach beinahe achtjährigem Krieg, entließ Frankreich Algerien in die Unabhängigkeit – nicht weil man militärisch besiegt worden wäre, sondern weil der Krieg zu viele menschliche und finanzielle Verluste mit sich brachte. Die meisten französischen Siedler verließen das Land – nicht ohne Zerstörungen angerichtet zu haben.

Als die Franzosen das Land verlassen hatten, war das unabhängige Algerien am Nullpunkt – ohne industrielle Basis, mit weitgehend zerstörter Infrastruktur, fast ohne qualifizierte Führungskräfte. Wenn das Land seine Unabhängigkeit behaupten wollte, brauchte es eine lebensfähige Wirtschaft, eine Bedingung, die nicht ohne radikale Maßnahmen zu erreichen war. Nachdem Oberst Houari Boumedienne 1965 den ersten Präsidenten Ahmed Ben Bella gestürzt hatte, wurde ein sehr ehrgeiziges Transformations- und Industrialisierungsprogramm aufgelegt und realisiert. Es sah den Aufbau einer Schwerindustrie in staatlicher Regie und auf modernstem Stand vor, die auf dem Reichtum des Landes an Kohlenwasserstoffen beruhen und mit ihren Produkten nicht nur der Landwirtschaft dienen, sondern auch den Aufbau einer weiterverarbeitenden Industrie anregen sollte (»industrialisierende Industrie«). Finanziert werden sollte das alles mit Hilfe der

Einkommen der Arbeitsmigranten, dann aber vor allem
mit den Erlösen aus dem Export von Erdöl und Erdgas,
die nach der Ölpreissteigerung von 1973 tatsächlich für
etwa ein Jahrzehnt sehr reichlich flossen. Dies war ein genau geplanter Modernisierungsschub »von oben« – flan-
kiert durch großzügige Ausgaben auf dem Erziehungs-
und dem Sozialsektor.

Getragen wurde die Entwicklung von großem und zunächst wohl auch ehrlichem Enthusiasmus. Dem entsprach
in der Außenpolitik der Ehrgeiz, weltpolitisch eine eman-
zipatorische Rolle zu spielen. Die algerische Führung en-
gagierte sich in der Blockfreienbewegung, sie machte sich
zum Sprecher der Dritten Welt in der Forderung nach einer neuen Weltwirtschaftsordnung, unterstützte aber auch
revolutionäre Bewegungen in vielen Ländern, in der arabischen Welt etwa die Palästinenser und die Befreiungskämpfer der POLISARIO (Westsahara) – für dieses Engagement nahm sie auch gravierende Störungen im Verhältnis zu Marokko in Kauf.

Das Aufbaukonzept war letztlich nicht erfolgreich. Die
schlüsselfertig aus dem Ausland bezogenen Industrieanla-
gen erwiesen sich als störanfällig und damit kostenträchtig,
die Qualität der Produkte war niedrig, die erhoffte »industrialisierende« Wirkung und die Verzahnung mit den Bedürfnissen der Landwirtschaft blieben aus. Aus den Mana-
gern des staatlichen Wirtschaftssektors entwickelte sich
eine neue, von der breiten Bevölkerung abgeschottete
»Staatsklasse« mit der Tendenz zu Korruption und Bereicherung. Der FLN monopolisierte im Bündnis mit der Armee nach wie vor die Macht, das Pathos von Befreiung
und Aufbau verkam zur Legitimationsrhetorik. Als dann
mit dem Ölpreisverfall um die Mitte der 80er-Jahre die
staatlichen Einnahmen drastisch einbrachen (die Exporter-
löse für Erdöl und Erdgas lagen 1980–85 durchschnittlich
bei 13 Milliarden Dollar jährlich, 1986–89 jährlich bei 8–9
Millarden Dollar), zeigte sich die ganze Verwundbarkeit

des eingeschlagenen Kurses auf vielen Gebieten, am spektakulärsten im Ansteigen der Arbeitslosigkeit unter Jugendlichen. Soziale Unzufriedenheit schlug in politische Unruhe um. Im Oktober 1988 führte ein Schülerstreik zu Massendemonstrationen, bei deren Unterdrückung es 800 Todesopfer gab.

Die Spaltung der algerischen Bevölkerung in Privilegierte und zu kurz Gekommene, deren Beseitigung ein Ziel der Befreiungskämpfer gewesen war, wurde unter neuen Bedingungen reproduziert. Erziehungs-, Kultur- und Religionspolitik des neuen Staates entsprachen nicht dem wirtschaftlichen Modernisierungsprogramm. Für die Masse der Befreiungskämpfer war der Inhalt ihrer Identität islamisch gewesen, und dem folgte die Führung des zur Regierungspartei gewordenen FLN. Eine forcierte Arabisierung der Erziehung wurde durchgeführt; dabei wurden auch ägyptische Lehrer angestellt, die islamistische Ideologie mitlieferten. Wer aber den arabischen Sektor des Erziehungswesens durchlaufen hatte, konnte kaum mit einer qualifizierten Anstellung rechnen – die war den gut ausgebildeten Abkömmlingen der neuen Technokratie vorbehalten. Die einfache Bevölkerung, in deren Namen doch Aufbau und Modernisierung durchgeführt worden waren und die gleichwohl nicht davon profitierte, fühlte sich düpiert – an die Spitze ihres Protestes konnten sich in kurzer Zeit entstandene islamistische Gruppen stellen, in erster Linie der FIS (Front Islamique du Salut, Islamische Heilsfront).

Nach den Oktoberereignissen von 1988 öffnete die Führung das politische System. Unter einer neuen Verfassung (Februar 1989) gab es für einige Zeit ein sehr reges und offenes politisches Leben, große Meinungsfreiheit, die Bildung von Parteien usw. Nachdem der FIS bei Kommunalwahlen 1990 einen großen Erfolg errungen und bei der ersten Runde der Parlamentswahlen Ende 1991 die Mehrheit der abgegebenen Stimmen erhalten hatte, putschte das

Militär, das immer der eigentliche Machtfaktor war, sagte die zweite Runde ab, setzte den Präsidenten ab und einen neuen ein. Damit war die politische Öffnung von 1989 rückgängig gemacht. Der FIS wurde im März 1992 verboten. Er reagierte mit dem Aufruf zum Widerstand, und das war der Beginn eines ungeheuer blutigen Kampfs, in dem islamistische Gruppen und die Sicherheitskräfte sich bekämpfen, aber auch Intellektuelle und andere Teile der Bevölkerung von beiden Seiten unter Feuer genommen werden. Oft lässt sich nicht feststellen, wer für einen Mord oder ein Massaker verantwortlich ist. Um die Mitte der 90er-Jahre wurde die Zahl der Todesopfer pro Jahr auf mehr als 20 000 geschätzt. 1997 fanden Massaker statt, in denen die Bevölkerung ganzer Dörfer ausgerottet wurde. Mit dem Amtsantritt des Präsidenten Abdalaziz Bouteflika 1999 ging die Gewalt zurück – die grundlegenden Probleme bleiben aber, solange das Militär die eigentliche Machtinstanz ist, vor allem für die Erhaltung seiner eigenen Privilegien arbeitet und weite Teile des politischen Spektrums vom politischen Leben ausschließt.

Als Begründung für den Putsch galt die drohende Regierungsübernahme des FIS und die damit gegebene Gefahr für die Demokratie. Nun wurde freilich auch durch die Aktion des Militärs die Demokratie zerstört, oder besser gesagt, im Keim erstickt. Es ging der Armeeführung wohl in erster Linie um die Erhaltung ihrer Stellung und der damit verbundenen Vorteile. Mit der Bedrohung durch die Islamisten konnte die Aktion aber einigermaßen glaubwürdig gerechtfertigt werden, und ein großer Teil der Weltöffentlichkeit akzeptierte das Argument und fuhr fort, die algerische Regierung auch bei unverhältnismäßig brutalen Unterdrückungs- und Einschüchterungsmethoden zu unterstützen. Opfer der gesamten Entwicklung war und ist die Mehrheit der algerischen Bevölkerung, deren große soziale Probleme ungelöst bleiben und die sich gleichzeitig zwischen dem Hammer der autoritären Regierung und dem Amboss der Islamisten wiederfindet. Eine prinzipiell ähnliche Konstellation finden wir auch in anderen arabischen Ländern, doch nirgendwo ist sie so auf die Spitze getrieben und so gewaltsam wie in Algerien.

— Almohaden —

Arab. *al-muwaḥḥidūn*, »Bekenner der Einheit Gottes«. Berberdynastie, die, nachdem sie die → Almoraviden besiegt hatte, für etwa ein Jahrhundert (um 1150–1250) den ganzen Maghreb und das islamische Spanien beherrschte. Die Bewegung, der diese Dynastie ihre Macht verdankte, entstand aus der Zusammenarbeit eines Ideologen und eines Machtpolitikers. Der Ideologe, Ibn Tumart (1091–1130), war ein Gelehrter, der im Osten der arabischen Welt studiert hatte und von den Gedanken des großen islamischen Theologen al-Ghazali (1058–1111) beeinflusst war. Er vertrat eine strenge Auffassung des Islam mit der Betonung der Einheit Gottes, der Rückkehr zu den Quellen und der Missachtung der Grenzen zwischen den Rechtsschulen. Er ließ sich auch als Imam und Mahdi (Rechtsgeleiteter) verehren. Auf seiner Rückreise in den Maghreb traf er einen algerischen Berber mit großen administrativen und militärischen Fähigkeiten, Abdalmu'min (1094–1163), und schmiedete ein Bündnis mit ihm. Die von beiden geleitete Bewegung konstituierte sich dann in Südmarokko; in den Jahren nach 1130 gelang die Eroberung von ganz Marokko; 1147 wurde Marrakesch eingenommen und zur Hauptstadt gemacht. Diese Eroberung war sehr brutal und ging mit Massakern an der Bevölkerung einher.

Wie die Almoraviden strebten auch die Almohaden weiter nach Norden (Iberische Halbinsel) und Osten (übriger Maghreb), anders als diesen gelang ihnen jedoch bis 1160 die Eroberung des gesamten Maghreb einschließlich Tunesiens und Tripolitaniens. Damit war der gesamte Maghreb unter einer Herrschaft vereint, freilich nicht für lange Zeit: Vom Osten her wurden die Almohaden sehr bald bedroht; der dort eingesetzte Gouverneur machte sich selbstständig. Überdies führten die Kämpfe zum völligen Ruin der betroffenen Gegenden. In Andalusien konnten die Almohaden die christlichen Fürsten noch einmal zurückdrängen (Sieg über Alfons VIII. von Kastilien bei Alarcos 1195), aber auch hier folgten Rückschläge, so die schwere Niederlage bei Las Navas de Tolosa 1212. Um die Mitte des 13. Jahrhunderts wurden den Almohaden die meisten Gebiete entrissen; mit der Eroberung Marrakeschs durch die nordmarokkanischen Meriniden 1269 wurde ihre Herrschaft ganz beendet. Damit war auch das zweite der großen Berberreiche des Maghreb – und damit ein weiterer Versuch, den Maghreb politisch zu einigen – am Ende.

Die Epoche, in der sich die Almohaden auf dem Höhepunkt ihrer Macht befanden, war nur kurz. Dennoch war sie in vieler Hinsicht eine Blütezeit. Die Wirtschaft des Reichs war auf einem hohen Stand, Handwerksprodukte der Städte genossen große Wertschätzung, der Handel mit den europäischen Mittelmeerhäfen florierte, es gab eine in eigenen Werften gebaute große Flotte. Die Baukunst der Almohaden ist berühmt, sie hat sowohl in Andalusien wie in Marokko, vor allem in Marrakesch, noch heute sichtbare Zeugnisse hinterlassen. Vor allem in Andalusien blühten Philosophie, Literatur und Wissenschaft. Ihre Vertreter, etwa der rationalitätsbetonte Philosoph Averroes (arab.: Ibn Rušd, 1126–98) wurden zeitweise gefördert und an den Hof gezogen, zu anderen Zeiten aber auch bedrängt. Die Behandlung von Nichtmuslimen folgte nicht durchweg dem gleichen Muster. Während den Christen sogar in Marrakesch der Bau einer Kirche erlaubt wurde, hatten die Juden zwei Verfolgungswellen (1141–48 und um 1190) zu erleiden – aus Marokko sollen sie für eine Zeit ganz vertrieben worden sein. Das Bild von einem »goldenen Zeitalter«, das die Juden unter muslimischer Herrschaft in Spanien erlebt haben sollen, ist nur teilweise richtig. Die almohadische Epoche war die letzte Gelegenheit, bei der der gesamte Maghreb unter Einschluss des islamischen Spanien unter einer Herrschaft vereinigt war. Der Maghreb zerfiel danach wieder in seine drei Bestandteile; für die Iberische Halbinsel war das Ende der Almohaden weitgehend auch das Ende der islamischen Epoche – mit der Ausnahme des Königreichs von Granada, das noch bis 1492 unter islamischer Herrschaft blieb.

— Almoraviden —

Arab. *al-murābiṭūn*. Berberdynastie, die ungefähr ein Jahrhundert lang (um 1050 – um 1150) große Teile des Maghreb und das islamische Spanien beherrschte. Seit seiner Einbeziehung in den islamischen Herrschaftsbereich waren im Maghreb starke Tendenzen zur Spaltung am Werk. Die Tendenz ging dahin, dass das Gebiet in ein östliches, ein westliches und ein dazwischenliegendes politisches Gebilde (ungefähr entsprechend dem heutigen Tunesien, Marokko und Algerien) zerfiel, wobei die einzelnen Teile sich manchmal noch weiter aufspalteten. Insofern war die staatliche Vereinigung des Maghreb, wie unter den Almoraviden, die Ausnahme.

Die genaue Bedeutung des Begriffs »Almoraviden« ist umstritten; jedenfalls handelte es sich um eine straff organisierte Bewegung, die ihre Basis bei den Sanhadscha-Berbern der westlichen Sahara (südlich von Marokko) hatte und ihre ideologische Inspiration und Orientierung von einem charismatischen Gelehrten namens Ibn Yasin (gest. 1059) erhielt. Dieser war ein strenger Verfechter der Lehren und Vorschriften der malikitischen Rechtsschule des sunnitischen Islam; im Bündnis mit Stammesführern gelang ihm die Gründung einer Bewegung in diesem Geist. Nach seinem Tod (1059) trat allerdings das religiöse Ele-

ment zugunsten weltlicher Führung zurück. Die Stammesführer gründeten mit Marrakesch (1070) die Hauptstadt
des neuen Reichs; der Emir Yusuf bin Taschfin (gest. 1106)
eroberte dann ganz Marokko, griff weiter nach Osten aus
(1082 Eroberung Algiers) und verleibte ab 1086 dann auch
die gesamte muslimisch verbliebene Iberische Halbinsel
seinem Herrschaftsbereich ein. Damit machte er dem Regi-
ment der muslimischen »Kleinkönige« Spaniens ein Ende
und konnte die christliche Rückeroberung der Halbinsel
noch einmal für eine gewisse Zeit aufhalten.

Die Almoraviden, bei gebildeten Zeitgenossen nicht in
hohem Ansehen stehend und auch von späteren Histori-
kern oft negativ beurteilt, konnten doch für sich verbu-
chen, dass sie in einem größeren Gebiet innermuslimische
Zwistigkeiten beendeten, dass sie gegen alle Häresien die
sunnitische Orthodoxie malikitischer Prägung zur Geltung brachten (eine Begleiterscheinung davon war die Ver-
brennung der Werke al-Ghazalis) und dass sie Errungenschaften der höher entwickelten andalusischen Kultur etwa
in der Baukunst im ganzen Maghreb verbreiteten.

Ihr Niedergang ließ allerdings nicht auf sich warten. Die
Almoraviden mussten sich an drei Fronten schlagen: Im
Norden wuchs der Druck der Rückeroberung, in Südmarokko rückten rivalisierende Berber vor, und in Andalusien gab es innere Unzufriedenheit, die sich teilweise religiös artikulierte. Der Todesstoß kam letztlich von den
rivalisierenden Berbern, die unter almohadischer Führung
in Westalgerien vorrückten, 1147 Marrakesch einnahmen
und den letzten almoravidischen Herrscher töteten.

— **Araber** —

Nationalität (→ Nation), die mehrheitlich die arabische
Welt bewohnt und deren Angehörige man sinnvoll dadurch von anderen abgrenzt, dass sie die arabische Sprache

von Hause aus sprechen (oder sie, selbst wenn das nicht der Fall ist, als ihre »eigentliche« Muttersprache ansehen) und eine arabische Identität akzeptieren. Diese Definition legt das Schwergewicht auf ein objektives Moment – Gebrauch der arabischen Sprache –, schließt aber auch ein subjektives Moment ein, das nicht rein willkürlich ist, sondern etwas mit den geschichtlichen Erfahrungen der betroffenen Menschengruppe zu tun hat. Außersprachliche kulturelle Eigentümlichkeiten, z. B. gemeinsame Ernährungsgewohnheiten, zum Kriterium für die Zugehörigkeit zu dieser Nationalität zu machen, erscheint wenig sinnvoll, denn viele solche Züge sind zwar den Arabern gemeinsam, sie teilen sie aber auch mit vielen Nichtarabern. Auch der Islam kann nicht als unterscheidendes Kriterium herhalten, denn erstens sind viele Araber keine Muslime und zweitens die große Mehrheit der Muslime keine Araber. Araber im genannten Sinn bevölkerten den nördlichen Teil der Arabischen Halbinsel; der Begriff »Araber« ist dort seit dem 1. Jahrtausend v. Chr. bezeugt. Eine enorme Expansion des Arabertums fand im Zusammenhang mit der frühen islamischen Eroberungswelle (um 635–750) statt. Die Muslime, damals praktisch alle Araber, eroberten weite Territorien, etablierten sich dort als herrschende Schicht, und in der Folge übernahmen auch viele angestammte Bewohner dieser Territorien zuerst den Islam und dann, meist etwas langsamer, die arabische Sprache – und wurden damit Araber, denn auch das »arabische« Bewusstsein stellte sich in der Regel bald ein. Dieser Prozess dauert nicht nur bis heute fort, sondern hat allem Anschein nach sogar im 20. Jahrhundert einen enormen Schub erfahren, denn mit der effizienteren Kontrolle des Staats, der Ausweitung der Schulbildung und der Verbreitung von Massenkommunikationsmitteln erfasste er verstärkt auch solche ethnischen Gruppen in arabischen Ländern, die bis dahin der Arabisierung widerstanden hatten.

Die arabische Kollektivbezeichnung für Araber, *'arab*, meint nicht nur Araber im ethnischen Sinn, sondern kann auch Beduinen bezeichnen – ein Umstand, der etwa bei der Übersetzung der *Muqaddima* des großen Historikers Ibn Khaldun (1332–1406) für terminologische Verwirrung gesorgt hat, aber außer Betracht bleiben kann, wenn man es nicht mit arabischen Texten zu tun hat.

Eine trennscharfe Abgrenzung von Arabern und Nichtarabern nach den vorgeschlagenen Kriterien ist nicht leicht; es gibt hier – wie häufig in vergleichbaren Situationen – immer wieder Grenzfälle. So sind die maronitischen Christen im Libanon nach der Wahrnehmung aller äußeren Beobachter ohne Zweifel Araber; manche von ihnen würden das aber energisch bestreiten und sich lieber auf die viel älteren phönizischen Wurzeln beziehen. Auch in Ägypten oder im Irak betont man gelegentlich die pharaonischen bzw. altorientalischen Traditionslinien – besonders in Zeiten des Niedergangs des arabischen Nationalismus. In Marokko unterscheidet man oft zwischen Arabern, arabisierten Berbern und Berbern. Da erhebt sich die Frage, wann ein arabisierter Berber zum Araber wird. Letztlich ist die Unterscheidung wenig sinnvoll, denn der Prozess der Arabisierung macht die von ihm Betroffenen zu Arabern ohne jede Einschränkung – fast alle heutigen Araber sind auf diese Weise zu Arabern geworden.

— Arabische Halbinsel —

Die Arabische Halbinsel (arab. *ǧazīrat al-'arab*, »Insel der Araber«) ist die südöstliche der arabischen Großregionen (→ Arabische Welt). Sie ist ein Subkontinent im äußersten Südwesten Asiens; heute besteht sie aus folgenden sieben Staaten: Saudi-Arabien, Kuwait, Bahrain, Qatar, Vereinigte Arabische Emirate (VAE), Oman und Jemen.

Die Arabische Halbinsel ist ein sehr ausgedehntes Tafelland, das von einem westlichen Gebirgsrand allmählich nach Osten abfällt. Sie besteht zum allergrößten Teil aus Wüsten- und Steppengebieten mit äußerst geringen Niederschlägen und spärlicher Besiedlung. Lediglich im Südwesten der Halbinsel, wo der Gebirgsrand hoch aufragt (2000 bis mehr als 3000 m) und in seinem südlichen Teil im Einzugsbereich tropischer Monsunregen liegt, ist Regenfeldbau und damit sesshafte Landwirtschaft möglich. Dieses Gebiet ist daher schon in der Antike als *arabia felix* (»glückliches Arabien«) von der *arabia deserta* (»verlassenes Arabien«) unterschieden worden. Es wird in teilweise äußerst kunstvollem Terrassenanbau verhältnismäßig intensiv landwirtschaftlich genutzt. In den Steppengebieten ist außerhalb der Oasen fast nur nomadische Viehwirtschaft möglich, die großen Wüstengebiete im Zentrum und Südosten der Halbinsel erlauben keinerlei Nutzung. Die Wüste im Südosten wird wegen ihrer enormen Unwirtlichkeit auch *ar-rub' al-ḫālī*, »leeres Viertel«, genannt.

Außer im Jemen und in der an ihn angrenzenden saudischen Provinz Asir ist auf der Arabischen Halbinsel keine intensive Landwirtschaft möglich, wenn man von den Oasen und den Projekten künstlicher Bewässerung von Weizenfeldern absieht, die Saudi-Arabien mit ungeheurem Aufwand und unter Außerachtlassung jeglicher Rentabilitätsgesichtspunkte unternommen hat, inzwischen aber aufzugeben scheint. Etwa seit der Mitte des 20. Jahrhunderts wird die Wirtschaft der Halbinsel vom Erdöl geprägt, das sich hier in großen Mengen findet und Grundlage des beträchtlichen Wohlstandes der betroffenen Staaten ist. Einige von ihnen (Saudi-Arabien, Bahrain, VAE) haben das so zur Verfügung stehende Kapital auch zu Industrialisierungsprojekten genutzt, meist Verarbeitung der Kohlenwasserstoffe oder Ausnutzung der billigen Energie. Am Persischen Golf, vor allem in Stadt und Emirat Dubai, engagiert man sich auch in Handel, Dienstleistungen und Tourismus.

Die Arabische Halbinsel ist das Ursprungsgebiet der
Araber. Nachdem sie ihren Herrschaftsbereich ausgedehnt
und dessen Zentrum in den Fruchtbaren Halbmond verlegt hatten, geriet die Halbinsel für lange Zeit wieder an
die Peripherie des Weltgeschehens. Das gilt vor allem für
die Gebiete des Inneren, wo bis ins 20. Jahrhundert kein
Staat seine Autorität geltend machte. Der Hedschas, die
Region im Nordwesten der Arabischen Halbinsel, genoss
durch die islamischen Heiligen Stätten eine gewisse Auf-
merksamkeit; der Jemen, obwohl landwirtschaftlich begünstigt, blieb geographisch isoliert. Das Osmanische
Reich nahm nur die Randgebiete der Halbinsel unter seine
– zeitweilige und prekäre – Kontrolle. Erst die Ereignisse
des → Ersten Weltkriegs, die Ölfunde und die Konsolidierung des modernen saudischen Staates (→ Wahhabiten)
änderten diesen Zustand. Heute spielt Saudi-Arabien auf
der Ebene der arabischen Politik eine beträchtliche Rolle.

Die Bevölkerung der Halbinsel war ursprünglich nahezu homogen; fast alle Bewohner waren muslimische
Araber, die meisten von ihnen Sunniten. An der Küste des
Persischen Golfs lebten Schiiten, im Jemen Juden. In der
jüngeren Vergangenheit wurden wegen des Ölreichtums
und der dadurch induzierten enormen Entwicklungsprojekte zahlreiche Arbeitsmigranten auf die Halbinsel ge-
holt, so haben einige der kleineren Scheichtümer am Golf
eine mehrheitlich nichteinheimische Wohnbevölkerung.
Die Migranten sind teilweise Araber, kommen aber auch
aus Europa und den USA und in besonders großer Zahl,
vor allem für die weniger qualifizierten Tätigkeiten, aus
Südasien.

Die »Ölstaaten« der Arabischen Halbinsel (alle oben genannten außer dem Jemen) haben eine ähnliche soziale,
wirtschaftliche und politische Struktur. Sie verfolgen daher
ähnliche Interessen und koordinieren ihre Politik besonders eng. 1981 haben sie zur Erleichterung dieses Vorge-
hens und zur noch engeren Koordinierung und Zusam-

menarbeit den Golfkooperationsrat (GCC, Gulf Cooperation Council) gegründet und seitdem in diesem Rahmen eine relativ erfolgreiche vor allem wirtschaftliche, aber auch politische Kooperation praktiziert.

— Arabische Liga —

Die Arabische Liga (AL, Liga der arabischen Staaten; arab. *ğāmiʿat ad-duwal al-ʿarabiyya*) ist ein Zusammenschluss aller arabischen Staaten, dem auch Palästina angehört, obwohl es kein allgemein anerkannter Staat ist. Die AL wurde am 22. März 1945 mit der Unterzeichnung des »Pakts der AL« in Kairo gegründet. Vorausgegangen war ein Vorbereitungstreffen von fünf unabhängigen arabischen Staaten im September 1944 in Alexandria, auf dem mit dem »Alexandria-Protokoll« die einvernehmliche Absicht erklärt wurde, eine Liga unabhängiger arabischer Staaten zum Zweck der Stärkung ihrer gegenseitigen Beziehungen, der politischen Koordination und Zusammenarbeit, des Schutzes ihrer Unabhängigkeit und Souveränität und der Verfolgung arabischer Belange zu gründen. Diese Ziele wurden dann auch im Pakt der Liga festgehalten. Gründungsmitglieder waren die sieben damals unabhängigen arabischen Staaten: Syrien, Transjordanien, Irak, Saudi-Arabien, Libanon, Ägypten und Jemen.

Die AL wurde gegründet, um in der seinerzeitigen Atmosphäre verstärkter internationaler Kooperation, in der ja auch die UNO entstand, der arabischen Welt durch regionalen Zusammenschluss Gewicht zu verleihen und die Durchsetzung gemeinsamer Interessen zu erleichtern. Gelegentlich wird behauptet, die AL sei eine britische Schöpfung gewesen. In der Tat hatte der britische Außenminister Eden 1941 und dann noch einmal 1943 Wohlwollen für den verstärkten arabischen Zusammenschluss signalisiert, auch um die Araber in der Kriegssituation bei der

Stange zu halten, und dabei wohl an eine britische Führungsrolle gedacht. Das diskreditiert aber nicht die Idee als solche. Auch Araber waren schon auf den Gedanken gekommen, und jedenfalls überlebte die AL die britischen Imperialinteressen in der Region.

Die Gründung der AL war eine klare Absage an die Idee eines arabischen Einheitsstaates, die *das* Credo des arabischen → Nationalismus ist. Die Souveränität der einzelnen Mitgliedsstaaten wurde ausdrücklich bekräftigt, und der Pakt sieht keinerlei Hineinregieren der Liga in Belange der Mitglieder vor. In Konfliktfällen soll sie eher eine Vermittlungsrolle spielen. Eine Konzession an die Einheitsidee wird allerdings insofern gemacht, als der Pakt den einzelnen Mitgliedern freistellt, wie eng ihre Beziehungen untereinander zu gestalten sind.

Die Koordination und Zusammenarbeit, auf die sich die AL also im Wesentlichen beschränkt, betrifft weitgehend technische Fragen in den Bereichen Wirtschaft, Kommunikation, Kultur, Fragen der Staatsbürgerschaft, Soziales und Gesundheit. Die Organe der AL sind der Rat der Liga, in dem jedes Mitglied mit einer Stimme vertreten ist und der die großen Linien der Politik festlegt (sollte wenigstens zweimal jährlich zusammentreten), das Ständige Sekretariat (mit dem Generalsekretär an der Spitze) und verschiedene technische Komitees, die Vorschläge für die Koordination in den genannten Bereichen machen. Seit 1964 finden wichtige Ratssitzungen einmal jährlich als arabische Gipfelkonferenzen statt. 1950 schlossen die Mitglieder der AL einen Vertrag über gemeinsame Verteidigung und ökonomische Zusammenarbeit, aufgrund dessen drei zusätzliche Organe geschaffen wurden: der Rat für gemeinsame Verteidigung, der Wirtschaftsrat und eine Ständige Militärkommission. An dem Charakter der AL als lose Konföderation änderte sich dadurch nichts.

Alle unabhängig gewordenen arabischen Staaten traten, meist bald nach ihrer Unabhängigkeit, der AL bei. Heute hat sie 22 Mitglieder; zusätzlich zu den arabischen Ländern »im engeren Sinn« und Palästina noch Somalia, Dschibuti und die Komoren. Die wenig spektakuläre Arbeit der technischen Komitees der AL war im Allgemeinen durchaus erfolgreich, wenn man vor allem ihre Koordinationsaufgabe bewertet. Zu einem wirklichen Zusammenwachsen der gesamten arabischen Welt hat sie wenig beigetragen – dazu fehlte der politische Wille der Regierungen. Konkrete Einigungsbemühungen waren zeitlich begrenzt und nicht immer erfolgreich (Vereinigte Arabische Republik, Union du Maghreb Arabe, Gulf Cooperation Council). Konflikte unter arabischen Staaten hat die AL nicht verhindern können; sie nahmen zeitweise die Form eines »arabischen Kalten Kriegs« und manchmal sogar die von bewaffneten Auseinandersetzungen an (ägyptische Intervention im Jemen, irakische Annexion Kuwaits). Die AL hat aber durchaus, über das in ihrem Pakt vorgesehene Maß hinaus, auch eine politische Rolle gespielt, indem sie gemeinsame arabische Interessen etwa im Palästinakonflikt öffentlich wirksam formulierte und durchzusetzen versuchte. So gelang es ihr, bei der UN-Vollversammlung im November 1947 eine bedeutende Zahl von Stimmen gegen die Mehrheitsempfehlung der Kommission für die Teilung Palästinas zu mobilisieren. Durchsetzen konnte sie sich damit allerdings nicht – beschlossen wurde die Teilungsempfehlung. Und nach der Annexion Kuwaits bemühte sie sich intensiv, allerdings erfolglos, um eine »arabische Lösung« der Krise. Mit dieser Bilanz – erfolgreich in Fragen technischer Koordination, sehr viel weniger in wichtigen politischen Fragen – ist die AL ein treues Abbild der arabischen Welt selbst: in sich gespalten und im internationalen Kräftespiel zu schwach, selbst einheitliche arabische Positionen durchzusetzen.

— Arabische Sprache —

Vor der Entstehung des Islam war das Arabische in der nördlichen Arabischen Halbinsel (und in gewissem Maß in manchen Nachbarregionen) verbreitet. Der Gebrauch der arabischen Sprache weitete sich mit der Ausbreitung der Araber aus, auch auf die angestammte Bevölkerung der neu eroberten Regionen. Das Arabische wird in der arabischen Schrift geschrieben, einer Buchstabenschrift wie die lateinische, die auch mit einer ähnlichen Zahl von Buchstaben (28) auskommt. Sie wird von rechts nach links geschrieben und kennt keine Groß- und Kleinschreibung, wohl aber unterschiedliche Formen der Buchstaben je nach ihrer Stellung im Wort, denn innerhalb eines Wortes werden die Buchstaben in der Regel verbunden.

Das Arabische ist heute die Verkehrssprache der gesamten arabischen Welt. Auch diejenigen, für die es nicht Muttersprache ist, benutzen es häufig als Bildungssprache und in den verschiedensten Bereichen der Kommunikation. Arabisch gehört zur Gruppe der semitischen Sprachen. Die meisten seiner Wörter lassen sich von einer aus drei Konsonanten bestehenden Wurzel ableiten; die Gesetze der Ableitung sind streng logisch; die Zahl der so ableitbaren Verbstämme und sonstigen Wortformen ist groß. Noch weit größer ist die Zahl der tatsächlich vorkommenden Wurzeln, wodurch das Arabische über einen außerordentlichen lexikalischen Reichtum verfügt. So existieren jeweils für die Begriffe ›Kamel‹ und ›Löwe‹ viele arabische Ausdrücke, differenziert nach Spielarten, Aktionssituationen usw. Dieses Potenzial wurde früh genutzt. Sprache und Poesie galten schon den vorislamischen Arabern als hohes Gut, und das hat sich bis heute gehalten. Der Koran genießt nicht nur als Grundurkunde des Islam, sondern auch wegen seiner sprachlichen Gestalt die Wertschätzung der Araber, ja, seine sprachliche Qualität dient sogar als zusätzliches Argument für seinen göttlichen Ursprung.

In der Blütezeit der arabischen Zivilisation (8.–12. Jahrhundert) war das Arabische Medium einer umfangreichen Literatur der verschiedensten Sparten: Poesie, Prosaliteratur, Theologie, Rechtsgelehrsamkeit, Wissenschaft und Philosophie. Dabei hatte es auch die Funktion eines kulturellen Schmelztiegels, denn nicht nur Muttersprachler, sondern auch Sprecher anderer Sprachen bedienten sich seiner zum Zweck des intellektuellen Austauschs. Renommierte Grammatiker hielten den Reichtum der Sprache in ihren Werken fest.

Einiges von diesem Erbe wurde auch in Zeiten geringerer kultureller Fruchtbarkeit oder gar Stagnation bewahrt. Teile der Poesie, vor allem aber der Koran blieben Gemeingut aller Gebildeten, ja sogar eines wenig gebildeten Publikums, denn sein Zweck ist es ja, nicht nur gelesen, sondern öffentlich vorgetragen und in Teilen memoriert zu werden. Allerdings war die arabische Sprache von der weitgehenden kulturellen Stagnation der arabischen Welt nicht ausgenommen. Die Araber erschienen auch sprachlich wenig für die Herausforderung gerüstet, die ein übermächtiges Europa seit dem 19. Jahrhundert für sie darstellte. Man machte darum seit dem 19. Jahrhundert den Versuch, die arabische Sprache an die Erfordernisse des modernen Lebens anzupassen. Dazu wurden europäische und amerikanische Werke ins Arabische übersetzt, aber auch, inspiriert von den westlichen Errungenschaften, arabische Werke im »modernen« Geist verfasst. Diese Bemühungen setzen sich bis heute fort.

Bisher war nur von der arabischen Hochsprache (*fuṣḥā*) die Rede. Sie ist die Sprache der schriftlichen Kommunikation und wird (normalerweise) in Radio und Fernsehen sowie bei formellen Gelegenheiten benutzt. Diese Hochsprache ist für die gesamte arabische Welt einheitlich. Die alltägliche mündliche Kommunikation vollzieht sich in aller Regel in den Dialekten der Umgangssprache (*'āmmiyya*), die je nach Region sehr unterschiedlich sein können. Die immer noch verhältnismäßig große Kluft zwischen Hochsprache und Dialekt schafft gewisse Probleme. Die Sprachverliebtheit, ja der Sprachfetischismus auch der heutigen Araber bezieht sich auf die Hochsprache. Auf dieser Ebene wird die eigene große Vergangenheit evoziert, wird Poesie rezitiert, wirkt der religiöse Appell mit all seiner Weihe. Das »wirkliche Leben« mit seinen heute vielfach beklagenswerten Aspekten erfasst man im Dialekt. Dieser Umstand dürfte es den Arabern noch weiter psychologisch erschweren, ausgehend von der Erinnerung an vergangene Größe ihre heutige Situation zu verändern.

Die Dialekte haben Vorteile: ihre Struktur ist einfach, ihre Formen sind abgeschliffen, das Vokabular im Verhältnis zur Hochsprache sehr eingeschränkt. Sie kommen also dem praktischen Bedürfnis entgegen, müssen z. B. nicht wie die Hochsprache erst aufwendig gelernt werden. Ihre Verschiedenheit erschwert aber die Kommunikation zwischen den einzelnen arabischen Ländern. Die einheitliche Hochsprache dagegen ist in einer Situation der ansonsten ziemlich gründlichen Zersplitterung der arabischen Welt eines der wirksamsten einheitsstiftenden Momente. Überdies eignet sie sich besser als die Dialekte zur Erfassung der oft komplexen Sachverhalte der modernen Welt. Sie im Hinblick auf Einheitlichkeit und auf modernen Gebrauch zu standardisieren, ist die Aufgabe der (mehreren) arabischen Sprachakademien und der Erziehungsabteilung der → Arabischen Liga, die auf diesem Gebiet (wie auch mit der zuerst 1985 erfolgten Platzierung von Arabsat, eines gemeinsamen arabischen Nachrichtensatelliten) mehr Erfolg erzielen konnte als auf ihren anderen Tätigkeitsfeldern.

Die prinzipiell unbefriedigende »Zweisprachigkeit« der arabischen Welt ändert sich insofern, als die Kluft zwischen Hochsprache und Dialekt infolge der Verbreitung von Bildung und der Beeinflussung durch Medien in gewissem Maß kleiner wird: Dialekte bereichern ihren Wortschatz durch Übernahme aus dem Hocharabischen; das Hocharabische wiederum vereinfacht sich durch Weglassen von Flexionsendungen, Verschlankung des Wortschatzes und einen an europäischen Sprachen orientierten Stil. Es entsteht ein »Standardarabisch«, das meist auch so genannt wird und, obwohl in manchen Struktureigentümlichkeiten den Dialekten angenähert, eher als diese »arabienweit« verstanden wird. Auch der ägyptische Dialekt dient der Verständigung der Araber untereinander, weil er durch Rundfunk, Fernsehen, Filme und Lieder weithin populär ist. Gelegentlich dienen auch Englisch und – weniger – Französisch als Hilfsmittel interarabischer Verständigung.

— Arabische Welt —

Die arabische Welt besteht aus dem nördlichen Teil Afrikas und dem äußersten Südwesten Asiens. Ihre Abgrenzung nach außen folgt weitgehend natürlichen Grenzen bzw. schwer zu überwindenden Grenzsäumen. Ihr afrikanischer Teil wird vom übrigen Afrika durch die Sahara abgetrennt; der asiatische vom übrigen Kontinent durch das Taurus-Gebirge (Grenze zu Anatolien) und das Zagros-Gebirge (Grenze zum iranischen Hochland). Die übrigen Grenzen der arabischen Welt sind Meeresküsten: Atlantik, Mittelmeer, Persischer Golf und Arabisches Meer mit seinen Ausläufern.

Die arabische Welt in ihrer heutigen Gestalt ist dadurch entstanden, dass die Araber, deren Siedlungsgebiet sich bis dahin auf die Arabische Halbinsel beschränkt hatte, kurz nach der Entstehung des Islam ein außerordentlich großes Gebiet von den Pyrenäen bis zum Indus eroberten, dessen Bevölkerung dann im Lauf eines länger dauernden Prozesses weitgehend arabisiert und islamisiert wurde. Die Lebensbedingungen und Siedlungsweisen im größten Teil dieses Raums entsprachen weitgehend denen auf der Halbinsel mit ihrem großen Gewicht städtischer und beduinischer Lebensformen. Manche zunächst – jedenfalls teilweise – arabisierten Gebiete, wie die Iberische Halbinsel und Iran, wurden wieder »entarabisiert«.

Die arabische Welt wird überwiegend von Arabern, also Menschen arabischer Muttersprache (→ Arabische Sprache), bewohnt. Die Religion der meisten ihrer Bewohner ist der sunnitische Islam. Es gibt mehr oder weniger große nichtarabische Bevölkerungsgruppen – mit oder ohne zusammenhängende Siedlungsgebiete; die bedeutendsten sind Kurden und Berber. Und es gibt außer den Sunniten Angehörige unterschiedlicher religiöser Konfessionen, seien sie nun nichtsunnitische Muslime, wie die Schiiten, oder Angehörige anderer Religionen, wie Christen, Juden oder Yeziden (→ Minderheiten).

In den arabischen Gebieten herrscht subtropisches Klima; bei allgemein großer Trockenheit lassen sich von den klimatischen Bedingungen her unterschiedliche Zonen feststellen. An die gebirgigen Randzonen des Mittelmeers, durch Winterregen verhältnismäßig begünstigt, schließt sich in Binnenrichtung ein trockenerer Steppengürtel an; hinzu kommen die völlig trockenen Wüsten- und Halbwüstenregionen. Vom Landschaftstypus her lässt sich die arabische Welt in mehrere Großlandschaften einteilen: die regenbegünstigten Mittelmeerregionen; die Gebirgslandschaften; die Wüsten und Halbwüsten und schließlich die Stromlandschaften, in erster Linie das Niltal und Mesopotamien (die durch Euphrat und Tigris gebildete Flusslandschaft), wo trotz geringer Regenfälle Landwirtschaft mit Hilfe künstlicher Bewässerung betrieben wird.

Geographisch unterteilt man die arabische Welt normalerweise in die folgenden vier Großregionen: den → Maghreb, d. h. Nordafrika nördlich der Sahara unter Ausschluss Ägyptens; das → Niltal, also Ägypten und den Sudan; den → Fruchtbaren Halbmond, d. h. die Levante und Mesopotamien; und schließlich die → Arabische

Halbinsel. Die arabischen Staaten sind im Einzelnen folgende: Mauretanien, Marokko, Algerien, Tunesien, Libyen, Ägypten, Sudan, Jordanien, Libanon, Syrien, Irak, Kuwait, Saudi-Arabien, Bahrain, Qatar, Vereinigte Arabische Emirate, Oman und Jemen. Sonderfälle sind die Westsahara, die einen Anspruch auf Eigenstaatlichkeit erhebt, aber von Marokko kontrolliert wird, und die palästinensischen Gebiete, die noch kein allgemein anerkannter souveräner Staat sind (→ Oslo-Prozess).

Wasserknappheit, Weiträumigkeit und infrastrukturelle Defizite schränkten und schränken die Entwicklungsmöglichkeiten in der arabischen Welt ein und prägen bis zu einem gewissen Grad ihre Lebensweise. Die Wasserknappheit erfordert umsichtige Wassernutzung, deren Formen sich in der gesamten Region gleichen. Auch viele andere Aspekte der Lebensweise ähneln sich in der ganzen arabischen Welt aufgrund ähnlicher Naturbedingungen. Man unterscheidet von alters her drei menschliche Lebensformen in der arabischen Welt: städtische, ländlich-sesshafte und nomadische, hier als beduinisch bezeichnet. Letztere spielt aber praktisch wegen der Sesshaftwerdung der Beduinen nur noch eine geringe Rolle.

Aus ihrer Lage zwischen drei großen Wirtschaftsräumen – Europa, Schwarzafrika und Südasien – hat die arabische Welt oft Vorteile gezogen. Bis zur Entdeckung des Seewegs um Afrika um 1500 musste jeder Austausch zwischen diesen Räumen über ihr Gebiet hinweg erfolgen; und so konnten arabische Fernhändler und die wichtigen arabischen Städte, die Knotenpunkte des Fernhandels waren, von den hier zu erzielenden besonderen Gewinnen profitieren. Der Fernhandel – auch zwischen verschiedenen arabischen Regionen – florierte unter diesen Umständen lange Zeit und sorgte auch für den Zusammenhalt zwischen verschiedenen, sonst eher isolierten arabischen Gebieten. Diese Einheit war allerdings prekär und reagierte empfindlich auf Störungen dieses Verkehrs oder gar sein weitgehendes Erliegen. Eine nachhaltige Veränderung des Transithandels durch die arabische Welt erfolgte langfristig durch die Entdeckung des Seewegs um Afrika.

— Arabischer Diskurs —

Wie bei jeder größeren Gruppe Menschen ist es auch im Fall der Araber unmöglich, ihr heutiges Denken knapp und gleichzeitig zutreffend zu beschreiben – dazu ist es zu facettenreich. Wohl aber erscheint es sinnvoll, die wichtigsten Züge des »arabischen Diskurses« oder der »arabischen Ideologie« zu benennen, d. h. diejenigen Aspekte des Denkens, welche die soziale und politische Praxis orientieren oder legitimieren. Da drängt sich für die Araber zuerst die Frage nach ihrem Selbstverständnis auf. Dieses ist seit langer Zeit durch das Verhältnis zu Europa bzw. zum Westen geprägt. Schon seit der frühen islamischen Zeit standen die Araber zu Europa in einem engen Verhältnis, das Austausch und gegenseitige Befruchtung kannte, mehr aber noch durch Reibung und Konflikt gekennzeichnet war. Seit der industriellen Revolution wurde Europa in dieser Beziehung die eindeutig und zunehmend stärkere Seite, was seine Faszination für die Araber steigerte. Wenn man heute in diesem Zusammenhang vom Westen redet, meint man die wirtschaftlich dominierenden Staaten Europas und die USA. Das Verhältnis zum Westen ist im arabischen Diskurs von größter Bedeutung. Das liegt zunächst vor allem an dessen rein materieller Übermacht, die sich in der arabischen Welt deutlich genug bemerkbar gemacht hat und bis heute andauert. Die damit verbundene Unterlegenheit und Abhängigkeit auf den verschiedensten Gebieten wird als schmerzlich empfunden. Viele Araber sind geradezu besessen von dem Wunsch, die Abhängigkeit zu beenden und den Entwicklungsrückstand aufzuholen.

Der Westen hat freilich einen Doppelcharakter, auch in arabischen Augen. Außer den negativen Erscheinungsformen und Konsequenzen seiner Dominanz gibt es die materiellen Errungenschaften und die daraus folgenden Annehmlichkeiten, die man gern genießt, die aber in vollem Umfang nur kleineren Teilen der Bevölkerung zugänglich sind. Manifest sind zudem auch moderne Werte, Methoden und Errungenschaften, die zuerst im Westen entwickelt wurden: Aufklärung, Rationalismus, Menschenrechte, Demokratie. Diese Errungenschaften haben sich in der arabischen Welt nicht konsequent durchgesetzt, wohl aber prägen sie den Erwartungshorizont vieler Araber. Der Westen ist also im arabischen Denken allgegenwärtig; gleichzeitig ist das Verhältnis zu ihm sehr zwiespältig. Positive und negative Aspekte des Westens werden nicht immer scharf unterschieden. In manchen Kreisen – vor allem bei Nutznießern des bestehenden Zustands – werden der Westen und sein Einfluss pauschal bejaht, in anderen werden sie in toto abgelehnt, oft in irrationaler Weise. Hierher gehören manche Verschwörungstheorien und übertriebene Vorstellungen von »Kulturimperialismus«. Eine besonders konsequente Leugnung aller positiven Aspekte des westlichen Einflusses betreiben Islamisten und islamische Traditionalisten. Angesichts der unbestreitbaren negativen Aspekte westlichen Einflusses und der weit verbreiteten Vorurteile gegen alles »Fremde« finden sie damit auch bei vielen Gehör.

Ein weiterer wichtiger Zug des arabischen Diskurses ist die Betonung der eigenen »großen« Vergangenheit, der Epoche, in der die arabische Welt anderen Weltregionen, darunter auch Europa, in vieler Hinsicht überlegen war. Die Erinnerung an diese Zeit wird in vielen Studien über den *turāt*, das arabisch-islamische Kulturerbe, beschworen. Nahe liegt die Vorstellung, mit dem Festhalten an diesem Erbe oder seiner Neubelebung könne ein Beitrag zur Überwindung der heutigen Misere der arabischen Welt geleistet werden. Wie die Besinnung auf die eigene historische Größe zur Lösung der gegenwärtigen Probleme beitragen könnte, wird allerdings nicht gezeigt. Kritische Intellektuelle weisen gelegentlich darauf hin, dass die Fruchtbarkeit des europäischen Denkens gerade darin lag, nicht an einem einmal erlangten Niveau festzuhalten, sondern das bisher Erreichte immer wieder neu zu überwinden. Ähnliches wird dann für das arabische Denken vorgeschlagen: kritische Auseinandersetzung mit dem eigenen Kulturerbe ebenso wie mit den geistigen Errungenschaften des Westens, und zwar jeweils aufgrund der von der eigenen Realität gesetzten Notwendigkeiten.

Die mit und nach der Unabhängigkeit der arabischen Länder lange Zeit herrschende Tendenz des arabischen Diskurses war ein ausgeprägter Antiimperialismus, der alle noch verbliebenen Aspekte der Abhängigkeit beenden wollte. Bestimmte Elemente einer marxistischen oder leninistischen Analyse des Imperialismus drängten sich auch solchen Kräften auf, die von ihrem Bewusstsein her alles andere als Marxisten waren, wie z. B. dem aus dem Umsturz von 1952 hervorgegangenen ägyptischen Regime um die Mitte der 50er-Jahre. Man hat hier von einem »objektiven Marxismus« gesprochen. Die »subjektiven« Marxisten, also die kommunistischen Parteien, fungierten hier zwar als Stichwortgeber oder Ideologielieferanten, wurden aber nicht als Zentrum oder gar Speerspitze der antiimperialistischen Strömung akzeptiert, weil sie sich durch eine gewisse Rücksicht auf die Kolonialmächte zur Zeit der Anti-Hitler-Koalition, durch ihre starke Bindung an die sowjetische Politik etwa in der Palästinafrage oder auch nur durch ihre Betonung sozialer Fragen in den Augen der »reinen« Nationalisten kompromittiert hatten. Populärster Vertreter eines solchen antiimperialistischen Nationalismus war in den 50er- und 60er-Jahren der → Nasserismus. Dessen Desavouierung durch die Niederlage im → Junikrieg 1967 gab zunächst noch radikaleren Kräften

Auftrieb, die sich oft zum Marxismus-Leninismus bekannten, einer zugespitzten Ideologie der nationalen Befreiung mit Betonung des Volks- bzw. Guerillakriegs anhingen und die Palästinafrage zu einem Dreh- und Angelpunkt ihrer Äußerungen machten. Sie wandten sich nicht nur gegen den Imperialismus und den Staat Israel, sondern auch gegen die bestehenden arabischen Systeme, deren Überwindung sie für die Voraussetzung eines erfolgreichen Kampfs hielten. Die zentrale Parole dieser Strömung lautete: »Gegen Imperialismus, Zionismus und arabische Reaktion!«

Die Blütezeit dieser Strömung, die um 1970 lag, ging rasch vorüber. Seitdem wurden sowohl der arabische Nationalismus »alter Art« wie auch diese neue Spielart als dominante Ideologie von der Betonung des Islam in ihren verschiedenen Erscheinungsformen abgelöst. Allerdings sind die Probleme, welche die genannten Ideologien hervorgetrieben haben, in erster Linie die Abhängigkeit, nicht überwunden, und so beherrschen auch die alten Themen nach wie vor den arabischen politischen Diskurs, nun allerdings in eine »islamische« Sprache übersetzt. Wo vorher vom Imperialismus und den unterdrückten Massen der Dritten Welt die Rede war, heißt es nun in koranischen Formulierungen *al-mustakbirūn* und *al-mustaḍ'afūn*, »die Hochfahrenden« und »die Unterdrückten«. Gemeint jedoch ist jeweils etwas ganz Ähnliches.

— Ayyubiden —

Arab. *al-ayyūbiyyūn*. Dynastie, die 1171–1250/60 über wichtige arabische Gebiete (Ägypten, Syrien, Obermesopotamien) herrschte; hervorgegangen aus einer Familie kurdischer Militärs im Dienst der Zengiden, der Herrscher von Aleppo und Damaskus (→ Kreuzzüge). In den Wirren, in denen seit 1160 der Fatimidenwesir in Ägypten

eine Schaukelpolitik zwischen dem von den Kreuzfahrern
errichteten christlichen Königreich Jerusalem und den
Zengiden betrieb, schickten diese mehrfach eine Streitmacht unter dem kurdischen General Schirkuh nach
Ägypten, die sich dort schließlich etablierte. Nach dem
Tod des Wesirs übernahm Schirkuh das Amt; danach
sein Neffe Saladin (arab. Ṣalāḥaddīn; reg. 1171–93). 1171
machte Saladin der (schiitischen) fatimidischen Herrschaft
in Ägypten ein Ende – offiziell im Namen des Zengiden-
herrschers und des abbasidischen Kalifen, aber durchaus
mit eigenen Ambitionen. Er konsolidierte zunächst seine
eigene Macht in Ägypten, wandte sich dann nach dem Tod
des zengidischen Herrschers 1174 gegen dessen Erben und
erweiterte sein Herrschaftsgebiet um Syrien und Obermesopotamien. Erst danach begann er den → Dschihad gegen
die Kreuzfahrer. Damit wiederholte Saladin das Vorgehen
der Zengiden, die sich auch erst nach Schließung der muslimischen Reihen gegen die Kreuzfahrer gewandt hatten. Er
brachte dem fränkischen Heer 1187 bei Hittin in Nordpa-
lästina eine schwere Niederlage bei, in deren Folge auch
Jerusalem wieder in muslimische Hände kam. Die Küsten-
gebiete verblieben allerdings den Kreuzfahrern. Saladin
starb 1193 in Damaskus.

In dem Streit um die Nachfolge Saladins setzte sich sein
Bruder al-Adil gegen dessen Söhne durch, ließ die einzelnen Regionen des Reichs (Ägypten, Syrien und Obermesopotamien) aber durch seine eigenen Söhne verwalten.
Andere Mitglieder der Familie bekleideten ebenfalls wichtige Positionen in der Verwaltung des Reichs – die ayyubidische Herrschaft litt oft unter Machtkämpfen innerhalb
der Familie. Die Funktion von al-Adil übernahm nach seinem Tod 1218 sein Sohn al-Kamil, der 1221 einen fränkischen Einfall nach Ägypten abwehren musste und dem das
mit Hilfe der Flutung des Nildeltas auch gelang. Durch einen mit dem Stauferkaiser Friedrich II. 1229 geschlossenen
Friedensvertrag kompromittierte sich al-Kamil in den Au-

gen vieler Muslime, weil er Jerusalem wieder in die Hände
der Franken brachte – allerdings, wie sich dann heraus-
stellte, nur für kurze Zeit. Aus den Machtkämpfen nach
dem Tod al-Kamils 1238 ging sein Sohn as-Salih Ayyub
siegreich hervor, ihm gelang für ein knappes Jahrzehnt
noch einmal die Konsolidierung eines halbwegs einheitlichen ayyubidischen Machtbereichs. As-Salih starb 1249
im Feldlager bei der Abwehr des 5. Kreuzzugs; das bedeutete für Ägypten das Ende der ayyubidischen Herrschaft.
Hier übernahmen die → Mamluken (freigelassene Militärsklaven) as-Salihs die Macht – nachdem für kurze Zeit eine
Frau, as-Salihs Witwe Schadscharat ad-Durr, geherrscht
hatte. In den übrigen Reichsteilen dauerte es noch zehn
Jahre, bis auch hier die Mamluken (bzw. die Mongolen)
die Macht übernahmen.

— Baath —

Baath (arab. *ba't* ›Wiedergeburt‹) ist der Name einer Partei, die in mehreren ostarabischen Ländern operiert. Ihr
wichtigstes Kennzeichen ist ein prononcierter arabischer
Nationalismus. Die Vorläufer des Baath entstanden um
1940 in Syrien; die Partei selbst wurde 1947 durch die Vereinigung zweier Vorläuferorganisationen gegründet. Die
führenden Köpfe der Partei waren seinerzeit Michel Aflaq
(1910–89), Salah al-Bitar (1912–80) und Zaki al-Arsuzi
(1900–68).

In den späten 40er-Jahren herrschte in Syrien ein Klima
der politischen Bewegung und Gärung. Die Unabhängigkeit war gerade erst errungen worden; die führenden
Kräfte des Landes entstammten aber denjenigen bürgerlichen Kreisen, die schon unter der Mandatsherrschaft in
der Regierung gewesen und mit denen viele unzufrieden
waren. Die Niederlage im ersten israelisch-arabischen
Krieg machte die eigene Schwäche deutlich und unterstrich

die Notwendigkeit der Erneuerung. Zeichen der politischen Unruhe waren mehrere aufeinander folgende Militärputsche, die aber keine grundlegende Änderung brachten. Die Lage war also günstig für eine Bewegung, die Erneuerung forderte. Die Gründer des Baath kamen durchweg aus den intellektuellen Teilen des Klein- und Mittelbürgertums und zogen auch vor allem dessen Angehörige an – also Schichten, die auch sonst frühe und wichtige Träger nationalistischer Ideen waren. Als sich die Partei 1954 mit einer weiteren Gruppe unter Führung von Akram Haurani (1914–96) zusammenschloss, konnte sie ihren Einfluss auch auf ländliche Gebiete ausdehnen.

In den frühen 50er-Jahren kam im arabischen Osten bei allen bewussten Nationalisten eine antiimperialistische Orientierung auf, d. h. der Wunsch, nach der Erringung der politischen Unabhängigkeit auch in anderer Hinsicht vollkommen unabhängig zu werden und sich nicht in Paktsysteme drängen zu lassen, an denen man, wie am Bagdad-Pakt, kein genuines Interesse hatte. Das brachte für die betroffenen Kräfte eine gewisse Linksorientierung mit sich, so auch für die Baath-Partei. Sie stand dabei in Konkurrenz zu der damals recht populären KP unter Khalid Bakdasch. Ein Mittel, sich in dieser Situation zu behaupten, war die Besetzung nationalistischer Themen. Die Baath-Partei forderte vehement die staatliche Vereinigung mit Ägypten und konnte auch den zuerst zögernden ägyptischen Präsidenten Nasser dafür gewinnen. Von der Vereinigung, die im Februar 1958 zustande kam, profitierte aber der Baath so wenig, dass er die erfolgreiche Sezessionsbewegung vom September 1961 mit vorbereitete und trug. Von der Disziplin ihrer Mitglieder und ihren Beziehungen zur Armee profitierend, organisierte die Baath-Partei Anfang 1963 Militärputsche im Irak und in Syrien, aus denen sie aber dauerhaft nur in Syrien als herrschende Kraft hervorging – im Irak konnte sie sich erst 1968 nachhaltig als Regierungspartei etablieren. In Syrien gab es im

Anschluss Kämpfe zwischen verschiedenen Fraktionen der Partei, aus denen linke Kräfte als Sieger hervorgingen. Es folgte eine gründliche Agrarreform und eine Welle von Verstaatlichungen, die zahlreiche Unternehmer ins Exil trieben und weniger friedlich verliefen als die entsprechenden Maßnahmen in Ägypten. 1966 kam in Syrien ein anderer, aber ebenfalls linker Flügel der Baath-Partei an die Macht; seine Palästinapolitik und die darauf folgende Reaktion Israels verschärften die Spannung und trugen zum Ausbruch des → Junikriegs bei. 1970 übernahm in Syrien der damalige Verteidigungsminister Hafiz al-Asad die Macht, der einen gemäßigteren Kurs verfolgte.

Die Ideologie der Baath-Partei zeichnet sich durch einen sehr betonten arabischen Nationalismus aus. Ein entwickelter arabischer Nationalismus mit gesamtarabischer Reichweite war auch schon vor ihrer Gründung vorhanden – die Baath-Partei war eine der Kräfte, die wesentlich zu seiner Verbreitung als Massenphänomen beigetragen haben. Ihr Gründer Michel Aflaq predigte zu Beginn seiner Tätigkeit einen stark emotional gefassten Nationalismus, den er durch die Forderung, dieser solle eine Liebe »wie die Liebe zur eigenen Familie« sein, der Notwendigkeit rationaler Begründung enthob. In der Darstellung der historischen Größe der arabischen Nation spielten auch, obwohl Aflaq selbst Christ war, Muhammad und der Islam eine große Rolle. Aflaq sprach gern von der »*einen* arabischen Nation mit einer ewigen Mission«. Sozialistische Momente kamen erst später unter dem Eindruck der politischen Konstellation und mit der Aufnahme solcher Kräfte in die Baath-Ideologie, die mit dem Sozialismus sympathisierten. Sie blieben im Allgemeinen eher unspezifisch; ähnlich wie beim → Nasserismus grenzte man sich vom Marxismus mit seinem Klassenkampfdenken ab, da er mit dem eigenen prononcierten Nationalismus nicht vereinbar schien. Das auch heute noch gültige Motto der Partei lautete nun: »Einheit, Freiheit, Sozialismus«. Teile der Partei orientierten sich allerdings stark nach links und spielten zeitweise sogar mit antireligiösen Gedanken, gaben das aber aufgrund heftiger Proteste aus religiösen Kreisen auf.

Gemäß ihrer Ideologie hat die Baath-Partei einen gesamtarabischen Anspruch, praktische Bedeutung konnte sie aber nur in den Ländern des Fruchtbaren Halbmonds und in Kuwait erlangen. In Syrien und im Irak (hier nur bis zum Krieg vom März/April 2003) ist die Baath-Partei seit ausgesprochen langer Zeit (seit 1963 bzw. 1968) an der Macht. Das hat die Beziehungen der beiden Länder aber keineswegs verbessert, sondern den zwischen Syrien und Irak latent immer bestehenden Spannungen zeitweise die Form eines verbissenen Bruderkampfs gegeben. Die Partei und ihre Ideologie beherrschen auch keineswegs völlig das politische Leben der beiden Länder. Der Baath verdankt die Macht seinem Einfluss in der Armee sowie Militärputschen, und die jeweiligen Regierungen sind Militärdiktaturen oder autokratische Regimes von Einzelpersonen, die ihre Politik aufgrund eigener Interessen – in erster Linie dem der Machterhaltung – gestalten. Die Baath-Partei ist für diese Regime nur einer der Machtfaktoren, auf die sie sich stützen, sie benutzen sie aber auch als Instrument. Damit hat die Baath-Partei nicht nur einen Teil ihrer Bedeutung, sondern auch ihre Attraktivität für viele Bürger verloren, die von ihr eine Verbesserung ihrer Situation bzw. das Eintreten für nationale Belange erwartet hatten. Aus einer im Untergrund arbeitenden Bewegung, die idealistisch für die Verwirklichung sozialer und nationaler Programme kämpfte – was auch immer man von diesen Programmen hielt –, ist eine Agentur zur Machterhaltung und Pfründenverteilung geworden. Das ändert aber nichts daran, dass diese Partei und ihre Ideologie für eine gewisse Zeitspanne eine große historische Rolle spielten: Sie trug dazu bei, dem arabischen Nationalismus Massenwirkung zu verleihen, sie hat ihm ein antiimperialistisches und ein – vage – sozialistisches Moment gegeben, und damit avancierte die Baath-Partei, ähnlich wie der Nasserismus, zu einer wichtigen Komponente des sogenannten arabischen Sozialismus.

— Beduinen —

Beduinen (arab. Pl. *badw*, Sg. *badawī*) ist die übliche Bezeichnung für die Nomaden der arabischen Welt. Das Beduinentum ist eines der drei Elemente in der klassisch arabischen Einteilung der Bevölkerung; die anderen sind Städter und Bauern. In der »Keimzelle« der arabischen Welt, der Gesellschaft der Arabischen Halbinsel vor und während der Entstehung des Islam, spielten Beduinen eine große Rolle. Im Großen und Ganzen waren sie im Rahmen der Gesamtbevölkerung von eher geringerer Bedeutung, die infolge der Sesshaftwerdung der allermeisten Beduinen in der letzten Zeit noch weiter abgenommen hat. Trotz dieser meist unbedeutenden Rolle, und obwohl die Beduinen in der Realität meist als räuberische Elemente am Rand der Gesellschaft wahrgenommen wurden, genießt das »idealtypische« Beduinentum bis heute bei vielen Arabern höchstes Ansehen. Die aus Clans und Stämmen zusammengesetzte Gesellschaft, die auch vielen heutigen Arabern als sozialstrukturelle Norm erstrebenswert erscheint, war wohl unter den Beduinen der Halbinsel in ihrer reinsten Form zu finden. Auch viele den Arabern als ideal erscheinende Eigenschaften wie Tapferkeit, Mannhaftigkeit (*muruwwa*) und Gastfreundschaft galten als Kennzeichen des Beduinentums. So wurden denn auch die Ideale der Beduinen gerade von denjenigen gepriesen, die seit Jahrhunderten in Städten lebten, worüber sich bereits in der frühen Abbasidenzeit der berühmte Dichter Abu Nuwas lustig machte.

Man unterscheidet in der arabischen Welt zwei Arten von Nomadismus bzw. Lebensformen der Beduinen: den

Kamel- und den Kleintiernomadismus. Letzterer zeichnet sich durch das Halten von Ziegen und Schafen aus; erlaubt also keinen weiten Aktionsradius und ist auf eine gewisse Vegetationsdichte angewiesen. Kamelnomadismus lässt sich wegen der Fähigkeit der Kamele, ohne Wasser weite Strecken zu überwinden, auch in der Wüste betreiben. Die Kamelbeduinen gelten in der arabischen Welt mehr als die Kleintiernomaden. Kamelbeduinen wurden im Handel wichtig, stellten sie doch für Karawanen die Transportmittel und den militärischen Begleitschutz – wobei umgekehrt Beduinen auch oft Karawanen überfielen.

Der berühmte arabische Historiker Ibn Khaldun (Ibn Ḥaldūn, 1332–1406) schrieb den Beduinen einen besonderen sozialen Zusammenhalt sowie eine daraus resultierende militärische Schlagkraft zu und entwickelte daraus seine zyklische Geschichtsvorstellung. Da nach seiner Darstellung in der Wüste die Mitglieder kleiner Gruppen (normalerweise Clans) aufeinander angewiesen sind, ist die Zusammenarbeit für sie überlebensnotwendig. Das Bewusstsein dieses Sachverhalts und das daraus folgende Verhalten nennt Ibn Khaldun ʿaṣabiyya. Aufgrund dieser ʿaṣabiyya können die Beduinen größere Machtstrukturen schaffen, mit deren Hilfe sie Herrscher von Staaten besiegen und an deren Stelle treten können – worauf sie dann, im Verlauf einiger Generationen, durch den Genuss der Macht und ihrer Annehmlichkeiten degenerieren und von solchen Gruppen ersetzt werden, deren ʿaṣabiyya noch stärker ist. Dieser Theorie entspricht sicherlich der reale Geschichtsablauf auch in der arabischen Welt nur partiell; manche Phänomene kann sie dennoch erklären.

In der bekannten Geschichte der Region hat sich die Grenzlinie zwischen dem ständig besiedelten Kulturland und der Wüste oder Steppe mit nomadischer Bevölkerung oft verschoben, und zwar in beide Richtungen. In der jüngeren Vergangenheit hat sie sich aber praktisch nur noch zugunsten des ständig besiedelten Landes verschoben. Moderne Anbaumethoden, flächendeckende Kontrolle der Staaten über ihr ganzes Gebiet und Anstrengungen zur Sesshaftmachung der Nomaden haben das beduinische Element im Alltag sehr weit in den Hintergrund gerückt. Es gibt heute nur noch außerordentlich wenige regelrechte, d. h. vollnomadische Beduinen. Es gibt aber noch manche, die sich in vielerlei Hinsicht, z. B. im Hinblick auf ihre Abstammung, als Beduinen verstehen, obwohl sie längst sesshaft geworden sind; es gibt auch solche, die zumindest Teile beduinischer Lebensart weiter pflegen, und sei es in der Freizeit – etwa durch das aufwendige Organisieren von Kamelrennen oder die Falkenjagd; und es gibt schließlich nach wie vor die beduinischen Ideale, die vielen Arabern wesentlich sind.

— **Berber** —

Als die Araber um 670, ausgehend von Ägypten, begannen, Nordafrika zu erobern, fanden sie dort eine zum großen Teil sesshafte, teilweise aber auch nomadische Bevölkerung vor. Sie war in vieler Hinsicht – auch politisch – heterogen; nur einige küstennahe Gebiete unterstanden byzantinischer Herrschaft. »Berber« ist die übliche zusammenfassende Bezeichnung für diese Bevölkerung. Die Berber wurden nach der arabischen Eroberung zum größten Teil islamisiert und, allerdings viel weniger rasch und weitgehend, arabisiert. Nach ihrer Bekehrung wurden berberische Einheiten oft zur weiteren Eroberung eingesetzt. Ähnlich wie in den anderen Gebieten des islamischen Herrschaftsbereichs gab es noch lange nach der Eroberung Widerstand von Berbern gegen die neuen Herren. Oft nahm dieser Widerstand die Gestalt religiöser Häresie (Kharidschiten, Schiiten) an. Die → Fatimiden wurden von Berbern an die Macht gebracht. Auch zentrifugale Tendenzen kamen oft von Berbern, die sich gegen arabische Herrscher auflehnten oder untereinander scharf bekämpften. Andererseits gab es auch Einigungsbestrebungen unter der Ägide berberischer Dynastien (→ Almoraviden, Almohaden). Angesichts der territorialen Zersplitterung des Maghreb und der Heterogenität seiner Bevölkerung gab es in der Regel keinen scharf ausgeprägten Gegensatz zwischen Arabern und Berbern.

Die Islamisierung war so gründlich, dass es seit dem 12. Jahrhundert praktisch keine einheimischen Christen mehr gab – viele Berber waren zuvor Christen gewesen. Nur die Juden widerstanden der Islamisierung in großer Zahl. Heute wird der Begriff »Berber« für die Teile der Bevölkerung des Maghreb benutzt, die klar als Nichtaraber zu identifizieren sind. Das wichtigste unterscheidende Merkmal ist die Sprache. Berber sprechen eine große Zahl unterschiedlicher Dialekte, die aber grob einer Sprache oder Sprachgruppe zuzuordnen sind, die man als Berbersprachen bezeichnet. Die unter dem Begriff »Berber« zusammengefassten Gruppen leben in einem sehr weiten Gebiet, das sich von Mauretanien bis zur westägyptischen Oase Siwa, vom Mittelmeer bis weit in die Sahara hinein und bis zu den Flüssen Niger und Senegal erstreckt. Generell nimmt die Dichte ihres Vorkommens von Ost nach West und von Nord nach Süd zu. Besonders bedeutende Teile der Bevölkerung bilden sie nur in den Staaten Algerien und Marokko, wobei sie in Algerien etwa ein Viertel und in Marokko etwa 40% der Bevölkerung ausmachen. Das Verhältnis zwischen Berbern und Arabern gilt in Marokko als weitgehend problemlos. In Algerien ist dies anders. Dort bemühten sich die Berber, deren Sprache nur selten der schriftlichen Kommunikation dient, besonders um die Aneignung der französischen Sprache und Kultur, standen der forcierten Arabisierungspolitik seit der Unabhängigkeit reserviert gegenüber und wurden darum ihrerseits gelegentlich der nationalen Unzuverlässigkeit verdächtigt. Die Pflege ihrer Sprache und Kultur ist ihnen verfassungsmäßig garantiert, was aber nicht immer respektiert wird.

Zur Zeit der eskalierenden → Algerienkrise versuchen viele Berber und die Parteien, in denen sie stark vertreten sind, sowohl gegenüber den Islamisten wie auch gegenüber der Regierung ihre Rechte und eine gewisse Autonomie zu verteidigen, was beispielsweise im Frühjahr 2002 zu heftigen auch gewaltsamen Auseinandersetzungen geführt hat.

— Bevölkerung —

Die Gesamtbevölkerungszahl der Mitgliedstaaten der Arabischen Liga wurde im Jahr 2000 auf 285 Millionen geschätzt. Das ist ein Anteil von knapp 5% an der Weltbevölkerung – 1950 war dieser Anteil erst halb so groß! Das Bevölkerungswachstum in der Region war also in diesem Zeitraum ungewöhnlich rasch; auch heute noch liegt die Wachstumsrate der arabischen Welt insgesamt weit über dem Weltdurchschnitt. Die Altersstruktur der meisten arabischen Länder ist sehr »jung«: Fast 40% der Bevölkerung sind jünger als 15 Jahre, der Anteil der mehr als 60-Jährigen ist gering. Das stellt große Anforderungen an das Erziehungswesen und den Arbeitsmarkt. Die potenzielle Belastung durch hohes Bevölkerungswachstum steht außer Frage. Relativierend ist anzuführen, dass die Wachstumsraten im Allgemeinen zurückgehen, dass sie für verschiedene arabische Länder unterschiedlich hoch sind und dass auch andere Weltregionen hohes Bevölkerungswachstum gekannt haben, ohne dass dies unüberwindliche Probleme aufgeworfen hätte.

Das hohe Bevölkerungswachstum der arabischen Welt resultierte – wie bei anderen Weltregionen – daraus, dass die Lebenserwartung aufgrund medizinischen Fortschritts, steigenden Wohlstands und erhöhter Hygienestandards anstieg. Es gelang insbesondere, die Kindersterblichkeit stark zu senken, und gleichzeitig blieb die Fruchtbarkeitsrate, also die durchschnittliche Zahl der Geburten pro Frau, zumindest für eine Weile ähnlich hoch wie zuvor. Das so beschleunigte Bevölkerungswachstum erreichte für die arabische Welt seinen Hochstand in den 60er- und 70er-Jahren des 20. Jahrhunderts. Seitdem geht es wieder zurück, aber unterschiedlich schnell. Die Fruchtbarkeitsrate, von deren Entwicklung die Wachstumsrate weitgehend abhängt, geht nicht allein aufgrund sinkender Kindersterblichkeit und wachsenden Wohlstands zurück, wie oft behauptet wird, sondern hängt auch von den Lebensumständen, der Berufstätigkeit und dem Bildungsstand der Frauen, von der politischen Lage und nicht zuletzt davon ab, ob (und wann) der jeweilige Staat ein Programm zur Geburtenkontrolle auflegt. Die Auffassung, dass »der« Islam die muslimischen Araber dazu bringt, viele Kinder zu haben, ist falsch. Es gibt keine Anzeichen dafür, dass arabische Familien mit zwei Kindern weniger gläubige Muslime sind als die mit sieben oder neun. Allerdings kann eine staatliche Politik, welche die Frauen an der Berufsarbeit außer Haus hindert, weil sie das für islamisch hält, und ihnen gleichzeitig die materielle Bürde vieler Kinder erleichtert, zu einer hohen Fruchtbarkeitsrate bzw. ihrem nur langsamen Zurückgehen beitragen. Das ist vor allem in Saudi-Arabien der Fall. Generell kann man sagen, dass die gesellschaftliche Entwicklung zu einem starken Rückgang der Fruchtbarkeitsrate geführt hat (im Durchschnitt von 6,2 auf 3,5 im Zeitraum von 1980 bis 1998). Im Einzelnen sind die Unterschiede groß; so beträgt die Fruchtbarkeitsrate in Tunesien und im Libanon 2,3, im Jemen 7,6. Auch in einzelnen Ländern bestehen in dieser Hinsicht große Unterschiede zwischen der Stadt- und der Landbevölkerung. Das wirkt sich in sehr unterschiedlichen Wachstumsraten aus: von 1,1% jährlichem Bevölkerungswachstum in Tunesien bis zu 4,2% im Jemen und 4,8% in den palästinensischen Gebieten. Tunesien liegt mit seinem Bevölkerungswachstum unter dem Weltdurchschnitt von

1,4%, ist aber das einzige arabische Land, bei dem dies der Fall ist.

Angesichts der großen Zahl der Frauen im gebärfähigen Alter, die ein Resultat des Wachstums der letzten Jahrzehnte ist, wird es noch eine Zeit dauern, bis deutlich weniger Menschen in die Erziehungsinstitutionen und auf den Arbeitsmarkt drängen, je nach Gebiet verschieden lang. In Tunesien, das schon sehr früh mit Geburtenkontrollprogrammen begann, kann man schon in einigen Jahren mit einer Entschärfung der Lage rechnen; in Syrien beispielsweise wird das viel länger dauern.

Insgesamt ist festzuhalten, dass das hohe arabische Bevölkerungswachstum der letzten Jahrzehnte ein vorübergehendes, sich bereits heute z. T. entschärfendes Phänomen darstellt, das unterschiedlich lang für die verschiedenen Länder der arabischen Welt von Bedeutung bleibt und einigen von ihnen zusätzliche Hypotheken aufbürdet.

— Camp David —

Bei zwei Gelegenheiten ist der Landsitz des amerikanischen Präsidenten in Camp David als Verhandlungsort für die Nahostpolitik wichtig geworden: erstens bei den israelisch-ägyptischen Verhandlungen, die im September 1978 unter amerikanischer Beteiligung zu einer prinzipiellen Übereinkunft über einen Frieden zwischen den beiden Ländern sowie über einen umfassenderen Friedensprozess führten, und zweitens bei den israelisch-palästinensischen Verhandlungen über einen endgültigen Status für die von Israel besetzten palästinensischen Gebiete im Juli 2000, ebenfalls unter amerikanischer Beteiligung, aber ohne Übereinkunft.

Hintergrund des Gipfeltreffens im September 1978 (»Camp David I«) war die Initiative des ägyptischen Präsidenten Anwar as-Sadat vom November 1977, mit der er

Israel Verhandlungen über einen Friedensvertrag anbot. Sie leitete tatsächlich bilaterale Verhandlungen ein, die aber im Lauf des Jahres 1978 wegen unvereinbarer Standpunkte beider Seiten ins Stocken gerieten. Die Differenzen betrafen vor allem das künftige Schicksal der besetzten palästinensischen Gebiete. Dort wünschte sich Ägypten einen palästinensischen Staat; Israel wollte allenfalls begrenzte Autonomie konzedieren. Auf Einladung des amerikanischen Präsidenten Carter kamen Delegationen der beiden Staaten in Camp David zusammen und handelten zwei Verträge aus, die am 17. September 1978 unterschrieben wurden: ein »Rahmenwerk für Frieden im Nahen Osten«, in dem es im Kern um Prozeduren für eine Regelung der Zukunft der besetzten palästinensischen Gebiete ging, wobei eine interimistische Selbstverwaltung von fünf Jahren Dauer vorgesehen war; außerdem ein »Rahmenwerk für einen Friedensvertrag zwischen Ägypten und Israel«. Nicht über alle Fragen war vollständige Einigung erzielt worden, was mit einem Austausch von Briefen überbrückt wurde. Der ägyptisch-israelische Friedensvertrag wurde in der Folge dann auch tatsächlich ausgehandelt und am 26. März 1979 unterzeichnet. Im Rahmen des anderen Vertrags, auf dem as-Sadat bestanden hatte, um den Eindruck zu vermeiden, er mache auf Kosten aller anderen Araber und besonders der Palästinenser Frieden mit Israel, wurde noch eine Zeit – aber nur zwischen Israel und Ägypten – verhandelt, aber auch diese Verhandlungen wurden wegen unvereinbarer Standpunkte in der Frage der Natur der palästinensischen Selbstverwaltung schließlich abgebrochen. Jordanien und die Vertreter der Palästinenser, die unter ausdrücklicher Umgehung der → PLO einbezogen werden sollten, nahmen von vornherein nicht an den Gesprächen teil. Umfassendere Verhandlungen für einen Frieden im Nahen Osten gab es danach erst wieder mit der Madrider Friedenskonferenz von Oktober/November 1991; sie mündeten in den → Oslo-Prozess.

Camp David I führte zu einem ägyptisch-israelischen Frieden, der seitdem gehalten hat, wenn er auch keine herzlichen Beziehungen mit sich brachte. Ägypten erhielt im Zug des Friedens mit Israel den seit 1967 besetzten Sinai zurück und bekommt seitdem amerikanische Finanzhilfe in der Größenordnung von jährlich 2 Milliarden Dollar, musste aber für einige Jahre (bis 1989) mit dem offiziellen Boykott aller anderen arabischen Staaten leben – selbst der Hauptsitz der → Arabischen Liga wurde für diese Zeit von Kairo nach Tunis verlegt. Israel hatte mit Ägypten den wichtigsten Konfrontationsstaat aus der Front seiner arabischen Gegner herausgebrochen. Auf den anderen Schauplätzen der Konfrontation jedoch – insbesondere dem palästinensischen – brachte Camp David keinen Fortschritt.

Hintergrund für den zweiten Nahostgipfel in Camp David (»Camp David II«) war die gegen Ende der 90er-Jahre zunehmend problematische Weiterentwicklung des Oslo-Prozesses. Unter der Regierung Netanjahu 1996–99 war er weitgehend zum Stillstand gekommen; auch Ehud Barak, der seit Mai 1999 israelischer Ministerpräsident war und an den sich große Hoffnungen auf ein erneutes Ingangkommen des Friedensprozesses geknüpft hatten, wollte die israelischen Verpflichtungen aus Oslo II nicht erfüllen und stattdessen unmittelbar zu Verhandlungen über den endgültigen Status übergehen. Er musste dann von den Amerikanern zur wenigstens teilweisen Erfüllung dieser Verpflichtungen gedrängt werden. Danach kam es wieder zu einem Stillstand, wobei allerdings der Ausbau der Siedlungen und der Umgehungsstraßen für die Siedler fortgeführt wurde.

Auf israelisches Drängen lud dann der amerikanische Präsident Clinton Israel und die PLO für Juli 2000 nach Camp David ein, um dort eine Vereinbarung über den endgültigen Status der palästinensischen Gebiete auszuhandeln. Der PLO-Vorsitzende Arafat hatte Bedenken, die Einladung anzunehmen, weil er den Gipfel für ungenügend vorbereitet hielt. Amerikanischer Druck, gepaart mit der Versicherung, keine Seite werde für ein etwaiges Scheitern der Verhandlungen verantwortlich gemacht werden, brachte den Gipfel dann doch zustande.

Barak wollte bei dem Gipfel alle zwischen den beiden Seiten offen stehenden Fragen wenigstens grundsätzlich klären. Er bot den Palästinensern an, ihnen den größten Teil der besetzten Gebiete zurückzugeben. Über die genaue Größe dieses Teils werden unterschiedliche Angaben gemacht, das Angebot wurde nie schriftlich unterbreitet. Einige dicht jüdisch besiedelte Gebiete sollten nach Israel eingegliedert werden, um die Aufgabe zu vieler jüdischer Siedlungen zu vermeiden; für dieses Territorium sollten die Palästinenser in bescheidenem Rahmen mit israelischem Territorium entschädigt werden. Jerusalem sollte unter Beibehaltung israelischer Souveränität in seinen arabischen Teilen palästinensisch verwaltet werden; das sollte auch für den Tempelberg gelten. Barak lehnte es ab, palästinensische Flüchtlinge von 1948 außer in einigen Fällen von Familienzusammenführung nach Israel zurückkehren zu lassen. Die Flüchtlinge sollten mit internationaler Hilfe dort integriert werden, wo sie sind, oder in den zu gründenden palästinensischen Staat »zurückkehren«. Jeder dieser Punkte war für die Palästinenser problematisch. Das größte Problem für sie lag aber darin, dass dies als Gesamtpaket präsentiert wurde und angenommen werden sollte – verbunden mit der Erklärung, dass der Konflikt nun unwiderruflich zu Ende sei. Arafat lehnte es ab, die Vorschläge in toto zu akzeptieren, und wurde daraufhin entgegen der ursprünglichen Zusage für das Scheitern des Gipfels verantwortlich gemacht. Zwei Monate später brach die → Al-Aqsa-Intifada aus.

Wenn man die katastrophale Lage berücksichtigt, die im Laufe dieser neuen Intifada und ihrer Unterdrückung durch Israel für die Palästinenser entstand, mag man die

Entscheidung Arafats bedauern und für einen taktischen Fehler halten. Im Hinblick auf den auch unter Barak ständig fortgesetzten Besiedlungs- und Enteignungsprozess, auf die in Camp David gegebene Situation und das Arafat gestellte Ultimatum erscheint diese Reaktion verständlich. Die nach dem Scheitern des Gipfels von der israelischen Regierung verbreitete Version der Ereignisse, die Arafat nicht nur für dieses Scheitern, sondern auch für den Ausbruch der Unruhen allein verantwortlich macht, erscheint nach den Berichten über den Verlauf der Verhandlungen, die seither publiziert wurden, wenig glaubwürdig. Unverständlich wäre dann auch das Verhalten der israelischen Regierung, die sich Ende 2000 / Anfang 2001 im ägyptischen Taba noch einmal mit den Palästinensern zusammensetzte und dabei weitergehende Konzessionen machte als in Camp David. Angesichts der in Israel bevorstehenden Wahlen brach Barak allerdings diese Verhandlungen ab, obwohl sie in der Sache beinahe zu einer Einigung geführt hätten.

— Christen —

Die Christen sind die größte nichtmuslimische religiöse Gruppe in der arabischen Welt. Ihre Anwesenheit dort ergibt sich aus dem Umstand, dass die Gegenden, welche die Araber über die Arabische Halbinsel hinaus eroberten, zum großen Teil von Christen bewohnt waren, die in der Folge weitgehend, aber nicht vollständig islamisiert wurden. Im Zuge der Eroberung stellten die muslimischen Araber den Christen als Angehörigen einer Offenbarungsreligion Sicherheit der Person und des Besitzes, Freiheit der Religionsausübung und Autonomie bei der Regelung interner Angelegenheiten in Aussicht, wenn sie sich der muslimischen Herrschaft unterwarfen, einen Tribut entrichteten und gewisse diskriminierende Regelungen in

Kauf nahmen. Das kontrastierte mit der Unduldsamkeit bisheriger Herrscher und erleichterte den Muslimen die Eroberung, aber auch die Verwaltung von Gebieten, die für längere Zeit noch überwiegend von Nichtmuslimen bewohnt blieben. Überdies war man auf die Kenntnisse und Fähigkeiten dieser Bevölkerungsgruppen angewiesen. Die daraus resultierende entgegenkommende Haltung war weniger Ausdruck einer von den Glaubensgrundlagen diktierten »islamischen Toleranz«, sondern erwuchs vielmehr aus dem klugen Pragmatismus vieler muslimischer Eroberer und Herrscher.

Christen und andere Angehörige von Offenbarungsreligionen hatten in traditionellen islamischen Systemen einen zwar untergeordneten, aber wohldefinierten, im Allgemeinen gesicherten und im Großen und Ganzen erträglichen Status. Rechtlich festgeschrieben war dies in dem Konstrukt der *dimma* (wörtl. ›Schutzvertrag‹), eines Vertragsverhältnisses zwischen der muslimischen Gemeinschaft und den betroffenen Nichtmuslimen mit dem angedeuteten Inhalt (→ Dhimma).

Dieses System funktionierte und schützte in der Regel die einheimischen Christen selbst dann vor Verfolgung, wenn christliche Angreifer von außen im Namen des Christentums Muslime niedermetzelten. Status und Behandlung der Christen konnten sich allerdings je nach der Lage und der Orientierung der Herrscher auch verschlechtern. Gerade solche Herrscher, die auf den islamischen Charakter ihrer Herrschaft besonderen Wert legten und daher im Allgemeinen als gerecht gelten, wie etwa der Umayyade Umar bin Abdalaziz (reg. 717–720), bestanden auf diskriminierenden und demütigenden Bestimmungen gegen Christen, die sonst missachtet wurden. Legendär ist der Fall des fatimidischen Kalifen al-Hakim (reg. 996–1021), der nicht nur diese Bestimmungen gegen Christen (und Juden) rigoros durchsetzte, sondern weit darüber hinausging und viele Klöster und Kirchen, darunter die

Grabeskirche in Jerusalem, zerstören ließ. Diese wurde zwar wieder aufgebaut, doch hinterließ der Vorfall tiefe Spuren im Bewusstsein der Betroffenen.

Im Lauf einer mehrhundertjährigen Entwicklung wurde der Anteil der Christen an der Bevölkerung durch Konversion zum Islam erheblich reduziert. Aus manchen Teilen der arabischen Welt verschwanden die einheimischen Christen praktisch ganz. In den Teilen, in denen sie präsent blieben (im Wesentlichen im Fruchtbaren Halbmond und in Ägypten), wurden sie zur – manchmal kleinen – Minderheit. In der genannten Region liegt ihr Anteil an der Gesamtbevölkerung bei etwa 11%, mit erheblichen Unterschieden im Einzelnen.

Der beschriebene Status der Christen in der vormodernen arabischen Welt, der gleichzeitig Unterwerfung und Schutz implizierte, fand seine entwickelteste Gestalt im Osmanischen Reich, in dem er als Millet-System bezeichnet wurde. Millet meint hier bestimmte anerkannte nichtmuslimische Konfessionen. Die wichtigsten Millets waren die Griechisch-Orthodoxen, die Armenier und die Juden. Dieses System verschaffte den Christen weitgehende Sicherheit; der vorher zu verzeichnende Rückgang wurde unter osmanischer Herrschaft gestoppt.

In der arabischen Welt gibt es viele christliche Gruppen. Die meisten arabischen Christen gehören der orthodoxen Großkirche an, die man zur Unterscheidung von den national-orthodoxen Kirchen (Armenier, Syrer, Kopten) auch als griechische Orthodoxie bezeichnet. Die Maroniten, eine vor allem im Libanon vorkommende christliche Gruppe, haben sich bereits im 16. Jahrhundert der geistlichen Führung des römischen Papstes unterstellt, ohne dabei traditionelle lokale Besonderheiten aufzugeben und völlig in der römischen Kirche aufzugehen. Ähnliches gilt für eine Abspaltung von den Griechisch-Orthodoxen, die man als griechische Katholiken bezeichnet. Seit dem 19. Jahrhundert gibt es auch (wenige) einheimische Katholiken und Protestanten.

Seit der Mitte des 19. Jahrhunderts setzten sich im Osmanischen Reich und in Ägypten moderne westliche staatsrechtliche Modelle durch, die auch die rechtliche Gleichstellung der Nichtmuslime beinhalteten. Das wirkte sich auf die Lage der arabischen Christen ebenso positiv aus wie die direkte politische und wirtschaftliche Einflussnahme europäischer Mächte, von der Christen in der Regel profitierten. Rechtlich sind Christen heute in den meisten arabischen Ländern weitgehend emanzipiert. Von völliger sozialer Gleichstellung kann aber im Allgemeinen keine Rede sein. Die jahrhundertelange Unterordnung der Christen hat sich nicht nur mental nachhaltig niedergeschlagen, sondern zeigt sich auch in teilweise fortbestehenden rechtlichen und sozialen Regeln. So lehnt sich etwa das Personenstandsrecht der arabischen Länder auch nach der Einführung positiven Rechts immer noch an die diesbezüglichen Vorschriften des traditionellen islamischen Rechts an, in denen die Dominanz der Muslime über die anderen Konfessionen festgeschrieben ist. Das heißt beispielsweise, dass trotz der offiziellen Gleichstellung der Nichtmuslime in den arabischen Ländern keine Ehe geschlossen werden kann, bei welcher der Mann Christ, die Frau aber Muslimin ist. So wird die alte untergeordnete Position der Christen fortgeschrieben. Die Schutzmechanismen der Dhimma sind aber mit deren Aufhebung verloren gegangen. Die Vorteile, welche Christen oft aus der westlichen Dominanz in der arabischen Welt gezogen haben, riefen und rufen oft Vorbehalte und regelrechte Feindseligkeit von Muslimen hervor, vor allem nach der Beendigung der direkten politischen Herrschaft des Westens. Der unmittelbarste Ausdruck solcher Feindseligkeit findet sich bei den Islamisten. Deren seit längerem festzustellende Erstarkung zeichnet ungünstige Perspektiven für Nichtmuslime. Und schließlich trägt auch die Tatsache, dass die Christen eine Minderheit sind, zu ihrer prekären Situation bei. Ihre Probleme werden durch die missliche

Lage der heutigen arabischen Welt verschärft, die viele
Araber in die Emigration treibt, und nach Lage der Dinge
mehr Christen als Muslime. Dies wird vielfach besorgt als
Anzeichen für eine Verarmung der arabischen Gesellschaften zur Kenntnis genommen und diskutiert, so etwa in einer weit beachteten Debatte im Libanon zu Beginn des
Jahres 1998.

— Demokratiebestrebungen —

Das Vorherrschen autoritärer politischer Systeme in der
arabischen Welt – wie auch in anderen islamischen Ländern – wird heute vielfach mit kulturellen Eigentümlichkeiten dieser Weltregion erklärt. Vor allem wird der Islam
selbst für diese Erscheinung verantwortlich gemacht. Islamische Vorschriften oder Modelle sollen demnach die Tendenz zur autoritären Herrschaft bzw. zu ihrer Erduldung
begünstigen. Manchmal werden auch islamische Glau-
bensinhalte, vornehmlich die Forderung nach der unbe-
dingten Ergebung in Gott, für diese Tendenz verantwortlich gemacht. Gelegentlich betont man auch unabhängig
von der Religion die Beharrungskraft der »orientalischen
Despotie«. Daraus wird der Schluss gezogen, es gebe in
der arabischen Welt keine Demokratiebestrebungen oder
sie seien völlig chancenlos.

Diese Argumentation ist nicht stichhaltig. Es stimmt,
dass es in der arabischen Welt eine lange Tradition autoritärer Regime gibt, und es trifft auch zu, dass diese oft mit
religiösen Argumenten legitimiert wurden, nicht zuletzt
unter Beteiligung islamischer Gelehrter. Das trifft aber
auch für andere Weltgegenden in vormoderner Zeit zu.
Umgekehrt hat es auch in der arabischen Welt Auflehnung
gegen die bestehenden politischen Verhältnisse und demokratische Bestrebungen mit islamischen Motiven gegeben.
Keine Eigentümlichkeit ihrer Religion hindert die Mus-

lime daran, sie zur Rechtfertigung demokratischer Bestrebungen heranzuziehen, wenn sie das wollen. So wird heute intensiv der Begriff der *šūrā* diskutiert, der ›Beratung‹ bedeutet und auch im Koran zu finden ist. Manche interpretieren ihn als Demokratie im heutigen Verständnis und wollen diese so für die Muslime akzeptabel machen; andere nehmen ihn als Beleg für die unüberholbar demokratische Qualität des Islam, gerade um das westliche Verständnis von Demokratie abzuwehren – eine *Auseinandersetzung* darüber findet unter Muslimen auf jeden Fall statt, und das ist ein Hinweis darauf, dass das islamische Denken nicht gegen das Konzept immun ist.

Überhaupt wissen die meisten Araber persönliche Freiheit und Demokratie wie viele andere moderne Errungenschaften durchaus zu schätzen, die heute so schnelle und leichte Verbreitung von Informationen verstärkt diese Tendenz. Wenn dennoch autoritäre Regime vorwiegen und manchmal sogar unangreifbar scheinen, muss das andere Gründe haben als Kultureigentümlichkeiten. Die Schwerkraft der bestehenden Verhältnisse, das Interesse der Regierenden an Machterhaltung und allzu oft auch die Politik eines an Stabilität interessierten Westens dürften einige davon sein.

Um sich durchzusetzen, brauchte Demokratisierungsbestrebungen ein organisatorisches Rückgrat – Organisationen, in denen sich Bürger zur Verfolgung ihrer Interessen zusammenschließen, ohne dazu vom Staat angeregt oder von ihm kontrolliert zu sein. Solche Organisationen haben sich aufgrund der sozioökonomischen Entwicklung in der arabischen Welt im Verlauf der letzten Jahrzehnte dynamisch ausgebreitet. Es handelt sich dabei um politische Parteien, Gewerkschaften (soweit sie nicht einfach staatliche Gewerkschaften sind), Berufsvereinigungen, studentische Verbände, Wohltätigkeitsorganisationen, Frauenorganisationen und eine ganze Reihe von anderen Nichtregierungsorganisationen. Viele von ihnen werden vom Staat als ungefährlich eingestuft und nicht behelligt; andere, die auch nur potenziell als Gefährdung des staatlichen Machtmonopols erscheinen, versuchen die Regierungen einzuhegen oder zu unterdrücken – mit unterschiedlichem Erfolg.

Autoritäre Regierungen öffnen und liberalisieren ihre Systeme unter normalen Bedingungen nicht von sich aus – sie müssen dazu genötigt werden. Das hat sich auch in der arabischen Welt gezeigt. Dort haben solche Öffnungen seit dem Ende der 80er-Jahre des 20. Jahrhunderts stattgefunden, aber nur, wenn sich Risse im System zeigten und verbreitete Unzufriedenheit sich in massivem Druck äußerte. Gründe dafür waren in aller Regel soziale und ökonomische Krisen, wenn bis dahin verfügbare Gelder etwa aufgrund des Ölpreisverfalls ausblieben oder weniger reichlich flossen, wenn Sozialleistungen gekürzt oder Subventionen gestrichen wurden, wenn die Arbeitslosigkeit unerträgliche Ausmaße annahm, usw. Auch politische Krisen, wie die im Umfeld des zweiten Golfkriegs, konnten einen solchen Druck erzeugen. In einigen arabischen Ländern hat dieser Druck zu politischer Öffnung und Liberalisierung geführt, mit denen man der aufgestauten Unzufriedenheit ein Ventil öffnen wollte. In Jordanien wurden nach den Unruhen von 1988 verhältnismäßig freie Wahlen abgehalten, bei denen eine reale Auswahl zwischen verschiedenen Kandidaten möglich war, der Ausnahmezustand wurde aufgehoben, viele Parteien (wieder) zugelassen und andere vorsichtige Liberalisierungsmaßnahmen durchgeführt. In Algerien, wo im Oktober 1988 besonders massive Unruhen stattgefunden hatten, fand auch eine besonders weitgehende politische Öffnung statt – mit dem Resultat, dass dieser Prozess vom Militär rigoros gestoppt wurde, als sich ein Sieg der Islamisten bei den Parlamentswahlen von 1991/92 abzeichnete. Auch in anderen Ländern, sogar in einigen Golfstaaten, fanden Öffnung und Liberalisierung statt – immer von oben, immer vorsichtig und kontrolliert und keineswegs gegen Rückschläge gefeit. Zur Einführung eines funktionierenden demokratischen Systems im westlichen Sinn führte das in keinem Fall. Es gab aber – vielleicht mit Ausnahme des Irak – kein arabisches System, das sich dieser Tendenz vollkommen verschließen konnte, und dies zeigt, dass es ein *Streben* nach demokratischen Verhältnissen durchaus auch in der arabischen Welt gibt.

— **Dhimma** —

Arab. *dimma*, »Schutzvertrag«. In der vormodernen islamischen Welt ein Vertragsverhältnis zwischen der muslimischen Gemeinschaft und den Angehörigen einer anderen Offenbarungsreligion (»Dhimmis«, in der arabischen Welt vor allem Christen und Juden), die im islamischen Herrschaftsbereich leben. Die Dhimmis müssen die islamische Dominanz anerkennen, einen regelmäßigen Tribut entrichten und gewisse diskriminierende Bestimmungen akzeptieren. Dafür wird ihnen Sicherheit der Person und des Besitzes, freie Religionsausübung und eine gewisse Autonomie bei der Regelung interner Angelegenheiten zugesichert. Die verhältnismäßige Großzügigkeit der arabischen Eroberer bei der Behandlung unterworfener Bevölkerungsgruppen erleichterte ihnen die Eroberung und Verwaltung von Gebieten, die auch danach noch lange eine nichtmuslimische Bevölkerungsmehrheit hatten, und erklärt wohl auch ihre Existenz.

Die Dhimma war ein Vertrag zwischen Ungleichen; sie setzte Unterwerfung voraus und beinhaltete neben der Zahlung eines Tributs (arab. *ǧizya*, manchmal als »Kopfsteuer« übersetzt) eine Reihe von Bestimmungen, welche die Ungleichheit festschrieben und nach außen dokumentierten. In einer gemischtreligiösen Ehe mit muslimischer Beteiligung musste der Mann Muslim sein, die Kinder waren automatisch Muslime. Ähnlich durfte kein Nichtmuslim einen muslimischen Sklaven halten – der umgekehrte Fall war erlaubt. Bestimmte Zölle und Abgaben waren für Nichtmuslime höher; das Blutgeld für einen getöteten Dhimmi war niedriger als für einen Muslim. Nichtmuslime sollten unterscheidende Kleidungsstücke tragen, manchmal war ihnen das Tragen feiner Stoffe und das Reiten edler Reittiere verwehrt. Neue Gotteshäuser durften sie nicht bauen, nach der Auffassung mancher Gelehrter nicht einmal alte renovieren. Schmähung des Islam, Missionierung von Muslimen und Abfall vom Islam waren mit der Todesstrafe bedrohte Verbrechen. Die erwähnte Freiheit der Religionsausübung hatte also sehr deutliche Grenzen. Im Prinzip sollte kein Dhimmi in eine Autoritätsposition gegenüber Muslimen gelangen. Dies galt auch für Regierungsämter; gerade mit ihnen aber wurden recht oft Christen oder Juden betraut. Überhaupt führte man die genannten Bestimmungen nur selten so restriktiv durch, wie sie niedergeschrieben waren. Vor allem strenge Gelehrte beharrten auf ihnen; Herrscher, denen ihre Durchsetzung oblag, verhielten sich oft pragmatisch. In bestimmten Situationen richtete sich auch der Volkszorn gegen Dhimmis und erzwang die genauere Beachtung der Restriktionen (oder auch andere Repressalien).

Bis zum 12. Jahrhundert im Westen, bis zum 13. Jahrhundert im Osten der arabischen Welt war die Behandlung der Dhimmis im Großen und Ganzen erträglich; danach verschlechterte sich ihre Lage, was wohl weitgehend politischen Umständen zuzuschreiben ist. So gerieten Dhimmis oft in den Verdacht, gemeinsame Sache mit äußeren Feinden zu machen, und insbesondere dann, wenn diese Feinde mächtig waren, schadete ihnen das. Im Osmanischen Reich, das seit dem 16. Jahrhundert fast die ganze arabische Welt einschloss, verbesserte sich ihre Lage wieder; manche sprechen für diese Zeit von einer regelrechten Symbiose zwischen Muslimen und Dhimmis. Die

Behandlung religiöser Minderheiten durch die osmanischen Behörden, die den angedeuteten Linien folgte, wird oft als Millet-System bezeichnet. Als mit den osmanischen Reformen des 19. Jahrhunderts die rechtliche Diskriminierung der Nichtmuslime fiel, verbesserte sich deren Lage; dieser Prozess ging unter direkter europäischer Herrschaft weiter, als Minderheiten oft regelrecht privilegiert wurden. Ein Rückschlag kam dann mit der Unabhängigkeit, zumal die Schutzmechanismen, welche die Dhimma begleitet hatten, nun nicht mehr wirkten und neue, etwa funktionierende demokratische Systeme, kaum an ihre Stelle traten. Von realer Emanzipation religiöser Minderheiten in den arabischen Ländern kann heute keine Rede sein.

— Drusen —

Die Drusen sind eine in der Levante ansässige Religionsgemeinschaft, die durch eine Abspaltung von der ismailitischen (Siebener-)Schia in der Regierungszeit des fatimidischen Kalifen al-Hakim (reg. 996–1021) entstand. Ihr Name leitet sich von dem ismailitischen Propagandisten Darazi ab, der in al-Hakims letzten Regierungsjahren in dessen Diensten stand und eine Lehre entwickelte und predigte, welche die Göttlichkeit al-Hakims zu begründen suchte. Dies verursachte in Kairo einen Skandal, Darazi floh und setzte seine Tätigkeit im nordsyrischen Bergland fort. Er war nicht der einzige Begründer der neuen Lehre, gab ihr jedoch seinen Namen.

Seit jener Zeit sind die Drusen fast ausschließlich in den bergigen Rückzugsgebieten der Levante zu finden; heute gibt es größere drusische Bevölkerungsgruppen im (südlichen) Libanongebirge, im Antilibanon, im Golan, im Hauran und in Nordisrael. Die Drusen verstehen sich als eigenständige Religionsgemeinschaft und werden auch von außen im Allgemeinen als solche gesehen, wenn sie auch im Religionsproporz des Libanon aus Gründen der politischen Zweckmäßigkeit meist dem größeren muslimischen »Lager« zugerechnet werden. Die Lehren der drusischen Religion liegen in geheimen Büchern vor und sind auch unter den Drusen selbst nur einer besonderen Gruppe von Eingeweihten bekannt, die sich regelmäßig zu religiösen Versammlungen zusammenfinden. Traditionell gekleidete Drusen sind durch ihre Tracht von Angehörigen anderer Konfessionen zu unterscheiden.

Wegen ihres ausgesprochen starken sozialen Zusammenhalts und ihrer Pflege militärischer Fähigkeiten spielten die Drusen in der Geschichte eine wichtige Rolle in ihren Heimatregionen. Im Libanon standen sie lange in Konkurrenz mit den Maroniten, mit deren Siedlungsgebieten sich die ihrigen teilweise überschnitten. In den Jahren 1858–60 kam es zu blutigen interkonfessionellen Kämpfen, bei denen die Drusen wegen ihrer militärischen Fähigkeiten die aktivere Rolle spielten. Drusenführer waren sowohl im 17. wie im 19. Jahrhundert Regionalfürsten (Emire) im Libanon und wurden auch von den Osmanen als solche bestätigt. Auch im heutigen Libanon spielen die Drusen unter Führung der Familie Dschumblat eine politische Rolle, die über das demographische Gewicht ihrer Gemeinschaft hinausgeht. Traditionell halten viele Drusen Distanz zur jeweiligen Bevölkerungsmehrheit, was z. B. die israelischen Behörden dadurch auszunutzen versuchen, dass sie sie als eigenständige »Minderheit« von den übrigen Palästinensern absondern und gegen sie ausspielen – oft mit Erfolg, obwohl die Drusen im Hinblick auf ihre Rechte im Staat den Juden keineswegs gleichgestellt sind. Bei den Drusen in Israel und mehr noch bei den Drusen auf den Golanhöhen, die nicht wie die übrige Bevölkerung nach der israelischen Besetzung 1967 vertrieben wurden, gibt es aber auch staatskritische Tendenzen. Die im Golan opponieren heftig gegen die Besatzung und

weigern sich beispielsweise in ihrer Mehrheit, die ihnen aufgezwungene israelische Staatsbürgerschaft zu akzeptieren.

— Dschihad —

Arab. *ǧihād*. Im traditionellen islamischen Verständnis
meint der Terminus »Dschihad« die militärische Anstren-
gung zur Ausweitung und gegebenenfalls Verteidigung des
islamischen Herrschaftsbereichs. Der Begriff kommt im
Koran mehrfach vor; das Wort bedeutet zunächst nur
›Sich-Bemühen‹. Das wird oft als Indiz dafür gesehen, dass
das Konzept nicht militärisch verstanden werden sollte.
Der Kontext legt aber doch oft nahe, diese Bemühung als
militärische zu verstehen. Die Angaben des Koran über
die jeweiligen Umstände des Kampfs und seine Rechtfertigung sind unterschiedlich. Mal wird den Muslimen selbst
bei erlittenem schwerem Unrecht Zurückhaltung auferlegt,
an anderen Stellen der Kampf nur unter bestimmten Bedingungen (etwa im Verteidigungsfall) zugelassen, gelegentlich aber auch der offensive Kampf ohne solche Einschränkungen anempfohlen – selbstverständlich immer,
um der Sache des Islam zu dienen. Der Koran ermöglicht
also ein ganzes Spektrum von Interpretationen und damit
auch militärischen Verhaltensweisen – bis hin zum Verzicht auf Gewalt.

In den ersten Jahrhunderten der islamischen Geschichte
ist das Dschihad-Gebot militärisch verstanden worden,
eben als Aufforderung zur Ausweitung des islamischen
Herrschaftsbereichs. Dies stand im Einklang mit dem
Gang der Ereignisse, der ja in der Tat in einer enorm raschen und weiträumigen islamischen Expansion bestand.
Es fand im islamischen Recht, das zu jener Zeit entstand,
seinen klar formulierten Niederschlag. Wohlverstanden –
dies war keine Aufforderung, den Islam mit dem Schwert

in der Hand zu verbreiten. Die Anweisung richtete sich an den islamischen Herrscher, dem die Organisierung regelmäßiger Dschihad-Kampagnen oblag. Der Dschihad unterliegt gewissen Regeln; Frauen, Kinder und Alte sind zu schonen; überdies soll er nur geführt werden, wenn Aussicht auf einen erfolgreichen Ausgang besteht.

Das für die Muslime günstige Kräfteverhältnis blieb nur für eine gewisse Zeit bestehen. Die Herrscher sahen sich immer weniger in der Lage, den islamischen Herrschaftsbereich durch Dschihad auszuweiten. Und im Lauf einer allerdings längeren Entwicklung konnte nicht einmal mehr von erfolgreicher Verteidigung die Rede sein: Fast die ganze islamische Welt wurde europäischer Herrschaft unterworfen. Man kam davon ab, Dschihad zu praktizieren. Wie es aber oft bei islamrechtlichen Vorschriften der Fall ist, blieb auch die Vorstellung des Dschihad mit positiver Konnotation bestehen. Man interpretierte ihn nun neu und verstand ihn nicht mehr als militärischen Kampf gegen Gegner, sondern als Selbstüberwindung oder Kampf etwa gegen soziale Missstände. Man unterschied jetzt sogar – unter Heranziehung eines Muhammad in den Mund gelegten Ausspruchs – zwischen einem »großen« Dschihad (eben dieser friedlichen Selbstüberwindung) und dem »kleinen« Dschihad (dem militärischen). Diese Definition ist auch heute noch weit verbreitet – darüber hinaus gibt es auch viele Muslime, die mit dem Begriff des Dschihad, wie immer auch verstanden, nichts anfangen können, weil sie ganz andere Sorgen haben. In ihrer großen Mehrheit verhalten sich die heutigen Muslime friedlich und denken nicht an Dschihad.

Andererseits gibt es auch solche Muslime, die den Begriff Dschihad in seinem alten militärischen Verständnis wieder beleben oder ihm in der Auseinandersetzung mit der als übermächtig empfundenen westlichen Welt sogar eine neue Zuspitzung geben wollen. Sprachrohr und Organisator dieser Bewusstseinslage ist die islamistische Bewegung, in deren Mitte denn auch die wieder belebte bzw. neu zugespitzte Konzeption des Dschihad entwickelt wurde – Dschihad durchaus nicht nur gegen Nichtmuslime, sondern auch gegen tatsächliche oder vermeintliche Vertreter westlicher Konzeptionen in den islamischen Ländern. Dies ist aber keineswegs *die*, sondern nur eine mögliche islamische Auffassung, gegen die andere Muslime heftig opponieren.

Es gibt in dieser Frage keine eindeutigen islamischen Vorschriften: Korantext, islamisches Recht und die Vielfalt heute vertretener islamischer Positionen geben vielmehr die Möglichkeit, zwischen verschiedenen Optionen zu wählen, die alle islamisch begründbar sind. Wie die Muslime sich hier entscheiden, dürfte weitgehend davon abhängen, wie sie ihre Situation sehen – sowohl als Muslime in der heutigen Welt allgemein wie auch als muslimische Emigranten in Europa.

— Erster Weltkrieg —

Der Erste Weltkrieg markierte einen wichtigen Einschnitt für die ganze arabische Welt. Zuvor war die direkte europäische Präsenz auf einige Territorien beschränkt gewesen: Algerien, Tunesien, Ägypten und einige Hafenstützpunkte. 1912 kamen zu den genannten Ländern noch Marokko und Libyen unter französisch-spanische bzw. italienische Kontrolle. Intensive europäische → Penetration hatte es allerdings fast überall gegeben; sie hatte oft zu inter-imperialistischer Konkurrenz und Friktion geführt. Mangelnder Einigkeit unter den europäischen Mächten hatte auch das Osmanische Reich sein Überleben und, in gewissen Grenzen, seine territoriale Integrität zu verdanken.

Mit dem Kriegseintritt des Osmanischen Reichs auf der Seite der Mittelmächte war der prekäre Status quo zu Ende. Nun wurde auch im Nahen Osten der europäische

Konflikt militärisch ausgetragen, und für den Fall des Siegs der Entente war das Auseinanderbrechen des Reichs abzusehen. Für dessen arabische Territorien und ihre politischen Eliten stellte sich damit die Frage nach ihrer Zukunft drängender. Die britische Regierung suchte zur Unterstützung ihrer Kriegführung gegen das Osmanische Reich arabische Hilfe. Ihr Ansprechpartner dabei war ein bedeutender Würdenträger des Hedschas, der Scherif von Mekka, Husain, der gegen die Zusicherung britischer Unterstützung für einen unabhängigen arabischen Staat nach dem Krieg seinerseits einen Aufstand gegen die Osmanen in Aussicht stellte (dies belegt die Korrespondenz zwischen Husain und McMahon, dem britischen Vertreter in Kairo, Juli 1915 bis Januar 1916). Der Aufstand begann dann tatsächlich im Juni 1916; er war zunächst auf den Hedschas beschränkt, bereitete den Osmanen aber doch gewisse Schwierigkeiten und erleichterte die militärischen Anstrengungen der von Ägypten nach Syrien vorrückenden britischen Armee unter dem Kommando von Allenby. Im Fruchtbaren Halbmond fand kein Aufstand statt, zumal dort jede Regung der Sympathie mit den Aufständischen oder gar mit der Entente brutal unterdrückt wurde. Das Gros der dortigen politischen Elite blieb wohl bis zum siegreichen Vorrücken der britischen Armee pro-osmanisch.

Schon während des Kriegs teilte Großbritannien für den Fall des eigenen Siegs den Fruchtbaren Halbmond mit seinem Bündnispartner Frankreich auf, und zwar in einem geheim gehaltenen Vertrag, dem Sykes-Picot-Abkommen (April/Mai 1916): Beide Partner sollten ein direkt beherrschtes und ein Gebiet exklusiven Einflusses erhalten. Für Palästina, das keiner dem anderen überlassen wollte, sah man internationale Kontrolle vor. Diese Abmachung stand in deutlichem Gegensatz zu den Husain gemachten Versprechungen, denn zumindest der größte Teil des so aufgeteilten Gebiets hätte danach zu einem zukünftigen

unabhängigen arabischen Staat gehören sollen. Aber damit
nicht genug – in der Balfour-Deklaration vom 2. November 1917 stellte Großbritannien den Zionisten die Unterstützung der von ihnen in Palästina geplanten jüdischen
Heimstätte in Aussicht. Auch von einer solchen Einschränkung war in der Korrespondenz mit Husain nicht
die Rede gewesen.

Nach dem Krieg kam der ganze Fruchtbare Halbmond
unter europäische Mandatsverwaltung, wobei man im
Großen und Ganzen nach den Vorgaben von Sykes-Picot
und Balfour verfuhr (→ Mandat). Nur die Arabische
Halbinsel wurde, abgesehen von einigen Küstengebieten
und Stützpunkten, politisch unabhängig, wobei auch hier
von Unabhängigkeit in allen Aspekten keine Rede sein
konnte.

Viele Araber sahen diesen Gang der Dinge als Verschwörung (→ Verschwörungsdenken) und Bruch der ihnen gemachten Versprechungen an. Die relevanten Abkommen waren ihnen tatsächlich so weit wie möglich
verheimlicht worden; insofern lag der Verdacht der Verschwörung nah. Und in der Tat hielt sich Großbritannien
nicht an die Verpflichtungen gegenüber Husain, die ja auch
nicht vertraglich fixiert gewesen waren. Aus der Sicht Eng-
lands und Frankreichs war dieses Verhalten konsequent,
resultierte es doch aus ihren kolonialen Interessen. Die
Araber sahen darin einen Verrat und standen der Kolonialherrschaft von vornherein feindselig gegenüber. In mehreren Ländern kam es zu Aufständen.

In den übrigen Teilen der arabischen Welt bedeutete der
Erste Weltkrieg keinen so radikalen Umbruch, weil sie
schon vorher unter europäischer Herrschaft gestanden hatten. Ägypten wurde mit dem Kriegseintritt der Osmanen
auch formell zum Protektorat erklärt und verlor so seine
letzte rechtliche Bindung an das Reich. Nach dem Krieg
forderten ägyptische Politiker die Unabhängigkeit, wurden aber daran gehindert, diese Forderung bei den Frie-

densverhandlungen zu vertreten. Das führte zu heftigen Unruhen; 1922 entließ Großbritannien das Land einseitig in eine immer noch sehr eingeschränkte Unabhängigkeit. Im Maghreb erhielt der Nationalismus dadurch einen neuen Schub, dass in Algerien und Tunesien viele Angehörige der einheimischen Bevölkerung in der französischen Armee am Krieg teilgenommen hatten, Anerkennung dafür aber von den Siedlern verhindert wurde.

Der Erste Weltkrieg nivellierte also die politische Situation der arabischen Welt. In seinem Ergebnis waren jetzt, wenn man von der Arabischen Halbinsel absieht, alle arabischen Länder unter europäischer Herrschaft – einer Herrschaft, die als drückend empfunden wurde und gegen die man sich massenhaft und oft auch gewaltsam auflehnte. Das führte auch dazu, dass alle Araber sich jetzt mit einer ähnlichen Problemlage konfrontiert sahen, und so bildete sich ein nicht auf die einzelnen Regionen bezogener, sondern die ganze arabische Welt umfassender Nationalismus heraus. Dies war jedoch ein langsamer Prozess, der zwar durch den Krieg entscheidende Impulse erhielt, aber erst nach dem Zweiten Weltkrieg vollendet wurde.

— Erziehung —

Die heutigen arabischen Gesellschaften müssen enorme Aufgaben bewältigen, wenn sie den Herausforderungen der modernen Welt gewachsen sein wollen. Sie müssen in verhältnismäßig kurzer Zeit von einem nach modernen Maßstäben eher niedrigen Stand wirtschaftlicher und technologischer Entwicklung ein Niveau erreichen, das wenigstens auf einigen Gebieten den Eintritt in die sich globalisierende Weltwirtschaft ermöglicht. Das Erziehungswesen ist wohl das gesellschaftliche Feld, auf dem die Größe der Aufgaben am deutlichsten wird. Möglichst der ganzen Bevölkerung sollte der Zugang zu elementarer Schulbildung und einem großen Anteil von ihr auch zu sekundärer und Hochschulbildung gegeben werden. Auch hier war von einem sehr niedrigen Niveau formaler Bildung auszugehen; überdies war das vorhandene Bildungssystem traditionell ausgerichtet. Es bestand im Wesentlichen aus den Koranschulen und aus den höheren Schulen, die ebenfalls religiöse Erziehung vermittelten. Sowohl wegen des Niveaus als wegen der Ausrichtung der Erziehung war also bei der Errichtung eines modernen Bildungswesens kaum an das »Eigene« anzuschließen.

Vielmehr baute man seit dem 19. Jahrhundert ein Bildungswesen auf, indem man sich formal und inhaltlich an europäischen Modellen orientierte. Das bedeutete die »Übersetzung« – im weitesten Sinn – europäischen Bildungsguts ins Arabische und den Aufbau von Erziehungsinstitutionen westlicher Art, wobei durchaus auch mit Abwehrreaktionen von Teilen der Bevölkerung zu rechnen war. Wünschenswert war nicht die exakte Übertragung europäischer Modelle in den arabischen Kontext, sondern die Entwicklung eigener Modelle, die auf die speziellen Bedürfnisse der arabischen Gesellschaft zugeschnitten und in der Lage waren, zur Lösung ihrer Entwicklungsprobleme beizutragen. Dazu mussten sie hohen Qualitätsansprüchen genügen und auf die Anforderungen der Wirtschaft ausgerichtet sein.

Bei dem niedrigen Bildungsstand besonders der weiblichen Bevölkerung am Beginn des Prozesses und bei dem generell hohen Bevölkerungswachstum war – und ist – die Sicherung ausreichender Schulbildung für alle schon quantitativ eine gewaltige Aufgabe. Die arabischen Länder haben hier tatsächlich in der zweiten Hälfte des 20. Jahrhunderts sehr viel geleistet. Die Analphabetenrate konnte von 1980 bis 1995 von 60% auf 43% gesenkt werden. Die Zahl der auf allen drei Niveaus der formalen Erziehung Eingeschulten stieg im gleichen Zeitraum von 31 auf 56 Millionen, während die jährlichen Ausgaben für Erziehung von

18 auf 28 Milliarden Dollar wuchsen. Die Ausgaben für Erziehung pro Kopf der Bevölkerung liegen für die arabische Welt über denen des Durchschnitts der Entwicklungsländer, bleiben aber weit hinter denen der Industrieländer zurück und haben sich überdies in den letzten 15 Jahren ungünstig entwickelt.

Die Erziehungsanstrengungen der arabischen Länder sind also beträchtlich; das Ergebnis bleibt jedoch hinter dem Angestrebten und Wünschenswerten zurück. Eine Analphabetenrate der Erwachsenen von 38,7% (bei Frauen sogar 51%) ist auch im Vergleich mit anderen Regionen der »Dritten Welt« hoch – nur Schwarzafrika und Südasien schneiden noch schlechter ab. Völlige Alphabetisierung wird bei Männern frühestens im Jahr 2025, bei Frauen frühestens 2040 erwartet. Auch die Einschulungsrate auf allen Erziehungsniveaus bleibt für die arabischen Länder weit hinter derjenigen der Industrieländer zurück, und man rechnet nicht damit, dass sich diese Lücke vor 2030 schließt. Bildungschancen klaffen für verschiedene Teile der Bevölkerung weit auseinander – vor allem Frauen und Arme auf dem Land sind benachteiligt.

Über diese quantitativen Defizite hinaus sind auch große qualitative festzustellen. Die arabischen Erziehungssysteme sind überwiegend auf Allgemeinbildung bis zum höchsten Niveau ausgelegt; technische Ausbildung und berufsbildende Maßnahmen kommen demgegenüber zu kurz. Gerade auf diese kommt es aber in der Situation der arabischen Wirtschaften an. Die Ausrichtung des Bildungswesens und die sozioökonomischen Anforderungen stehen in einem manchmal krassen Missverhältnis. Hinzu kommt auch das im Allgemeinen niedrige Qualitätsniveau der Erziehung. Schlecht ausgebildete, bezahlte und motivierte Lehrer, mangelhaft ausgestattete Schulen, große Klassen und eine Unterrichtsmethode, die allzu oft noch das Auswendiglernen und Reproduzieren des Lehrstoffs in den Vordergrund stellt, sind einige der Gründe hierfür.

Ein weit verbreitetes Phänomen sind Lehrer, die einen wesentlichen Teil ihrer Entlohnung aus bezahltem Nachhilfeunterricht beziehen und sich dann dort auch stärker engagieren, was die Bildungschancen für Kinder ärmerer Schichten verringert.

Sowohl quantitativ als auch qualitativ lassen sich im Erziehungswesen der arabischen Länder trotz aller Anstrengungen und Fortschritte der letzten Jahrzehnte erhebliche Defizite feststellen. Das wird auch weithin erkannt, und arabische Erziehungsplaner haben im Rahmen der Arabischen Liga Pläne entwickelt, die allen arabischen Regierungen als Direktiven dienen sollen. Weiterhin sind große Anstrengungen auf dem Gebiet der Erziehung nötig, wenn die arabische Welt in einer immer stärker auf Wissen und seine Aneignung ausgerichteten Welt nicht hoffnungslos an den Rand gedrängt werden will.

— Fatimiden —

Arab. *al-fāṭimiyyūn*. Eine Dynastie von Kalifen, die ihre Bezeichnung von Fatima, einer Tochter Muhammads und Ehefrau Alis, ableitete und das Imamat der ismailitischen Richtung der → Schia für sich beanspruchten. Die Ismailiten erkennen eine Reihe von Imamen an, die sich nach dem sechsten von derjenigen der Zwölferschiiten »abspaltet«; daher werden sie auch als Siebenerschiiten bezeichnet. Sie entsandten Propagandisten in viele Teile der islamischen Welt. Zu Beginn des 10. Jahrhunderts konnten von ihnen beeinflusste Berber den Osten Algeriens und Ifriqiya, das heutige Tunesien, erobern, und 909 nahm der ismailitische Imam dort seine Residenz und etablierte, in offener Herausforderung der → Abbasiden, das fatimidische Kalifat. Die Fatimiden beherrschten auch Sizilien und dehnten in der Folge ihre Herrschaft nach Westen – im Kampf mit den spanischen → Umayyaden – und nach Osten aus. 969

konnte ein fatimidisches Heer Ägypten erobern, und die Kalifen verlegten ihre Residenz dorthin. Von nun an beherrschten sie für etwa zwei Jahrhunderte ein mächtiges Reich, das nicht nur Ägypten, sondern auch den Einzugsbereich des Roten Meers (mit den Heiligen Stätten des Islam) und zeitweise auch die Levante umfasste. Den Maghreb überließen sie ihren dortigen Vasallen, den Ziriden, die sich aber bald de facto und 1051 auch de jure selbstständig machten.

In Ägypten gründeten die Fatimiden 969 etwas nördlich der alten Hauptstadt Fustat eine neue: Kairo (arab. *al-qāhira*, »die Siegreiche«) – erst später verschmolzen die beiden Städte. Auch heute noch ist die »fatimidische Altstadt« Kairos ein Begriff, sie ist an drei noch aus jener Zeit stammenden imposanten Stadttoren und Teilen der Stadtmauer leicht zu erkennen und wird überdies etwa in ihrer Mitte durch al-Azhar markiert, die als fatimidische Palastmoschee gegründet und bald auch zu einer sehr angesehenen ismailitischen (später sunnitischen) Lehranstalt wurde. Die Hauptstraße, die sich in Nord-Süd-Richtung durch die fatimidische Altstadt zieht und weit nach Süden verläuft, heißt heute noch *al-muʿizz li-dīn allāh* – nach dem Kalifen, unter dem Kairo gegründet wurde.

Der ismailitische Glaube wurde den Ägyptern nicht aufgezwungen; die Mehrheit der Muslime blieb wohl während der ganzen Fatimidenherrschaft sunnitisch, und die meisten Ägypter waren zu jener Zeit ohnehin noch keine Muslime. Das erklärt, dass die Fatimiden auch für hohe Verwaltungsposten vielfach Juden und Christen heranzogen. Andererseits gab es auch Versuche, die vom islamischen Recht vorgesehenen diskriminierenden Maßnahmen gegen Nichtmuslime durchzusetzen, und ein Kalif, al-Hakim, ging um 1010 noch darüber hinaus und verhängte auch in islamischen Augen illegale Repressalien gegen Nichtmuslime (→ Christen).

Lange Zeit blieb das Fatimidenreich die beherrschende

islamische Großmacht im Osten des Mittelmeerraums und rivalisierte als solche vor allem mit Byzanz, mit dem es in Syrien auch in militärischer Auseinandersetzung stand. In der zweiten Hälfte des 11. Jahrhunderts gingen den Fatimiden allerdings große Teile Syriens an die Seldschuken und unter deren Einfluss stehende Emire verloren, und es kam auch, teilweise aufgrund von Missernten, zu inneren Wirren und Unruhen, die das Reich schwächten. Davon konnte es sich unter zwei energischen Wesiren noch einmal erholen, aber um 1130 begann ein diesmal endgültiger Niedergang. Die Kreuzfahrer hatten ganz Palästina eingenommen und drangen mehrfach in Ägypten ein. In inneren Machtkämpfen und mit der Schaukelpolitik fatimidischer Wesire zwischen den Franken und den muslimischen Herrschern Syriens wurde die Autorität des Kalifats zerrieben. Schließlich kam mit Saladin ein Führer des von den syrischen Zengiden nach Ägypten gesandten Heers dort als Wesir zur Macht und beseitigte 1171 das fatimidische Kalifat endgültig (→ Ayyubiden).

— Frauen —

Arabische Frauen gelten bei uns vielfach als besonders stark unterdrückt. Obwohl keineswegs alle arabischen Frauen Musliminnen sind, werden unter der Rubrik »Unterdrückung der Frau im Islam« folgende Belege angeführt: Die Verschleierung, in der man eine aufgezwungene Maßnahme sieht, die strenge Trennung der Geschlechter und die Abriegelung von Frauen im Haus, das Recht der Männer auf bis zu vier Ehefrauen, die Unterordnung der Frau in der Ehe, ihre Benachteiligung im islamischen Erbrecht. Diese und eine große Anzahl von anderen Benachteiligungen von Frauen finden sich in der islamischen Praxis, einige von ihnen lassen sich durch Korantexte begründen.

Die islamische Apologetik hingegen zeichnet ein ganz anderes Bild der Lage der muslimischen Frauen. Nach ihrer Auffassung sind als religiöse Subjekte, im individuellen Verhältnis zu Gott, Männer und Frauen gleich; Unterschiede werden lediglich in ihrer rechtlich-praktischen Behandlung im weltlichen Leben gemacht. Dem naturgegebenen Unterschied zwischen den Geschlechtern trage man dadurch Rechnung, dass dem Mann die Rolle des Ernährers der Familie und ihres Vertreters nach außen, der Frau aber die Rolle als sorgende Ehefrau, Mutter und Erzieherin zugewiesen wird – ganz im Geist der einschlägigen Koranstelle: »Die Männer stehen über den Frauen, weil Gott sie (von Natur vor diesen) ausgezeichnet hat und wegen der Ausgaben, die sie von ihrem Vermögen (als Morgengabe für die Frauen?) gemacht haben. Und die rechtschaffenen Frauen sind (Gott) demütig ergeben und geben acht auf das, was (den Außenstehenden) verborgen ist, weil Gott (darauf) acht gibt« (Sure 4,34; Übers. Rudi Paret). Zwischen der Verpflichtung des Mannes, für die Frau materiell aufzukommen, und der Gehorsamspflicht der Frau besteht nach dieser Auffassung ein Ausgleich. Islamische Apologeten weisen auch gern darauf hin, dass die nach islamischer Lehre verbrieften Rechte der Frau eine deutliche Besserstellung gegenüber ihrer früheren Position bedeuten, die solche Rechte nicht kannte.

Was lässt sich, jenseits dieser so oder so mit dem Hinweis auf den Islam argumentierenden Positionen, über die reale gesellschaftliche Lage arabischer Frauen sagen? Unter dem Beurteilungskriterium der Gleichbehandlung und der Entfaltungschancen von Frauen lassen die arabischen Gesellschaften viel zu wünschen übrig. Der 2002 herausgekommene *Arab Human Development Report* des UN-Entwicklungsprogramms versucht den Grad der Beteiligung der Frauen an gesellschaftlicher Macht zu messen, indem er Einkommen, Frauenanteil in qualifizierten Berufen und Frauenanteil in Parlamenten als Indikatoren nimmt. Den 14 arabischen Staaten, deren relevante Daten man auswerten konnte, wird das zweitschlechteste Ergebnis der Welt bescheinigt – nur Afrika südlich der Sahara schneidet noch schlechter ab. 1999 waren immer noch mehr als die Hälfte (51%) der erwachsenen arabischen Frauen Analphabetinnen – bei den Männern waren es 26,9%. Im Berufsleben sind Frauen von vielen Sparten fast völlig ausgenommen und konzentrieren sich auf bestimmte lehrende Berufe, im Gesundheitswesen, in der Sozialarbeit, in der Textilverarbeitung, in Schreib- und unteren Verwaltungstätigkeiten, als nicht oder gering bezahlte Arbeitskräfte in der Landwirtschaft sowie in der Hausarbeit. Hier zeigt sich die Tendenz, Frauen aus dem öffentlichen Leben so weit wie möglich auszuschließen. Führungspositionen in Wirtschaft und Politik sind von Frauen so gut wie nicht besetzt. Der oben genannte Bericht weist einen weiblichen Anteil an den Mitgliedern arabischer Parlamente von 3,5% aus – der niedrigste Wert aller Weltregionen.

All diese Benachteiligungen aber schlicht auf den Islam zurückzuführen, ist nicht richtig. Die Benachteiligung von Frauen hat es im Nahen Osten – wie in allen vormodernen patriarchalischen Gesellschaften – schon lange vor der Entstehung des Islam gegeben. Freilich haben sich, als die Gegend islamisch wurde, diese patriarchalischen Traditionen in islamischem Gewand fortgesetzt und die Gestalt islamischer Überzeugungen und rechtlicher Vorschriften angenommen. So erklärt sich die Sanktionierung der Mehrehe, das Verschleierungsgebot, die Ungleichbehandlung im Eherecht, das beispielsweise dem Mann die Scheidung erleichtert, der Frau aber erschwert, die Benachteiligung von Frauen im Erbrecht und eine Fülle von anderen diskriminierenden Bestimmungen, die unter vormodernen Umständen hingenommen wurden, jedoch inkompatibel sind mit modernen menschenrechtlichen Standards. Alle diese Bestimmungen sind Teil der → Scharia, des islamischen

Rechts. Diese wurde von Juristen entwickelt, haben aber teilweise koranische Grundlagen. Und so paradox es klingt: Die strikte Beachtung dieser Bestimmungen würde eine weitaus bessere Behandlung der Frauen garantieren, als sie tatsächlich stattfindet. So hat beispielsweise eine Frau nach islamischem Recht einen Anspruch auf die Hälfte des Erbes eines entsprechend situierten Mannes. In der Realität jedoch werden Frauen oft genötigt, auf diesen Anspruch ganz oder teilweise zu verzichten.

Im Umbruch zur Moderne wurde die Scharia in den meisten arabischen Ländern durch positives Recht ersetzt. Dessen familienrechtliche Bestimmungen, die für die Lage der Frauen relevant sind, lehnen sich allerdings weitgehend an die Scharia an, so dass die entsprechenden Vorschriften, meist vorsichtig moderneren Vorstellungen angepasst, immer noch gelten. Viele Araber fühlen sich durch die Existenz moderner Vorstellungen und Praktiken westlicher Herkunft verunsichert und halten umso krampfhafter an einer Tradition fest, die mit ihrer rigiden Sexualmoral einen Schutz gegen importierten Sittenverfall verspricht. Das macht die Weiterentwicklung des Familienrechts im Interesse der Frauen nicht leichter. Hinzu kommt die Problematik der sozioökonomischen und politischen → Misere der heutigen arabischen Welt, die große Bevölkerungsteile in Mitleidenschaft zieht und sich insbesondere negativ auf die Situation der Frauen auswirkt. Ein Beispiel: Scharia und überkommene Vorstellungen schreiben vor, dass eine Frau zur Arbeitsaufnahme außer Haus das Einverständnis ihres Ehemannes benötigt. Dieses Einverständnis dürfte bei einer Arbeitslosigkeit von 25% und mehr vielfach verweigert werden – nicht aus Gründen islamischer Sittlichkeit, sondern um zusätzliche Konkurrenz auf dem Arbeitsmarkt zu vermeiden. Fazit: Die in vieler Hinsicht missliche Lage arabischer Frauen resultiert aus der Überlagerung uralter patriarchalischer Traditionen mit sozioökonomischen Problemen der heutigen arabischen Gesellschaften.

Was im Einzelnen auch immer die Gründe für die Benachteiligung arabischer Frauen sein mögen: Sie wird keineswegs unbesehen hingenommen. Auch die Regierungen machen Anstrengungen, krasseste Defizite zu beheben. Ist die Analphabetenrate bei Frauen fast doppelt so hoch wie bei Männern, tendiert doch der Einschulungsgrad beider Geschlechter in jüngerer Zeit zur Gleichheit, und das lässt hoffen, dass sich die Lücke mindestens mittelfristig schließen wird. In Einzelfällen kann die Lücke klein sein: Der Lehrkörper der (islamisch-konservativen) Azhar-Universität besteht beispielsweise zu etwa 40% aus Frauen! Und es gibt Personen und gesellschaftliche Kräfte, in erster Linie Organisationen der Frauen selbst, die noch viel expliziter gegen die Diskriminierung angehen. Hier mag es genügen, das Werk zweier Frauenrechtlerinnen zu nennen, deren Bücher auch auf Deutsch vorliegen: der Ägypterin Nawal El Saadawi und der Marokkanerin Fatima Mernissi. Diese Aktivitäten folgen zunächst einfach elementaren menschenrechtlichen Prinzipien, lassen sich aber auch islamisch begründen: Da die zitierten Vorschriften des islamischen Rechts von Juristen entwickelt und daher Menschenwerk sind, können sie, wenn entsprechende Interessen vorliegen, auch in einem islamischen Begründungszusammenhang weiterentwickelt und geändert werden. Auch viele Frauenrechtlerinnen begründen ihre Bemühungen islamisch, sei es, weil es ihrer eigenen Überzeugung entspricht, sei es, um ihre Akzeptanz zu steigern.

Es gibt also auf dem Gebiet der Emanzipation arabischer Frauen große Defizite. Nichtsdestotrotz ändert sich die Lage der arabischen Frauen, und praktisch wie intellektuell finden auf diesem Gebiet heftige Auseinandersetzungen statt, deren Ausgang keineswegs feststeht.

— Fruchtbarer Halbmond —

Der Fruchtbare Halbmond (arab. *al-hilāl al-ḫaṣīb*) ist die nordwestliche der vier arabischen Großregionen (→ Arabische Welt). Sie führt diesen Namen, weil sich ihre besiedelten Gebiete halbkreis- bzw. halbmondförmig im Westen, Norden und Nordosten um die Syrische Wüste schließen und – jedenfalls aus der Perspektive der Halbinsel mit ihren ausgedehnten Wüsten – aus fruchtbarem Land bestehen. Den Westen dieses Halbkreises bilden die Berg- und Tafellandschaften der Levante, den Norden das Vorland des Taurusgebirges und den Nordosten Mesopotamien, also das Gebiet der beiden großen Ströme Euphrat und Tigris. Der Fruchtbare Halbmond wird noch einmal in einen westlichen und einen östlichen Teil unterteilt. Den Westen bildet die Levante, auch geographisches oder Großsyrien genannt (arab. *bilād aš-šām*); heute das Gebiet der Staaten Syrien, Libanon, Israel/Palästina und Jordanien. Der östliche Teil ist Mesopotamien, heute im Wesentlichen identisch mit dem Gebiet des Irak. Ob man Kuwait zum Fruchtbaren Halbmond zählt, ist eine Frage der definitorischen Zweckmäßigkeit; wir rechnen es wegen seiner wirtschaftsgeographischen, sozialstrukturellen und politischen Ähnlichkeit mit den anderen Golfstaaten zur Arabischen Halbinsel.

Die Levanteküste mit ihren Erhebungen, ein sich daran östlich anschließender Streifen des Tafellandes und das Vorland des Taurusgebirges stehen klimatisch unter Einfluss des Mittelmeers, sind verhältnismäßig regenbegünstigt und erlauben Regenfeldbau, der, je weiter man ins Landesinnere, zur Syrischen Wüste kommt, schwieriger wird (mit Ausnahme der Oasen). Das Kulturland in Mesopotamien wird im Wesentlichen von den Tälern der beiden Ströme gebildet; im Süden des Irak gibt es ausgedehnte Marschen. Außer den beiden großen Strömen gibt es in Westsyrien den Orontes, der parallel zur Küste nach

Norden, weiter südlich den Jordan, der nach Süden, und einige kleinere Flüsse, die zum Mittelmeer fließen.

Hauptanbauprodukte im Fruchtbaren Halbmond sind Baumwolle, Getreide, Zitrusfrüchte, Wein, Oliven und Gemüse. Syrien, Irak und, in geringerem Maß, Libanon und Jordanien haben verarbeitende Industrie, die aber in den beiden erstgenannten Ländern unter den Problemen der von Staats wegen initiierten importsubstituierenden Industrialisierung leidet. Israel, das bei Fehlen einer Schwerindustrie einen den entwickelten Industrieländern vergleichbaren wirtschaftlichen Standard besitzt, kann, da kein arabisches Land, hier außer Betracht bleiben.

Stärker als der Maghreb, der eher Schauplatz interner Auseinandersetzung zwischen seinen einzelnen Teilen war, als das Niltal, das durch Wüsten vor äußeren Invasionen gut abgeschirmt war, und die eher periphere Arabische Halbinsel war der Fruchtbare Halbmond seit jeher Ziel- und Durchgangsgebiet von Invasionen und Wanderungsbewegungen. Dabei war Mesopotamien besonders von Eroberungen aus Nordosten, von Iran oder Zentralasien betroffen, während Syrien typischerweise Durchgangsland bzw. Zankapfel zwischen Ägypten auf der einen, Mesopotamien oder Anatolien auf der anderen Seite war. Darum ist auch die Bevölkerung in Syrien wesentlich weniger homogen als in anderen Teilen der arabischen Welt. Die Mehrheit ist auch hier meist sunnitisch und arabisch, aber es gibt ausgesprochen große und zahlreiche ethnische wie religiöse Minderheitsgruppen: Kurden, Armenier, Aramäer, Drusen, Jeziden, Juden, heterodoxe Muslime verschiedener Spielarten und eine nahezu unüberschaubare Vielzahl christlicher Denominationen.

Dieser Umstand hat auch dazu geführt, dass der Fruchtbare Halbmond Schauplatz zahlreicher und heftiger politischer Konflikte war und ist. Der → Libanonkonflikt, die Kämpfe zwischen der irakischen Regierung und der kurdischen Minderheit, islamistische Aufstände in Syrien und ihre Unterdrückung sind nur einige Beispiele. Und der → Palästinakonflikt hat seine tieferen Wurzeln zwar außerhalb der Region, prägt diese aber seit langer Zeit. Auch zwischenstaatliche Konflikte (Irak/Syrien, Syrien/Jordanien) traten hier in der jüngeren Vergangenheit häufig auf. Bis heute scheint der Fruchtbare Halbmond unter seiner »geopolitischen« Hypothek zu leiden, Schauplatz großer Interessenkonflikte zu sein.

— Geschichte —

Das traditionelle arabische Geschichtsverständnis ist stark islamisch geprägt. Geschichte wird weitgehend als Heilsgeschichte gesehen, deren bisheriger Höhepunkt die Zeit der Offenbarung und des Propheten war. Mit zunehmendem Abstand von dieser »goldenen Zeit« des Islam entfernt man sich nach diesem Geschichtsbild auch von deren Geist; in der Geschichte wird demzufolge ein Niedergang angenommen, Verbesserung erst wieder am Ende der Zeit erwartet. Die arabische Geschichtsschreibung folgte weitgehend chronologischen Prinzipien.

Der berühmte arabische Historiker Ibn Khaldun (1332–1406) begründete demgegenüber ein zyklisches Geschichtsbild, das er weitgehend innerweltlich erklärte, nämlich durch das periodisch wiederholte Anrennen ländlicher Kräfte gegen städtisch basierte politische Gebilde. Er kam auch von der reinen Chronologie ab und forderte die soziale Erklärung von Geschichtsabläufen, gleichsam eine »Geschichte im Kontext«. In neuerer Zeit hat die Auseinandersetzung mit dem Westen auch zur Übernahme westlicher Konzepte im Geschichtsverständnis geführt, aber auch heute noch berufen sich viele Araber auf das traditionelle islamische Geschichtsbild oder auf Ibn Khaldun.

Bis zur Entstehung des → Islam im frühen 7. Jahrhundert beschränkte sich der Siedlungsraum der Araber weit-

gehend auf die Arabische Halbinsel und die angrenzenden
Regionen des Fruchtbaren Halbmonds. Im größten Teil
dieses Siedlungsgebiets herrschte nomadische Lebensweise
vor. Lediglich im Süden und in den nördlichen Grenzre-
gionen gab es dichte sesshafte Bauernbevölkerung und
Staatenbildungen. Erst durch die weit ausgreifenden Eroberungen des ersten Jahrhunderts der islamischen Zeitrechnung entstand die arabische Welt in ihren heutigen
Abmessungen.

Eine Periodisierung der arabischen Geschichte ist nicht
leicht, wenn man nicht dynastische Gesichtspunkte oder
Epochen der europäischen Geschichte (»Mittelalter«) zu-
grunde legt, die ihr äußerlich bleiben müssen. Grob lässt
sich etwa folgende Einteilung vornehmen:

1. Die Epoche der Eroberungen. Bei Muhammads Tod
632 waren die meisten Gebiete der Halbinsel mit den
Muslimen verbündet bzw. ihnen tributpflichtig. Große
Teile dieses Gebiets »fielen« nach seinem Tod »ab«, weil
sie sich nur seiner Person verpflichtet sahen, und wurden
bis 634 wieder militärisch in Botmäßigkeit gezwungen.
Die Eroberungen wurden danach außerordentlich rasch,
dynamisch und weit ausgreifend fortgesetzt, bis sie um
750 dem islamischen Machtbereich ein riesiges Territorium
einverleibt hatten: vom Atlantik und den Pyrenäen bis
zum Indus unter Einschluss weiter Teile Zentralasiens und
Transkaukasiens. Ein so riesiges Gebiet konnte natürlich
beim damaligen Stand der Verkehrstechnik nur unzureichend zentral verwaltet werden. Insofern ist die Rede vom
arabischen oder islamischen Reich irreführend. Immerhin
war es aber offiziell ein einheitliches politisches Gebilde
mit der Hauptstadt Damaskus.

2. Die Blütezeit. Die erste Zeit nach 750 gilt allgemein
als Hochblüte der arabisch-islamischen Zivilisation. Der
islamische Herrschaftsbereich hatte seine größte Ausdehnung erreicht und wurde nun konsolidiert und vereinheit-

licht. Die Wirtschaft, vor allem die Landwirtschaft, wurde gefördert, die wirtschaftlichen Beziehungen verdichtet. Wichtige städtische Zentren, so etwa Bagdad 760 und Fes 789, wurden gegründet oder vergrößerten sich. Auch in kultureller Hinsicht markierte diese Zeit einen Aufschwung. Die islamischen Lehren und Disziplinen wurden ausgebaut und – in lebhafter Auseinandersetzung mit konkurrierenden Lehren, z. B. dem Christentum mit seiner entwickelten Theologie – bereichert; Literatur und Wissenschaft wurden gefördert; kurz, es entstanden ein blühender Wirtschaftsraum und eine weitgehend einheitliche arabisch-islamische Zivilisation, die trotz des beginnenden politischen Niedergangs noch für geraume Zeit existierten.

3. *Die Epoche der Stagnation und des beginnenden Niedergangs.* In der Zeit der Hochblüte zeigten sich schon bald Vorboten der Stagnation und des Niedergangs, der sich in Rissen der Einheit des islamischen Staats andeutete. Das arabisch-islamische Spanien entzog sich schon 756 der Autorität der damaligen Kalifen; andere Gebiete im Maghreb und im Osten folgten bald: Provinzgouverneure machten sich de facto selbstständig, und die abbasidischen Kalifen hatten selten die Macht, sie erneut ihrer Kontrolle zu unterwerfen. Das Resultat war eine ziemlich weitgehende politische Zersplitterung des islamischen Herrschaftsgebiets. Selbst im Irak verloren die Kalifen um die Mitte des 10. Jahrhunderts die reale Macht, blieben allerdings nominell die »Befehlshaber der Gläubigen«, bis 1258 die Mongolen Bagdad zerstörten und dem abbasidischen Kalifat ein Ende machten.

Zunächst zeitigte die politische Zersplitterung keine negativen Folgen für den wirtschaftlichen und zivilisatorischen Hochstand. Der Handel verlief zunächst ungestört weiter, und auch die weitgehend einheitliche arabisch-islamische Zivilisation blieb bestehen. Die Standardisierung, die sie hervorgebracht hatte, war allerdings mit einer gewissen geistigen Erstarrung verbunden und trug so zur

Stagnation bei. In der Landwirtschaft wirkte die Einführung des *iqṭāʿ*, eines Besoldungssystems durch zeitweilige Zuweisung von Ländereien und ihren Einkünften, langfristig schädlich. Der Mittelmeerhandel ging in italienische Hände über, und auch die Kreuzzüge wirkten sich wirtschaftlich schädlich für die Araber aus.

Der Beginn der Stagnation und des Niedergangs ist je nach Bewertung des Feldes, das man in den Vordergrund rückt, sehr unterschiedlich anzusetzen. Die zentrale politische Autorität begann bereits im 9. Jahrhundert zu schwinden; ein allgemeiner Niedergang wird meist erst im 11. oder 12. Jahrhundert konstatiert. Er setzte sich langsam und für die einzelnen Regionen unterschiedlich fort und wurde immer wieder durch teilweise längere Perioden der Konsolidierung durch mächtige Staaten mit effizienter Verwaltung unterbrochen. Insofern ist das weit verbreitete Bild vom Dornröschenschlaf der arabischen Welt vom 11. bis zum 18. Jahrhundert in Frage zu stellen. Wirklich irreversibel wurde der Niedergang erst, als Europa der wirtschaftlich-technologische Absprung gelang und die arabische Welt uneinholbar dahinter zurückblieb.

4. Die Epoche des Innewerdens der europäischen Übermacht. Das Osmanische Reich, zu dem seinerzeit der größte Teil der arabischen Welt gehörte, musste seit dem 18. Jahrhundert immer empfindlichere Niederlagen durch europäische Mächte erfahren. Ein Kräftegefälle bildete sich deutlich heraus, das auf europäischer wirtschaftlicher und technologischer Überlegenheit beruhte. Die ökonomische, kulturelle und politische Penetration Europas in der arabischen Welt schritt bis zum späten 19. Jahrhundert voran, ohne dass zunächst direkte Herrschaft in größerem Umfang ausgeübt wurde. Die Expedition Bonapartes nach Ägypten (1798–1801), deren Bedeutung oft einseitig hervorgehoben wird, war nur eine – freilich symbolisch wichtige – Episode in diesem Prozess.

5. Die Zeit des direkten Kolonialismus. Bis auf den größten Teil der Arabischen Halbinsel wurde die gesamte arabische Welt europäischer Kolonialherrschaft unterworfen. Dabei waren vier europäische Staaten beteiligt: Großbritannien, Frankreich, Spanien und Italien. 1830 drang Frankreich in Algerien ein, 1881 wurde Tunesien französisch, 1882 Ägypten britisch besetzt. Weitere Gebiete gerieten erst im frühen 20. Jahrhundert unter europäische Herrschaft, oft im Zusammenhang mit dem Zerfall des Osmanischen Reichs 1918. Es gab verschiedene Arten der Herrschaft: direkte Kolonialherrschaft, Protektorat und Völkerbundsmandat. Im historischen Vergleich war die europäische Kolonialherrschaft in der arabischen Welt von kurzer Dauer.

6. *Die Zeit der politischen Unabhängigkeit.* Die meisten arabischen Länder wurden im zeitlichen Umfeld des Zweiten Weltkriegs formal unabhängig, Algerien 1962 und einige Gebiete am Persischen Golf erst 1971. Die Westsahara und Palästina als Sonderfälle sind bis heute nicht selbstständig. Trotz ihrer formalen Unabhängigkeit sind die arabischen Länder unter manchen Aspekten: militärisch, politisch, ökonomisch, technologisch und kulturell weiterhin vom Westen außerordentlich abhängig.

Die oft anzutreffende Periodisierung der arabischen Geschichte nach dynastischen Prinzipien wird mit der politischen Zersplitterung des arabischen Raums seit dem 9. Jahrhundert kompliziert. Hier wenigstens die großen Linien: In der frühen Zeit stand der gesamte islamische Herrschaftsbereich nominell unter der einheitlichen Leitung der jeweiligen Kalifen; 632–661 waren das die vier ersten (»rechtgeleiteten«) Kalifen, 661–750 die → Umayyaden und 750–1258 die → Abbasiden. Von diesen sagten sich aber schon 756 die spanischen Umayyaden los; auch im Maghreb etablierten sich im 8. Jahrhundert autonome Herrscher. In Ägypten residierten mit Unterbrechung seit 868 unabhängige Gouverneurs-»Dynastien«. In Syrien

herrschten seit 980 die Hamdaniden, im Irak seit 945 die
Buyiden. Im heutigen Tunesien etablierte sich 909 das
schiitische Kalifat der → Fatimiden, das 969 seinen Sitz
nach Ägypten verlegte und für ungefähr 200 Jahre über
Ägypten und die Levante herrschte. Weiter östlich regierten seit etwa 1050 die (türkischen) → Seldschuken; seit
1098 gab es die Präsenz der Kreuzfahrer und ihrer Staaten
in der Levante. Ägypten und der Fruchtbare Halbmond
wurden seit 1171 von Saladin und seinen Nachfolgern, den
→ Ayyubiden, geeint und beherrscht. Im Westen folgte
auf den Einfluss der Fatimiden im 10. Jahrhundert und die
Herrschaft regionaler Dynastien noch einmal die einigende
Herrschaft zweier berberischer Dynastien mit deutlicher
religiöser Inspiration: der → Almoraviden um 1050–1150,
der → Almohaden um 1150–1250. Danach zerfiel der
Maghreb wieder in drei verschiedene Herrschaftsgebiete.
In Ägypten, Syrien und Teilen der Halbinsel herrschten
von 1250 an die fremdstämmigen → Mamluken. Von 1517
wurde fast die ganze arabische Welt mit Ausnahme von
Teilen der Halbinsel und Marokko Teil des Osmanischen
Reichs, dessen Residenz nicht auf arabischem Boden lag.
Auch ihre Inkorporierung in das Osmanische Reich bedeutete freilich für die davon betroffenen arabischen Regionen kein völlig einheitliches Schicksal. Sie behielten
eine gewisse Autonomie, konnten sich zeitweise oder endgültig von der osmanischen Herrschaft befreien (Jemen
wurde zweimal von den Osmanen erobert) und sind,
wenn man über ihre Entwicklung genau informiert sein
will, jeweils als Einzelregionen zu betrachten. Im Zuge des
sich zu Ungunsten der Osmanen verschiebenden Macht-
gleichgewichts bekam dann der europäische Einfluss für
die meisten Teile der arabischen Welt schon vor dem Ende
des Reichs 1918 entscheidende Bedeutung.

— Golfkriege —

Man unterscheidet drei Golfkriege: der erste wurde ausge-
tragen zwischen Irak und Iran 1980–88, der zweite zwi-
schen einer internationalen Koalition unter Führung der
USA und dem Irak von Januar bis März 1991. Der dritte
Golfkrieg wurde von den USA und Großbritannien im
März/April 2003 gegen den Irak geführt, um das Regime
Saddam Husains zu stürzen.

Der erste Golfkrieg begann am 22. September 1980 mit
einem Großangriff der irakischen Armee auf den Iran.
Gründe für diesen Krieg, eindeutig eine Aggression des
Irak, gab es mehrere: Einmal ging es um den Grenzverlauf
am Schatt al-Arab, den der Irak gern wieder an dessen
Ostufer gesehen hätte, obwohl er sich selbst in einer Situa-
tion der Schwäche 1975 mit einem Grenzverlauf an der
Talweglinie einverstanden erklärt hatte. Ferner wollte der
Irak wohl auch die teilweise arabisch bevölkerte iranische
Provinz Khusistan für sich beanspruchen. Die Vormacht-
stellung am Golf, die der Irak durch einen militärischen
Erfolg gegen Iran zu erobern hoffte, war ein weiterer
Punkt. Und schließlich war dieser Krieg auch eine Auseinandersetzung zweier Ideologien: eine arabisch-nationali-
stische Konzeption auf der einen, eine militant islamistische auf der anderen Seite. Die irakische Führung nahm
für sich in Anspruch, die arabische Welt vor dem »Export«
der islamischen Revolution zu bewahren. Dabei hatte sie
die Stärke der iranischen Armee in den Wirren nach der
dortigen Revolution unterschätzt und auf einen raschen
militärischen Sieg gehofft.

Nach anfänglichen irakischen Landgewinnen und erfolgreichen iranischen Gegenoffensiven erstarrten die
Fronten jedoch in einem langandauernden Stellungskrieg.
Im weiteren Verlauf konnte nur massive westliche Unterstützung den Irak vor einer Niederlage bewahren. Dieser Stellungskrieg war für beide Seiten mit ungeheuren

menschlichen, aber auch materiellen Verlusten verbunden. Er ging mit dem rücksichtslosen und verlustreichen Einsatz der oft jugendlichen Soldaten, mit dem Beschuss iranischer Städte durch Raketen und mit dem Einsatz von Giftgas durch den Irak (auch gegen die eigene kurdische Bevölkerung) einher. Acht Jahre dauerte dieser Krieg, der als einer der schlimmsten Aderlässe der jüngeren Geschichte bezeichnet werden kann. International wurde wenig zu seiner Beendigung unternommen; manche wichtigen Akteure unterstützten zeitweise sogar beide Seiten bzw. belieferten sie mit Waffen. Für die arabische Welt war der Krieg ein regelrechtes Trauma. Er offenbarte deutlich ihre Zersplitterung und Ohnmacht. Der irakische Präsident Saddam Husain hatte mit der Solidarität der arabischen Welt gerechnet, die jedoch schwächer ausfiel als erwartet. Einige Golfstaaten leisteten finanzielle Unterstützung, einige arabische Staaten begrenzte militärische Hilfe. Andere gingen jedoch deutlich auf Distanz, ein so wichtiger Staat wie Syrien verbündete sich mit dem Iran. Auch die oft beschworenen diplomatischen Anstrengungen der Araber zur Beendigung des Kriegs blieben weitgehend wirkungslos. Der Krieg endete im August 1988 aufgrund allgemeiner Erschöpfung, ohne dass eine Seite gesiegt hätte.

Das Ergebnis war ein ausgebluteter, bei den Golfstaaten stark verschuldeter Irak, dessen Führung jedoch beanspruchte, den Krieg im Interesse der ganzen arabischen Welt geführt zu haben, und deren Anerkennung etwa in Form eines großzügigen Schuldenerlasses erwartete. Diese Erwartung und der Unwille der betroffenen Golfstaaten, ihr zu entsprechen, führten zu einem heftigen Konflikt. Gegensätze gab es auch im Hinblick auf die in der OPEC zu verfolgende Politik: Der Irak drang auf strikte Einhaltung, ja Verringerung der vereinbarten Förderquoten, die Emirate und Kuwait bestanden auf ihrem Recht, sie zu überschreiten. Hinzu kam, dass Kuwait die Forderung des

Irak, ihm zwei an der Mündung des Schatt al-Arab gelegene Inseln zu verpachten, brüsk zurückwies. Daraufhin besetzte die irakische Armee Kuwait mit der erklärten Absicht, das Land zu annektieren, und mit der nachträglichen Begründung, Kuwait sei ohnehin ein Teil der alten osmanischen Provinz Basra und habe von daher keine definierten und einvernehmlich anerkannten Grenzen mit dem Irak.

In Reaktion auf diesen Einmarsch bildete sich sehr schnell eine internationale Koalition unter Führung der USA, die den Irak zum Rückzug aus Kuwait zu zwingen suchte. Über die Durchsetzung des Völkerrechts hinaus verfolgte sie aber offensichtlich noch andere Ziele; insbesondere das Hinausdrängen des Irak aus seiner durch die Annexion gewonnenen starken Position auf dem Erdölmarkt, welche die Ölversorgung des Westens zu günstigen Konditionen gefährdete. Jedenfalls handelten die USA schnell und massiv, stationierten Truppen in Saudi-Arabien und gaben dem Versuch einiger Staaten, die Krise auf der arabischen Ebene zu lösen, kaum eine Chance. Sehr rasch wurden auch UN-Resolutionen gefasst, in denen der Irak zum bedingungslosen Abzug aus Kuwait aufgefordert wurde und ein – notfalls auch militärisch durchzusetzendes – Embargo gegen das Land verhängt wurde, solange es dieser Forderung nicht nachkam.

In einer Rede am 12. August 1990 schlug Saddam Husain eine umfassende Regelung für den Nahen Osten vor, bei der die Beendigung der irakischen Besetzung Kuwaits gemeinsam mit der israelischen Besetzung palästinensischer Gebiete und der syrischen Besetzung Libanons behandelt werden sollte. Das war wohl nur ein Ablenkungsmanöver angesichts des wachsenden Drucks auf ihn, aber das amerikanische Verhalten – Tolerierung der israelischen Besatzung, schnelle und massive Reaktion auf die irakische – verschaffte dieser Position bei vielen Arabern Glaubwürdigkeit. Ein großer Teil der arabischen Öffentlichkeit solidarisierte sich nicht so sehr mit Saddam Husain als vielmehr mit dem vom Angriff bedrohten Irak und seiner Bevölkerung. Wichtige arabische Regierungen traten allerdings der Koalition gegen den Irak bei: Saudi-Arabien gestattete die Stationierung fremder Truppen auf seinem Gebiet, die Golfstaaten, Ägypten, Syrien und einige andere Staaten beteiligten sich an der Streitmacht. Jemen, Sudan und die PLO nahmen für den Irak Stellung, Jordanien weigerte sich zumindest, offen mit dem Irak zu brechen. Die Uneinigkeit der arabischen Welt zeigte sich in diesen Reaktionen ebenso wie ihre Unfähigkeit, die Krise intern zu lösen – ein neuer Fehlschlag nach ihrem Versagen im ersten Golfkrieg. Aus Sorge um ihr Bündnis mit den Arabern taten die USA alles, um Israel aus den Vorbereitungen und dem dann anschließenden Krieg herauszuhalten.

Es folgte ein monatelanges Tauziehen, in dem die irakische Führung westliche Ausländer an der Ausreise hinderte und sie damit zu Geiseln machte, und zahlreiche hochrangige Politiker Vermittlungsversuche machten, die zur Vermeidung des Kriegs hätten führen können, wenn auch nur eine der beteiligten Seiten ernsthaft daran interessiert gewesen wäre. Doch dies war offensichtlich nicht der Fall: Die USA wollten nicht die Gelegenheit versäumen, einen ehemaligen Verbündeten, der sich gegen ihre Interessen gestellt hatte, in die Schranken zu weisen. Saddam Husain wollte, um Standfestigkeit zu beweisen und einen Gesichtsverlust zu vermeiden, seine Armee nicht bedingungslos abziehen. Bei der arabischen Öffentlichkeit konnte er so gewisse Sympathien erwirken, auch wenn er damit sein Land in einen Krieg trieb, der bei dem gegebenen Kräfteverhältnis nur zu verlieren war.

Nach einigen in letzter Minute fehlgeschlagenen dramatischen Vermittlungsversuchen begann der Krieg der Koalition gegen den Irak am 17. Januar 1991. Er wurde zunächst ausschließlich aus der Luft geführt und bestand aus massiven Bombardements von militärischen Einrichtungen und eines großen Teils der gesamten Infrastruktur, bei denen auch die Zivilbevölkerung in Mitleidenschaft gezogen wurde. Die Hauptkriegführenden auf der Seite der Koalition waren die USA und Großbritannien; andere beteiligten sich eher durch symbolische Kontingente bzw. durch die Übernahme von Kosten. Nach ebenfalls massiven Vorbereitungen durch Artilleriebeschuss begann dann im Februar der Bodenkrieg, bei dem es in kurzer Zeit gelang, die irakische Armee aus Kuwait zu vertreiben, die allerdings nicht sehr weit auf irakisches Gebiet verfolgt wurde. Auf einen Marsch nach Bagdad und den gewaltsamen Sturz des Regimes verzichteten die USA, weil dies wohl zu riskant erschien. Die schiitische Bevölkerung im Süden und die kurdische im Norden des Landes erhoben sich in dieser Situation gegen das Regime; der Aufstand im Süden wurde blutig niedergeschlagen, den Kurden im Norden blieb das erspart – sie hatten mehr Kampferfahrung und profitierten von der Einrichtung einer Flugverbotszone durch Briten und Amerikaner. Am 28. Februar erfolgte der Waffenstillstand; die irakische Führung musste dem Abzug, hohen Reparationszahlungen an Kuwait, der Reduzierung ihres militärischen Potenzials und der kontrollierten Vernichtung ihrer Massenvernichtungswaffen zustimmen. Eine Aufhebung des Embargos wurde mit dem Fortschritt dieses Prozesses verknüpft. Sie war bis zum Frühjahr 2003 nicht vollständig erfolgt, weil der Irak seinen Auflagen jedenfalls nach Meinung der USA nicht nachkam und im Zuge von Konflikten über die Modalitäten der Kontrolle die Rüstungskontrolleure 1998 das Land verließen. Dass die irakische Bevölkerung unter dem Embargo stark zu leiden hatte, wird allgemein beklagt, wobei von vielen, vor allem Arabern, insbesondere die USA und Großbritannien angeklagt wurden, während diese wiederum das irakische Regime für die Situation verantwortlich machten. Die Sanktionen hatten aber nicht nur negative humanitäre Konsequenzen, sondern standen auch der

Wiederaufnahme von Geschäften mit dem Irak in größerem Umfang im Weg; auch das nährte die Kritik.

Im Verlauf der 90er-Jahre änderte sich die Haltung der USA zum Irak. Von einer Politik des »dual containment« (doppelte Eindämmung des Irak und des Iran) ging man zu einer Politik des Regimewechsels im Irak über. Die eifrigsten Verfechter dieser Änderung waren eine Gruppe von Politikern und Meinungsbildnern auf dem rechten Flügel der Republikaner, die »Neo-Konservativen«, die auch beste Beziehungen zur israelischen Rechten haben, offensive amerikanische Hegemonialpolitik vorschlagen und die völlige Neuordnung des Nahen Ostens im Auge haben, als deren ersten Schritt sie eben die Entmachtung Saddam Husains betrieben. Diese Gruppe war in der Ära Clinton relativ weit vom Zentrum der Macht entfernt, aber immerhin so einflussreich, dass sie die Regierung zur Annahme des »Gesetzes zur Befreiung des Irak« (Oktober 1998) veranlassen konnte, das offiziell den Regimewechsel im Irak vorsah, wenn auch nicht mit militärischen Mitteln. Mit dem Machtantritt der Regierung Bush jr. fanden sich wichtige Mitglieder dieser Gruppe, die sich im Wahlkampf stark für Bush engagiert hatten, im Zentrum der Macht wieder. Sie propagierten weiter ihr Programm, und in der Folge des Schocks vom 11. September 2001 konnten sie es bald zur Regierungspolitik machen.

Der Krieg zum Sturz des Taliban-Regimes in Afghanistan im Herbst 2001, der in relativ kurzer Zeit und ohne großen Aufwand vor sich ging, erleichterte die Entscheidung für weitere Kriege. Anfang 2002 identifizierte George Bush jr. mit Irak, Iran und Nordkorea eine »Achse des Bösen«; und im Lauf des Sommers 2002 wurde klar, dass die US-Regierung fest entschlossen war, im Irak zu intervenieren. Im September legte sie neue strategische Richtlinien vor, nach denen sie sich das Recht auf Präventivkriege im Kampf gegen den Terrorismus vorbehielt. Sie versuchte zunächst, ihr Vorgehen gegen den Irak durch den UN-Sicherheitsrat sanktionieren zu lassen, und setzte dabei auf die Beseitigung irakischer Massenvernichtungswaffen als Rechtfertigungsgrund. Mit der Sicherheitsratsresolution Nr. 1441 vom 8. November 2002 wurde nicht nur der Besitz von Massenvernichtungswaffen, sondern bereits mangelnde Kooperation des Irak bei der Suche danach als substanzieller Bruch irakischer Verpflichtungen bezeichnet. Die folgenden Monate sahen parallel einerseits die Arbeit der UN-Inspekteure im Irak auf der Basis der Resolution (sie fanden keine Massenvernichtungswaffen und erklärten, zum erfolgreichen Abschluss ihrer Arbeit mehr Zeit zu brauchen), andererseits erheblichen Druck der USA auf den Sicherheitsrat, Maßnahmen gegen den Irak zu beschließen – mit der Drohung, sonst würden sie einseitig bzw. mit einer »Koalition der Willigen« vorgehen. Gleichzeitig wurden große amerikanische und britische Truppenverbände in die südlichen Nachbarstaaten des Irak verlegt. Es gelang nicht, eine zweite, kriegsbegründende Resolution durchzubringen; daraufhin griffen die USA und Großbritannien mit einer eher symbolischen Beteiligung anderer Staaten am 20. März 2003 den Irak an und besiegten dessen Armee innerhalb von etwa drei Wochen. Das war der dritte Golfkrieg, auch als Irakkrieg bezeichnet.

Angesichts der Vorgeschichte des Kriegs ist es wenig plausibel, dass Massenvernichtungswaffen in irakischer Hand, zur eigenen Verwendung oder zur Weitergabe an Terroristen, ein wichtiger Grund für ihn waren. Vielmehr handelte es sich um einen Schritt bei der Verteidigung, dem Ausbau und der Festigung des Hegemonieanspruchs der USA in der Golfregion und weltweit. Dies war auch schon ein Grund für den zweiten Golfkrieg gewesen. Traditionell betrieben aber die USA Bündnispolitik mit gelegentlichen Interventionen, um den eigenen Einfluss zu verstärken, aber ohne allzu direkt in die jeweiligen politischen Verhältnisse der betroffenen Länder einzugreifen. Diese

Herangehensweise, die das Verhältnis der USA zur arabischen Welt im vergangenen halben Jahrhundert geprägt hat, soll nun offenbar geändert werden, und zwar in Richtung direkten Eingreifens zur Etablierung von US- und israelfreundlichen Regierungen in wichtigen Ländern des Nahen und Mittleren Ostens, wobei der Irak nur das erste ist. Als weitere Ziele solcher Versuche wurden Iran, Syrien und Saudi-Arabien genannt.

Im Irak sehen sich die USA nach dem Ende des Kriegs vor großen Problemen. Viele Iraker begrüßen den Sturz des Husain-Regimes, wollen es aber nicht durch amerikanische Besatzung ersetzt sehen. Die heterogene Bevölkerungsstruktur des Landes, vom alten Regime mit eiserner Hand überwunden, macht die Bildung nationaler politischer Strukturen ohne solch brutales Vorgehen schwierig. Allgemein wird erwartet, dass sich die US-geführte Verwaltung bei Wiederaufbau und Umstrukturierung des irakischen Ölsektors von amerikanischen wirtschaftlichen Interessen leiten lässt, und das verstärkt das Misstrauen. Angesichts dieser Umstände bleibt abzuwarten, ob sich der Abzug der Truppen der Koalition und der Aufbau einer einheitlichen und demokratischen irakischen Regierung so rasch verwirklichen lässt, wie das in Aussicht gestellt wurde.

Auch im Hinblick auf die regionale und die globale Dimension erscheinen die durch den Irakkrieg eröffneten Perspektiven als bedenklich. Massive US-amerikanische Intervention zum Zweck der politischen Veränderung der ganzen Region – und dies auch noch in engem Benehmen mit der israelischen Regierung – dürfte die Opposition der Araber noch verstärken. Und auch im Weltmaßstab kann der Anspruch auf US-Hegemonie, wenn er denn weiter so offensiv durchgesetzt wird, nur zu imperialer Überdehnung und vehementer allgemeiner Ablehnung und damit nicht zur Sicherung, sondern zur Verunsicherung der globalen Zustände führen.

— Hamas —

Hamas ist die wichtigste islamistische Organisation der Palästinenser in den seit 1967 von Israel besetzten Gebieten Westbank, Ostjerusalem und Gazastreifen. Das Wort *ḥamās* bedeutet ›Eifer, Enthusiasmus‹; der Begriff entstand aus der Abkürzung für *ḥarakat al-muqāwama al-islāmiyya*, »islamische Widerstandsbewegung«. In den letzten Jahren ist von Hamas viel die Rede, weil sie die bedeutendste Kraft der palästinensischen Opposition gegen den Oslo-Prozess ist und immer wieder terroristische Aktionen durchführt. Zwei Aspekte sind bei der Beurteilung der Hamas zu berücksichtigen: Einerseits ist sie eine islamistische Organisation, andererseits arbeitet sie unter den besonderen Bedingungen der besetzten – und inzwischen teilautonomen – palästinensischen Gebiete. Als islamistische Organisation teilt sie viele Züge der islamistischen Bewegung insgesamt. Sie ist geprägt von der Reaktion auf die misslich verlaufene Modernisierung und übt heftige Kritik am Westen und seinen Verbündeten in der Region. Sie fordert die Etablierung eines »islamischen Systems«, die Einführung der Scharia, die Durchsetzung eines »islamischen« Moralkodex usw. Wie die Islamisten allgemein vertritt Hamas in der Palästinafrage eine harte Position und spricht in diesem Zusammenhang eine ausgesprochen antijüdische Sprache. Im Unterschied zu anderen islamistischen Organisationen jedoch steht sie selbst unmittelbar in der Situation des Palästinakonflikts, muss sich hier also auch politisch verhalten – und befindet sich damit in Konkurrenz zu den nationalistischen Akteuren.

Hamas entstand aus den palästinensischen Muslimbrüdern, die in den 1967 besetzten Gebieten zuvor bereits agiert hatten – im Gazastreifen illegal, in der zu Jordanien gehörenden Westbank legal. Sie überstanden die Besetzung, leisteten aber bei aller antijüdischen Rhetorik keinen praktischen Widerstand und wurden denn auch von Israel weitgehend verschont. Eher versuchten sie durch soziale Arbeit ihre Hegemonie durchzusetzen.

Bei der allgemeinen Frontstellung gegen die Besatzung war diese passive Haltung nicht leicht durchzuhalten. Als in der ersten Intifada (1987–92) die Mobilisierung der Bevölkerung gegen die Besatzung ungekannte Ausmaße annahm, gaben die Muslimbrüder diese Haltung auf und nahmen fortan an Widerstandsaktivitäten teil. Anfang 1988 gaben sie sich einen neuen Namen – Hamas.

Nun blieb Hamas auch nicht mehr von Unterdrückungsmaßnahmen verschont. Die Konkurrenz zu den Nationalisten und ideologische Unterschiede bestehen aber fort. Während die Nationalisten den Kampf politisch verstehen und mehrheitlich eine Zwei-Staaten-Regelung anstreben, betrachtet Hamas Palästina als integralen Bestandteil der islamischen Welt, der unbedingt von fremder Herrschaft befreit werden muss und zwar zur Gänze, einschließlich des ganzen israelischen Territoriums. Für Israel als eigenständiges nationales Gebilde ist in dieser Konzeption kein Platz; Juden werden lediglich als religiöse Gemeinschaft anerkannt und sollen nur als Dhimmis (→ Dhimma), Schutzbefohlene minderen Rechts, in einem zukünftigen islamischen Staat geduldet werden. Kompromisse und Verhandlungen mit Israel werden in der »Charta« von Hamas ausdrücklich ausgeschlossen, der bewaffnete Kampf als einziges Mittel in der Auseinandersetzung mit Israel gesehen.

Die nationalistische Konzeption findet bei den Palästinensern immer dann Beifall, wenn der nationale Charakter der Auseinandersetzung klar hervortritt und Erfolge möglich scheinen; bleiben diese aus und frisst sich der Konflikt fest, gewinnt die Vorstellung der Islamisten von einem ewigen Gegensatz zwischen Muslimen und Juden an Boden.

In der Vereinbarung von Oslo im September 1993 hat sich das Gros der palästinensischen Nationalisten, vertreten durch die PLO-Führung (→ PLO), mit Israel auf eine friedliche Regelung des Konflikts geeinigt. Damit wurde die PLO-Führung zum Partner Israels im Friedensprozess, während Hamas, das vehement gegen die Einigung Stellung bezog und seinen Widerstand gegen die Besatzung noch verschärfte, nun zum palästinensischen Hauptfeind Israels wurde.

Die PLO hatte sich in Oslo auf weitgehende Konzessionen eingelassen, was ihr nur nachgesehen wurde, weil sie das Ende der Besatzung in allen 1967 besetzten Gebieten in Aussicht stellen konnte. Entsprechende Hoffnungen wurden aber enttäuscht – Israel war nicht bereit, die Gebiete zur Gänze freizugeben, und konnte sich diese Unnachgiebigkeit aus der Position der Stärke auch leisten. Kritik erfuhr die von der PLO gestellte palästinensische Autonomiebehörde auch über ihre Konzessionsbereitschaft hinaus, indem Vetternwirtschaft, Ineffizienz und mangelnder Respekt für Demokratie und Menschenrechte angeprangert wurden. Vom Unmut über die Ergebnisse des Oslo-Prozesses und über den Zustand der Autonomiebehörde profitiert Hamas als wohlorganisierte Fundamentalopposition, die sich zudem auch noch islamischer Legitimität zu versichern sucht.

Hamas ist also eine in den besetzten Gebieten gut verankerte politische Kraft, die nicht durch Polizeimaßnahmen eliminiert werden kann, wie manchmal gefordert wird. Freilich macht sie weder eine friedliche Regelung des Konflikts einfacher, denn sie hat keine realistische Konzeption dafür, noch erscheint innergesellschaftlich die Durchsetzung ihrer Vorstellungen als erstrebenswert. Ihre terroristischen Aktionen sind nicht nur menschlich zu verurteilen, sondern schaden auch unmittelbar der palästinensischen Sache, denn sie ziehen harte israelische Schläge nach sich. Darüber hinaus treiben sie immer wieder auch kritische Israelis in die Solidarität mit der harten Politik ihrer Regierung gegenüber den Palästinensern.

— Hisbollah —

Hisbollah (arab. *ḥizb allāh*, »die Partei Gottes«) ist eine Organisation libanesischer Schiiten mit islamistischem Charakter (→ Islamismus). Sie entstand um 1978, war damals eher eine Gruppierung als eine scharf abgrenzbare Organisation und trat erst in den Jahren 1982/83 weithin sichtbar in Aktion. Ihre Herausbildung muss im Zusammenhang mit der Entwicklung der schiitischen Gemeinschaft im Libanon gesehen werden, die lange Zeit im politischen und sozialen System des Landes marginalisiert war und sich erst im Lauf des Bürgerkrieges seit 1975 stärker ins Zentrum schob. Die Organisation, die dieser Selbstbehauptung Inspiration und organisatorisches Rückgrat gab und von ihr am meisten profitierte, war Amal, in den frühen Stadien des Bürgerkriegs *die* Miliz der libanesischen Schiiten. Als deren Führung im Lauf der Zeit einen Platz innerhalb des libanesischen Systems eroberte, gab sie Raum für eine radikalere Alternative, in der sich diejenigen Schiiten wieder finden konnten, die von der Entwicklung nicht profitiert hatten. Diesen Raum nahm die Hisbollah ein, die sich auch durch ein prononcierteres religiöses Gepräge von Amal unterschied.

Endgültig konnte sich die Hisbollah mit der israelischen Invasion im Libanon 1982 und der teilweise langdauernden Besetzung großer Teile des Landes etablieren. Zielscheibe der israelischen Invasion war die → PLO, die bei den Schiiten unbeliebt war, denn sie hatte immer wieder israelische Militäraktionen in Südlibanon provoziert, unter denen die vornehmlich schiitische Bevölkerung zu leiden hatte. Amal als Hauptrepräsentant der Schiiten suchte sich mit der israelischen Besatzungsmacht zu arrangieren, was heikel war, denn sie selbst und ihre Klientel blieben von israelischer Unterdrückung keineswegs verschont. Die Hisbollah dagegen wandte sich kompromisslos gegen diese Besatzung und unterstrich diese Haltung mit Bombenattentaten und Angriffen auf israelische Soldaten. Diese Reaktion fand umso mehr Anhänger, je länger die Besatzung dauerte und je stärker die Bevölkerung unter ihr litt.

Ein weiterer Faktor war die gleichsam katalytische Wirkung der islamischen Revolution im Iran, die allen islamistischen Bewegungen der Region einen Popularitätsschub gab, sowie die spirituelle, finanzielle und organisatorische Unterstützung der iranischen Führung für die Hisbollah. Diese Unterstützung ging bis zur Errichtung gemeinsamer Kommandostrukturen. Hisbollah ist jedoch kein reiner Befehlsempfänger des Iran. Von Libanesen im Libanon im Hinblick auf libanesische Entwicklungen gegründet, folgt sie weitgehend der politischen Dynamik im Land selbst; nur so sind ihre Erfolge verständlich. Schließlich ist noch die enge Verbindung der Organisation mit Syrien zu erwähnen, das sie und ihre Aktionen gegen die israelische Besatzung als Druckmittel in der eigenen Auseinandersetzung mit Israel benutzte.

Die Hisbollah strebt wie alle Islamisten eine »islamische Ordnung« an, will sie aber nach eigener Aussage anderen nicht mit Gewalt aufzwingen. Weiter war ihr erklärtes Ziel der Kampf gegen die USA, Frankreich und Israel und gegen ihre Präsenz im Libanon. Die mörderischen Bombenattentate von 1983, mit denen tatsächlich der Abzug der amerikanischen und französischen Einheiten aus dem Libanon beschleunigt wurde, werden mit der Organisation in Verbindung gebracht. Israel blieb länger im Land, aber die Hisbollah profilierte sich als konsequentester und effektivster Kämpfer gegen die israelische Besatzung: mit Bombenattentaten, darunter Selbstmordattentaten, Angriffen auf israelische Soldaten und die SLA (South Lebanese Army, eine Söldnertruppe Israels). Angriffe mit Raketen auf Israel, von denen in der Presse immer wieder die Rede war, waren demgegenüber selten und forderten 12 Todesopfer unter israelischen Zivilisten, während israelische Aktionen gegen die Hisbollah mehr als 500 libanesische und palästinensische Zivilisten das Leben kosteten.

Bis 1985 zog sich Israel aus dem größten Teil des Libanon zurück, blieb aber mit eigenen Einheiten und der SLA noch für weitere 15 Jahre in einer »Sicherheitszone« im Süden präsent. Die Hisbollah war in dieser Zeit nicht nur der wichtigste militärische Faktor im Kampf gegen die Besatzung, sondern auch sozial in der schiitischen Bevölkerung verankert und nahm so einen wichtigen Platz im politischen Leben des Landes ein. Die Hisbollah war die einzige libanesische Miliz, die von der allgemeinen Entwaffnung der Milizen im Zug der Beendigung des Bürgerkriegs offiziell ausgenommen wurde – mit der Begründung, sie sei als Kämpfer gegen die israelische Besatzung berechtigt, Waffen zu tragen.

Die Hisbollah nahm 1992, 1996 und 2000 an Parlamentswahlen teil und konnte jeweils etwa 10% der Sitze gewinnen. Im Parlament agierte sie verantwortlich und kooperativ, wie führende libanesische Politiker urteilten. Ihre Einbindung in das Kräftespiel der Politik trug wohl zu Realismus und Flexibilität bei. Ihr Kampf gegen Israels Präsenz im Libanon war kompromisslos – ob dieser Kampf fortgesetzt werden würde, wenn sich Israel aus dem Land zurückzog, war weniger deutlich. Ihr Programm spricht sich – im Einklang mit der iranischen Position – gegen die Existenz Israels aus. Praktisch hat sie mehrfach Abkommen mit der israelischen Armee (meist im Hinblick auf die Schonung von Zivilisten) getroffen und auch angedeutet, sie selbst werde mit ihren Angriffen nach dem israelischen Rückzug aufhören.

Israel ist ja tatsächlich im Mai 2000 einseitig, d. h. ohne ein Abkommen mit der libanesischen Regierung, abgezogen, die SLA-Einheiten lösten sich auf und liefen teilweise über. Dieser Rückzug erfolgte mit Rücksicht auf die eigenen menschlichen Verluste, die in der israelischen Öffentlichkeit immer weniger zu rechtfertigen waren, und war insofern ein Erfolg für die Hisbollah. Deren Aktionen sind seltener geworden, und wenn sie stattfinden, werden sie damit gerechtfertigt, dass Israel noch ein kleines Stück des Libanon besetzt hält (das nach israelischer Lesart zu Syrien gehört). Die Hisbollah, in großen Teilen der Weltöffentlichkeit ausschließlich als terroristische Organisation eingestuft, ist zweifellos islamistisch und wendet auch radikale Kampfmethoden an. Diese sind jedoch weitgehend im Rahmen des Kampfs gegen die illegale Besetzung von Teilen des Landes zu sehen und zu werten. Als Organisation nimmt sie auch nach dem israelischen Rückzug einen wichtigen Platz im politischen und sozialen Leben des Landes ein. Die nach dem 11. September 2001 an die libanesische Regierung gerichtete amerikanische Forderung, die Hisbollah als terroristische Gruppe völlig aus dem politischen Leben auszuschalten, dürfte daher kaum durchsetzbar sein.

— **Intifada** —

Intifada (arab. *intifāda* ›Abschüttelung‹) ist ein in der modernen arabischen Geschichte öfter gebrauchter Begriff für einen Aufstand oder eine heftige Veränderung, manchmal auch innerhalb einer Partei oder Bewegung. Heute wird darunter meist die äußerst massive und lang anhaltende Protestbewegung der Palästinenser gegen die israelische Besatzung in der Westbank und im Gazastreifen verstanden, die im Dezember 1987 begann. Damals existierte die israelische Besatzung schon mehr als 20 Jahre. Die Bevölkerung hatte sie von Anfang an abgelehnt; Landnahme, Wasserentzug, Siedlungsbau, politische Unterdrückung und nicht zuletzt die lange Dauer der Besatzung machten sie noch verhasster. Man wollte den eigenen Staat unter Führung der PLO. Obwohl dieses Ziel von vielen Kräften in der Welt gutgeheißen und die Völkerrechtswidrigkeit der Besatzung allgemein festgestellt wurde, waren doch die Aussichten, die Besatzung zu beenden, äußerst gering. Unterstützt durch die internationale politische Konstellation, hielt Israel an ihr fest, und auch die arabischen Staaten leisteten den Palästinensern keine große Unterstützung.

Es gab allerdings in der Bevölkerung der besetzten Gebiete politisch organisierte Aktivisten mit langjähriger Widerstandserfahrung, eine an sozialen Bedürfnissen orientierte Basisbewegung und gelegentliche bewaffnete Aktionen, die die Besatzung zwar nicht hart trafen, aber den Widerstandsgeist aufrechterhielten. Unter diesen Umständen löste ein Verkehrsunfall im Gazastreifen am 7. Dezember 1987, den viele Palästinenser für die Racheaktion eines israelischen Lastwagenfahrers hielten, Unruhen aus. Deren blutige Unterdrückung führte zu neuen Unruhen, die den ganzen Gazastreifen und bald auch die Westbank erfassten. Gelegentliche Protestwellen hatte es auch schon vorher gegeben; diesmal waren die Unruhen jedoch so massiv und flächendeckend, dass es der israelischen Armee nicht gelang, sie einzudämmen. Politisch aktive Elemente gaben den Unruhen Orientierung und organisatorisches Rückgrat – vor allem Angehörige von Organisationen der PLO. Und so ergab sich auch eine gewisse Verbindung mit der PLO-Führung im Exil, die zum Ausbruch der Unruhen nicht beigetragen hatte, sich aber nun bemühte, sie zu unterstützen und politischen Nutzen aus ihnen zu ziehen. Schon bald nach Ausbruch der Intifada verbanden sich ihr auch die Muslimbrüder, die bis dahin keinen aktiven Widerstand geleistet hatten. Sie gründeten die Organisation → Hamas.

Die Intifada war eine Protestbewegung, mit der die Palästinenser ihre Ablehnung der Besatzung deutlich bekunden wollten. Sie bediente sich nach außen gut sichtbarer Ausdrucksmittel, wie Massendemonstrationen, Steinwürfe auf Soldaten und Siedler, Anzünden von Autoreifen, Aufhängen palästinensischer Flaggen u. Ä. Auf den Einsatz tödlicher Waffen verzichtete die Intifada weitgehend und konnte deshalb wohl besser auf die israelische Gesellschaft einwirken, als wenn sie solche Waffen benutzt hätte. Die Ziele der Intifada waren kurzfristig die Aufhebung der drückendsten Aspekte der Besatzung, wie Landbeschlagnahme, Siedlungsbau, Zwangsexilierungen, Häuserzerstörungen, Trennung von Familien usw. Weiter wollte sie die eigene Gesellschaft so weit wie möglich von Israel abkoppeln. Dem dienten Angriffe auf Kollaborateure und Spitzel, Rücktritte palästinensischer Polizisten und Angestellter der israelischen Zivilverwaltung, Boykott israelischer Waren usw. Langfristig wollte die Intifada das Ende der Besatzung und einen palästinensischen Staat erreichen. Die an ihr beteiligten Organisationen schlossen sich zu einer »Vereinigten nationalen Führung« zusammen, die in periodisch erscheinenden Flugblättern die Intifada in politischer Hinsicht dirigierten. Die Intifada war, jedenfalls in ihrem enthusiastischen frühen Stadium, eine regelrechte Volksbewegung, d. h. die meisten Teile der Bevölkerung nahmen in der einen oder anderen Form an ihr teil oder unterstützten sie.

Die israelische Armee bemühte sich mit aller Härte (Schießen mit scharfer Munition, Brechen der Gliedmaßen von Steinewerfern, Massenverhaftungen, Administrationshaft ohne Prozess), die Unruhen zu unterdrücken. Das gelang nicht. Aufgrund ihrer Beharrlichkeit brach die Intifada die starren Fronten im Palästinakonflikt für einige Zeit auf. Die israelische Öffentlichkeit wurde verstört; viele forderten Härte. Aber die Ereignisse trugen auch zur weiteren Herauskristallisierung und Stärkung einer Bewegung in Israel bei, die sich auf der Basis einer Zwei-Staaten-Regelung mit den Palästinensern einigen wollte. Die PLO, durch die Intifada aufgewertet, aber gleichzeitig zum Beziehen einer klareren Position gedrängt, akzeptierte beim 19. Palästinensischen Nationalkongress in Algier im

November 1988 ganz offiziell die Zwei-Staaten-Regelung. Die arabischen Staaten interessierten sich wieder stärker für das Palästinaproblem; der jordanische König verzichtete im Juli 1988 auf die Souveränität seines Landes über die Westbank. Auch die Weltöffentlichkeit nahm von der Dringlichkeit des Problems der Besatzung Kenntnis. Sogar die USA, die bis dahin die PLO boykottiert hatten, nahmen den Dialog mit ihr nach dem 19. Nationalkongress auf.

All diese Erfolge erzielte die Intifada in ihrem ersten Jahr – bis zum Ende des Jahres 1988. Danach verlor sie ihren ursprünglichen Schwung. Israel ließ nicht ab von seiner strikten Kontrolle über die besetzten Gebiete, und seine umfassende Unterdrückungspolitik zeigte Wirkung. Ein offizielles Ende der Intifada ist nie verkündet worden. An bestimmten symbolischen Aktionen hielt man lange fest, wie an den von der Führung festgelegten eingeschränkten Ladenöffnungszeiten, an den Streiktagen u. Ä. Dies hatte aber nur Wirkung nach innen; Israel und die Weltöffentlichkeit hatten sich bald daran gewöhnt. Mit der Ermordung vieler oft nur vermeintlicher Kollaborateure verlagerten sich die Auseinandersetzungen ins Innere der palästinensischen Gesellschaft. Dem eigentlichen Ziel – Beendigung der Besatzung – war man nach allem Anschein nicht näher gekommen. Die Golfkrise und der Golfkrieg 1990/91, in denen die PLO-Führung für Saddam Husain Partei ergriff und darum international in Isolation geriet, waren ein weiterer Rückschlag für die Palästinenser.

Festzuhalten ist, dass die Intifada zumindest in ihren ersten enthusiastischen Phasen erhebliche Erfolge erzielen konnte, die Welt wieder auf das Problem der Besatzung aufmerksam machte und auch Wirkung auf die israelische Gesellschaft ausübte. Dies gab den Palästinensern ein neues, verstärktes Selbstbewusstsein, ohne das sie wohl kaum den dann folgenden Weg der friedlichen Einigung mit Israel hätten beschreiten können. Auch in der heutigen

Situation, in der man das Scheitern dieses Wegs konstatieren muss, erscheint die Intifada im Rückblick als wichtiges Stadium auf dem langen Weg der palästinensischen Selbstbehauptung.

— Islam —

Der Islam (arab. *islām* ›Ergebung‹; gemeint ist die Ergebung in Gott, das entsprechende Partizip ist *muslim*) ist die Religion der überwältigenden Mehrheit der Araber. Er entstand im frühen 7. Jahrhundert n. Chr. im Hedschas, einer Landschaft der Arabischen Halbinsel, im Zusammenhang mit der Predigt des Propheten → Muhammad (arab.: Muḥammad, um 570–632). Den Arabern der Halbinsel, die bis dahin nur unzureichend mit der monotheistischen Offenbarung konfrontiert worden waren, wollte er diese »in deutlicher arabischer Sprache« bringen, wie es im Koran (Sure 26,195) heißt. Später weitete sich dieses Selbstverständnis im Sinn einer weltweiten Mission aus, die frühere Offenbarungen ersetzen bzw. deren unvollkommen überlieferte Gestalt korrigieren sollte. Die ersten Muslime waren also Araber.

Der Islam zeichnet sich durch die Betonung der Einzigkeit Gottes, seiner Allmacht und seines Anspruchs auf alleinige Verehrung aus. Weiter betont er die Propheteneigenschaft Muhammads (dem also keinerlei göttliche Wesenszüge zuerkannt werden). Beides ist im Glaubensbekenntnis der Muslime festgehalten: »Es gibt nur einen Gott (wörtl.: Es gibt keinen Gott außer *dem* Gott), und Muhammad ist sein Gesandter«. Der Koran verlangt von den Gläubigen die Ergebung in und das Vertrauen zu Gott, den er im Wesentlichen als gnädig zeichnet. Richtschnur der islamischen Lebensführung ist ein ausführlicher Kanon von Geboten, die auf gottgegebene Grundlagen zurückgeführt werden. Im Unterschied zum Christentum, aber ähnlich wie das Judentum ist der Islam also eine Gesetzesreligion.

Die Ausbreitung der neuen Religion, weitgehend im Zuge militärischer Expansion, war eins mit dem weiten Ausgreifen der arabischen Ethnie über die Grenzen der Halbinsel hinaus. So ergibt sich die enge historische Verbindung zwischen Arabertum und Islam; der Koran selbst und der größte Teil der religiösen Literatur des Islam sind in arabischer Sprache abgefasst. Auf diese enge Verbindung weisen arabische Muslime gern hin, denn sie scheint einen privilegierten Platz der Araber im Islam zu begründen. Das Argument steht aber im Widerspruch zu dem grundlegenden islamischen Postulat von der Gleichheit aller Muslime – und heute ist ja die große Mehrheit der Muslime nicht arabisch!

Man kann nicht eindringlich genug vor der verbreiteten Vorstellung warnen, der Islam sei ein in sich geschlossenes, monolithisches System, das die Gedankenwelt und das Verhalten aller Muslime bestimmt. Selbst wenn man sich auf den arabischen Teil der islamischen Welt beschränkt, muss man feststellen, dass die Muslime hier unter sehr verschiedenen Bedingungen leben, dass sie selbst auf ähnliche Bedingungen gemäß ihren Interessen und Anschauungen unterschiedlich reagieren und dass somit von auch nur annähernd einheitlichem Verhalten keine Rede sein kann. Der bei alldem doch immerhin feststellbare »Gemeinbesitz« gläubiger Muslime – der Koran als Grundurkunde, die Überlieferungen des Propheten und gewisse daraus abgeleitete Glaubenssätze und kultische Regeln – sind mit außerordentlich unterschiedlichen, ja gegensätzlichen Überzeugungen und Verhaltensweisen vereinbar, die aber gleichwohl im Bedarfsfall islamisch legitimiert werden.

In Dogma, ethischen Prinzipien und Kultus ist der Islam von Judentum und Christentum, mit denen er zahlreiche Überschneidungen und Berührungen hat, nicht so verschieden, dass der Gegensatz, der hier gern konstruiert wird, gerechtfertigt wäre. Die arabische Welt ist auch nicht von Säkularisierungsprozessen unberührt geblieben. Dennoch scheint der Islam für die arabische Welt eine größere Rolle zu spielen als das Christentum für europäische Gesellschaften. Säkularisierungsprozesse haben die arabischen Gesellschaften weniger lang, tief greifend und gründlich umgestaltet als die europäischen, so dass die Religion dort im Allgemeinen einen größeren Stellenwert hat. Damit hängt zusammen, dass Konfessionsgemeinschaften sozial eine große Rolle spielen, was die Bedeutung des Islam für die Muslime als Garant und Symbol ihrer Interessengemeinschaft unterstreicht. Als der schwächere Part einer großen Konfrontation mit dem Westen bietet der Islam Möglichkeiten der emotionalen Selbstbehauptung, und das erschwert gleichzeitig die Distanzierung von ihm.

Man nimmt also in der arabischen Welt gern und häufig Bezug auf den Islam, besonders seit den 1970er-Jahren, als sich eine verstärkte Akzentuierung der Religion in dieser Weltregion abzeichnete. Das Erstarken und die weitere Verbreitung der islamistischen Bewegung sind nur eine der hier zu nennenden Erscheinungen. Viele politische Kräfte artikulieren ihre Absichten in deutlicherer islamischer Sprache, darunter auch solche, die sich vorher ausdrücklich zum Säkularismus bekannt hatten. Aber nicht nur die Kräfte der Veränderung berufen sich auf den Islam, wie man das manchmal annimmt, auch die Regierenden verstärken die islamischen Aspekte ihrer Legitimationsbemühungen. Und schließlich scheint auch für die breite Bevölkerung der Islam in seiner Trost-, Beruhigungs- und Orientierungsfunktion wieder wichtiger zu werden, wie man an der stärkeren Teilnahme an den weithin sichtbaren Aspekten der Religionsausübung wie etwa den Freitagsgottesdiensten bemerken kann. Diese Tendenz ist oft als Reislamisierung bezeichnet worden. Der Begriff ist missverständlich. Es handelt sich ja nicht darum, dass viele Muslime zeitweise vom Islam abgefallen wären und dann wieder zu ihm zurückgefunden hätten, sondern es handelt sich, wie angedeutet, um das verstärkte Sich-Besinnen auf eine Religion, der man sich immer schon zugehörig fühlte.

— Islamismus —

Der Islamismus, auch islamischer Fundamentalismus oder politischer Islam genannt, ist eine jüngere soziale und politische Bewegung. Viele – auch arabische – Muslime suchten eine angemessene Reaktion auf die Herausforderung der Moderne im engen Bezug auf den Islam. Als deutlich wurde, dass in dieser Auseinandersetzung das bloße Festhalten an traditionellen Systemen nicht ausreichte, suchte man den Islam als Leitlinie der Gesellschaft neu zu gewinnen, und zwar in der Auseinandersetzung mit bestimmten Aspekten der Moderne. Die Islamisten lassen sich am ehesten als Protagonisten dieser Bemühung begreifen. Insofern sind sie dem → Reformismus von Muhammad Abduh (1849–1905) verpflichtet; von dessen eher konservativem Schüler Raschid Rida (1865–1935) wurden sie direkt beeinflusst. Die ägyptischen Muslimbrüder, die älteste und wichtigste islamistische Organisation der arabischen Welt, wurden 1928 von Hassan al-Banna (1906–49) gegründet. Seit den 30er-Jahren des 20. Jahrhunderts breiteten sie sich in die Nachbarländer aus, und seit etwa 1970 sind Islamisten fast überall dort vertreten, wo es Muslime in nennenswerter Zahl gibt.

Den Hintergrund für die Entstehung und Entwicklung der Bewegung bildet die Lage der islamischen Welt, die für einige Zeit kolonisiert war, auch nach der Entkolonisierung vielfach vom Westen abhängig blieb und unter westlichem Einfluss auf eine für breite Schichten nachteilige Weise modernisiert wurde. Parallel dazu wurde die institutionell abgesicherte gesellschaftliche Dominanz des Islam aufgegeben. Viele Muslime kontrastieren ihre heutige elende Situation mit der vergangenen Größe, die sie gern mit der ungebrochenen Dominanz des Islam in Verbindung bringen, und wollen diese wiederherstellen. Insofern der Islam in seiner traditionellen Gestalt sich nicht als Ideologie der Veränderung eignet, wird eine neue Ideologie geschaffen, die sich jedoch als konsequente Fortsetzung der alten darstellt und daher leichter akzeptiert wird als andere, die nicht ausgesprochen islamisch auftreten.

Das Ziel der Islamisten ist die Wiedereinsetzung des Islam als Leitlinie für das persönliche wie das gesellschaftliche Leben. Die individuelle Beeinflussung der Menschen durch Predigt und Propaganda erscheint ihnen als nicht ausreichend. Daher halten sie die institutionelle Durchsetzung der Hegemonie des Islam für unverzichtbar und fordern einen islamischen Staat oder ein islamisches System. Wie dieser Staat oder dieses System beschaffen sein soll, darüber sind sich die verschiedenen Kräfte der islamistischen Bewegung keineswegs einig; gemeinsame Forderung ist jedoch, dass das islamische Recht, die → Scharia, eingeführt werden soll, die ja in den meisten islamischen Ländern als offizielles Recht keine Geltung besitzt.

In der Ideologie des Islamismus nimmt der Gegensatz zwischen »dem« Westen und »dem« Islam einen zentralen Platz ein; sie unterstellt dem Westen einen unüberwindlichem Hass auf den Islam und predigt ihrerseits kompromisslosen Kampf gegen den Westen. Das hat den Westen und die mit ihm verbündeten arabischen Regierungen wie die saudische nicht daran gehindert, Islamisten im weltweiten Kampf gegen den Kommunismus (oder auch andere missliebige politische Kräfte) zu benutzen. Viele moderne Techniken und Einrichtungen – etwa auf dem Gebiet der Kommunikation – akzeptieren und instrumentalisieren die Islamisten durchaus. Unmittelbare Gegner sehen sie in den Regierungen der islamischen Länder selbst, gleichsam als Statthalter des Westens, seiner Werte und seiner Modelle. Konsequentester Vertreter eines radikalen Islamismus in der arabischen Welt war der Ägypter Sayyid Qutb (1906–66). Er diagnostizierte in den islamischen Gesellschaften *ğāhiliyya*, vorislamisches Heidentum, und propagierte den → Dschihad – eigentlich militärischer Kampf gegen Nichtmuslime – gerade im Inneren dieser Gesellschaften, in erster Linie gegen die Machthaber. Über eine präzise, an den Problemen der jeweiligen Gesellschaft orientierte Programmatik, die Antworten auf die brennenden sozialen Fragen der Gegenwart geben könnte, verfügen die Islamisten im Allgemeinen nicht. Ein typisches Motto, das sich in ihren Programmen häufig wieder findet, ist: »Der Islam ist die Lösung!«

Zur Erreichung ihrer Ziele wenden die Islamisten verschiedene Methoden an. Zum einen wird versucht, das gesellschaftliche Klima durch Predigt, Propaganda, Erziehung und verschiedene Formen von Sozialarbeit in ihrem Sinn zu beeinflussen. Dabei zielen sie auch auf den Staat, die Medien und andere Instrumente öffentlicher Wirkung und suchen auf legale Weise dort einzuwirken. Auf der anderen Seite gibt es die völlige Ablehnung der bestehenden Gesellschaft, die man für unrettbar verdorben ansieht. Daraus resultiert der Versuch, sich von ihr abzuschotten, eine Gegengesellschaft aufzubauen und letzten Endes auch gewaltsam – nämlich durch Eroberung der Staatsmacht – die Gesellschaft zu verändern. Hier ist auch der islamistisch inspirierte Terrorismus einzuordnen, zu dessen Auslösung aber nach aller Erfahrung ein zusätzliches Moment – etwa eine Besatzungssituation oder eine besonders heftige innenpolitische Konfrontation – erforderlich ist. Meist entsprechen diesen unterschiedlichen Methoden auch verschiedene Kräfte innerhalb der islamistischen Bewegung: die integrationsbereite Hauptströmung und die radikalen Untergrundgruppen. Welcher dieser Wege schwerpunktmäßig beschritten wird, hängt von den Umständen ab. Der legale Weg verspricht nur dann Erfolg, wenn die entsprechenden Partizipationsmöglichkeiten bestehen; ist dieser Weg verschlossen, gewinnt der radikale Weg an Bedeutung.

Aktionsraum der Islamisten ist nach ihrem eigenen Anspruch die gesamte islamische Welt, sie sind überzeugte Gegner jedes, auch des arabischen Nationalismus. Freilich kommen sie nicht umhin, auf den nationalstaatlich gefassten Rahmen der Politik in der arabischen Welt Rücksicht zu nehmen, und angesichts der fortbestehenden Hegemonie des Westens und der weithin nationalistischen Reaktionen darauf ist auch die Dynamik der Politik weitgehend national. Diesen »nationalen« Rahmenbedingungen passen sich die Islamisten bei allem zur Schau gestellten Antinationalismus in Sprache, Programmatik und Praxis an, allerdings in sehr unterschiedlichem Ausmaß – je nach den verschiedenen Bedingungen in den einzelnen Ländern. Gerade die radikalen Teile der Bewegung werden gelegentlich als Nationalisten und Antiimperialisten gesehen und verstehen sich oft selbst so. Bestimmte Termini aus dem antiimperialistischen Diskurs werden dann allerdings in eine »islamische« Sprache übersetzt.

So ist der Islamismus weitgehend von den jeweiligen nationalen Umständen in den Ländern geprägt, in denen er auftritt; und er ist tief in die politischen und sozialen Auseinandersetzungen dieser Länder verstrickt. Er kann nur in diesem Rahmen angemessen verstanden werden; alle Versuche, sich mit ihm auseinander zu setzen und von ihm ausgehende Gefahren einzugrenzen, müssen auf diesen Umstand Rücksicht nehmen.

— Juden —

In den meisten Gebieten der arabischen Welt lebten jüdische Minderheiten. Das gilt für Teile der Arabischen Halbinsel ebenso wie für die erst nach der Entstehung des Islam eroberten Gebiete. Die Haltung von Muslimen zum Judentum und zu den Juden war seit jeher ambivalent. Einerseits gibt es positive Anknüpfungspunkte in den religiösen Inhalten (koranische Erzählungen, die alttestamentliche Motive aufnehmen, gleiche Prophetengestalten usw.) wie in manchen Elementen des Kultus. Die Juden werden als Besitzer einer Offenbarungsschrift (*ahl al-kitāb*) gesehen. Weil die Juden Medinas sich allerdings nach der Hidschra (622; → Muhammad) weigerten, Muhammad als Propheten anzuerkennen, wurden sie mit zunehmender Härte bekämpft, was sich dann auch in Koranpassagen niederschlug, in denen die Juden grundsätzlich in negativem Licht erscheinen. Es gibt also schon von den Grundlagen her verschiedene mögliche islamische Haltungen zu Juden, und in der Folge konnte man je nach Bedarf sowohl an den positiven wie an den negativen Strang der islamischen Tradition anknüpfen.

Die Araber behandelten die Juden in den neu eroberten Gebieten meist besser als die alten Herrscher – teils, weil man mit ihnen wenig religiöse Probleme hatte, teils aus einem gewissen Pragmatismus, aus dem man ja auch z. B. den Christen gegenüber Entgegenkommen zeigte. Dies führte dazu, dass die Juden den neuen Herrschern keinen Widerstand entgegensetzten; ja, sie wurden manchmal sogar verdächtigt, den vorrückenden muslimischen Heeren als eine Art Fünfte Kolonne zu dienen. Juden wurden dann in den islamischen Staaten nach den Bestimmungen der → Dhimma, des »Schutzvertrags«, behandelt, der den betroffenen Nichtmuslimen, wenn sie sich einmal unterworfen hatten und Tribut entrichteten, Leben, Eigentum, Freiheit der Religionsausübung und eine gewisse innere Autonomie garantierte, aber auch ihren minderen Status den Muslimen gegenüber festschrieb. Dazu gehörten auch gewisse diskriminierende Vorschriften, aber in der Regel nicht die Beschränkung auf bestimmte Wohngebiete. Juden wohnten in der arabischen Welt überwiegend in Städten und waren auf bestimmte Berufe (Handel und Finanzwesen, wenig angesehene Handwerke wie Gerber oder Schlächter) konzentriert – dies allerdings nicht aufgrund äußeren Zwangs. Sie waren in der Regel besser gestellt und sicherer als im christlichen Europa, durchlebten aber nicht die von islamischen Apologeten gern gezeichnete Idylle. Die jüdisch-arabische kulturelle Symbiose im islamischen Spanien wird sicherlich zu Recht gerühmt; man sollte darüber aber nicht vergessen, dass sie auf ganz bestimmte Schichten und Zeiten begrenzt war.

Mit der Auswirkung europäischer Hegemonie in der arabischen Welt veränderte sich auch die Lage der Juden. Mit der Aufhebung der rechtlichen Diskriminierung religiöser Minderheiten, dem Wirksamwerden diplomatischer Protektion für sie und der Intensivierung der europäisch-arabischen Beziehungen etwa im Handel verbesserte sich auch die Lage der Juden. Potenziell hieß das allerdings auch, dass der mit der Dhimma verbundene Schutzmechanismus unwirksam wurde. Und schließlich konnten Minderheiten in den Ruch von Agenten imperialistischer Bestrebungen kommen. Das betraf Juden zunächst nicht so stark wie Christen, wirkte sich aber dort gefährdend aus, wo Juden die einzige nennenswerte Minderheitsgruppe bildeten. Solange die koloniale Präsenz andauerte, konnte sie diese Gefährdung zurückdrängen; nach ihrem Ende wirkte sie sich umso stärker aus. Hinzu kam der Palästinakonflikt, in dessen Verlauf besonders bei gewaltsamen Auseinandersetzungen Juden in den arabischen Ländern für das den Palästinensern von den Zionisten bzw. von Israel angetane Unrecht haftbar gemacht wurden. Das war insbesondere nach der Gründung Israels und dem Krieg von 1948/49 der Fall. Im Verlauf der 50er-Jahre des 20. Jahrhunderts verließen mehrere hunderttausend Juden die arabischen Länder und gingen nach Israel, Frankreich und Großbritannien. Diese Migrationsbewegung ausschließlich der Verschärfung des Palästinakonflikts und der damit

zusammenhängenden Drangsalierung der Juden zuzuschreiben, ist aber nicht richtig. Im Jemen und im Irak
spielte dies sicherlich eine Rolle; dort fand die Auswanderung um 1950 statt. In Ägypten und im Maghreb fand sie
eher um die Mitte der 50er-Jahre, in Syrien am Beginn der
90er-Jahre statt, als Ursachen der Auswanderung sind hier
eher der schwierige Minderheitenstatus in Ländern mit
starken Unabhängigkeitsbestrebungen bzw. Nationalisie-
rungswellen oder die allgemeine politische Lage zu nennen.

— Junikrieg —

Der Junikrieg, auch Sechs-Tage-Krieg genannt, war eine
militärische Auseinandersetzung, in der Israel drei arabischen Staaten und ihren Armeen eine schwere Niederlage
beibrachte. Nachdem im Februar 1966 eine radikale Baath-
Fraktion in Syrien die Macht übernommen und Syrien palästinensische Kommandoaktionen über seine Grenze hinweg gegen Israel erlaubt hatte, drohte Israel bei Fortsetzung der Aktionen den Sturz der syrischen Regierung an.
Der ägyptische Präsident Nasser reagierte seinerseits mit
Solidaritätsbekundungen für Syrien und drohte wiederum
Israel. Mitte Mai 1967 verstärkte Ägypten ostentativ seine
Truppenpräsenz im Sinai und forderte die Umgruppierung
der UN-Truppen an den ägyptisch-israelischen Waffen-
stillstandslinien im Gazastreifen; der UN-Generalsekretär
zog die Blauhelme vollständig ab. Am 22. Mai ordnete
Nasser die Blockierung der Straße von Tiran an, also des
Eingangs zum Golf von Aqaba und damit zum südlichen
israelischen Hafen Eilat, und zwar für israelische Schiffe
und alle für Israel bestimmten strategischen Materialien.
Am 30. Mai schloss Jordanien mit Ägypten ein Verteidi-
gungsbündnis, das im Kriegsfall die jordanische Armee
unter ägyptisches Kommando stellte. Am 1. Juni wurde in

Israel eine Regierung der nationalen Einheit gebildet. Damit schien der Krieg unabwendbar, den Israel wenige Tage später dann tatsächlich begann.

Israel rechtfertigte seinen Angriff als Präventivschlag gegen eine unmittelbar drohende arabische Aggression mit der Absicht, den Staat Israel zu vernichten. Angesichts der Drohgebärden Nassers und der kriegerischen Erklärungen, von denen sie begleitet waren, akzeptierten große Teile der Weltöffentlichkeit diese Rechtfertigung. Nasser hatte wohl tatsächlich die Bedrohung seines syrischen Verbündeten ernst genommen und ihm zu Hilfe eilen wollen. Überdies sah er sich von der US-Politik an den Rand gedrängt, wurde von einigen arabischen Staaten wegen seiner Untätigkeit in der Palästinafrage angegriffen und wollte mit einem außenpolitischen Erfolg seine Führungsrolle im arabischen Lager zurückgewinnen. Darum tat er einige gewagte Schritte, löste damit eine Krise aus und hoffte, bei deren diplomatischer Beilegung seine eigene bzw. die arabische Position gegenüber Israel verbessern zu können. Dabei versicherte er stets, Ägypten werde nicht selbst angreifen. Dennoch gab er mit seinem Vorgehen Israel die Gelegenheit, selbst kriegerisch zu handeln. Der Casus belli für Israel war die Schließung der Straße von Tiran, die das Land zwar nicht, wie damals behauptet, existenziell bedrohte, wohl aber einen politischen Rückschlag bedeutete, den Israel nicht hinnahm, zumal die freie Schifffahrt durch die Straße von Tiran der einzig verbliebene Vorteil gewesen war, den Israel aus dem Suezkrieg von 1956 gezogen hatte. Es spielte wohl auch – besonders bei den USA, die Israel kurz vor seinem Angriff grünes Licht gaben – die Hoffnung eine Rolle, mit Nasser und dem antiimperialistischen syrischen Regime gleichzeitig zwei störende Elemente im Nahen Osten loszuwerden und sie durch kooperative Regierungen zu ersetzen.

Die Ereignisse des Kriegs selbst sind schnell zusammengefasst: Am 5. Juni vernichtete die israelische Luftwaffe in einem Überraschungsangriff den weitaus größten Teil der ägyptischen Militärflugzeuge am Boden und machte die meisten Luftwaffenstützpunkte unbrauchbar. Damit gewann Israel die Lufthoheit auf dem südlichen Kriegsschauplatz und konnte die ägyptischen Einheiten auf dem Sinai in kürzester Zeit schlagen. Bereits am 8. Juni standen seine Truppen am Suezkanal. Die jordanische Armee, die in die Kämpfe eingegriffen hatte, wurde ebenfalls geschlagen und aus Jerusalem und der ganzen Westbank hinausgedrängt. Erst danach wandte sich Israel ernsthaft gegen Syrien und eroberte die Golanhöhen. Am 10. Juni kam es, nachdem Jordanien am 7. und Ägypten am 8. Juni Waffenstillstand geschlossen hatten, auch zum Waffenstillstand mit Syrien.

Die Araber erlitten hohe menschliche, materielle und territoriale Verluste. Sie verloren mehrere tausend Soldaten, etwa 440 Flugzeuge und 965 Panzer. Israel verlor etwa 900 Soldaten; Verluste an Flugzeugen und Panzern waren gegenüber denen der Araber gering. Israel hielt nun die ägyptische Sinaihalbinsel bis zum Suezkanal, die syrischen Golanhöhen und die 1949 arabisch gebliebenen Gebiete Palästinas, also die Westbank einschließlich Ostjerusalems und den Gazastreifen, militärisch besetzt. Zu den realen Verlusten kam aber für die Araber der Schock der vernichtenden Niederlage. In kürzester Zeit hatte die Armee eines eher kleinen Staats drei arabische Armeen geschlagen, hohe israelische Überlegenheit demonstriert und den Arabern ihre Schwächen vor Augen geführt – eines der schmerzlichsten Traumata der jüngeren arabischen Geschichte. Umgekehrt bewirkte der schnelle Sieg für die israelische Bevölkerung, die wohl tatsächlich an eine existenzielle Bedrohung geglaubt hatte, eine enorme Steigerung ihres Selbstbewusstseins.

Dennoch entsprachen die Auswirkungen des Kriegs zumindest kurzfristig nicht den israelischen und amerikanischen Erwartungen. Am 9. Juni übernahm Nasser die Verantwortung für die Niederlage und trat als Präsident zugunsten eines konzessionsbereiteren Mitglieds der Führung zurück. Massendemonstrationen in Ägypten und anderen arabischen Ländern nötigten ihn, wieder ins Amt zurückzukehren. Die Niederlage musste man hinnehmen – eine Kapitulation sollte daraus nicht werden. Auch gesamtarabisch verhärteten sich die Positionen gegenüber Israel zunächst. Der arabische Gipfel von Khartum im August 1967 votierte gegen Verhandlungen mit Israel, gegen dessen Anerkennung und gegen einen Frieden mit Israel. In den nächsten Jahren wurde aber die Tendenz der arabischen Politik zu Realismus, Mäßigung und Konzessionsbereitschaft stärker – ohne dass Israel zunächst darauf einging.

Ein weitgehender internationaler Konsens im Hinblick auf eine Regelung des Konflikts im Gefolge des Junikriegs drückte sich in der Resolution 242 des UN-Sicherheitsrats vom 22. November 1967 aus, die den israelischen Rückzug aus den (in der englischen Fassung fehlt der bestimmte Artikel) 1967 besetzten Gebieten verlangte, das Recht jedes Staats der Region bekräftigte, in sicheren und anerkannten Grenzen zu leben, und eine gerechte Regelung des Flüchtlingsproblems einforderte. Seitdem kreist ein großer Teil der internationalen und regionalen Regelungsbemühungen um diese Resolution, die aber noch keineswegs in allen ihren Aspekten erfüllt ist.

Ein Resultat des Kriegs war, dass die israelisch-palästinensische Komponente des Konflikts wieder stärker hervortrat: Mit der Westbank und dem Gazastreifen hatte Israel nun das ganze historische Palästina – und damit auch mehr als eine Million Palästinenser zusätzlich – unter seiner Kontrolle. Israel erklärte, es wolle die eroberten Gebiete nicht behalten, sondern sie als Verhandlungsmasse in künftigen Friedensverhandlungen einsetzen. Dieser Absicht widersprach die Annexion des erweiterten Ostjerusalem, die bereits am 28. Juni 1967 erfolgte. Und sehr bald wurde in einer Vielzahl von Maßnahmen – am sichtbarsten im Bau von jüdischen Siedlungen in allen besetzten Gebieten – deutlich, dass Israel auf absehbare Zeit bzw. nach der Absicht bedeutender israelischer Kräfte auf immer in den Gebieten bleiben wollte. So komplizierten die territorialen Folgen des Junikriegs zusätzlich eine mögliche israelisch-arabische Friedensregelung.

— **Kalifat** —

Das Kalifat (arab. *ḫilāfa*), eine Form der politischen Organisation, wurde von den ersten Muslimen nach Muhammads Tod geschaffen und avancierte in der Folge zur religiös gebotenen und damit einzig rechtmäßigen politischen Organisationsform im Islam. Zu Muhammads Lebzeiten waren keine genaueren Regeln für das politische Leben der Muslime festgelegt; die Regelungen nach seinem Tod wurden von seinen engeren Gefährten ad hoc getroffen. Das Kalifat war insofern eine historische Neuerung ohne Vorgängerinstitutionen. Es bestand in der Herrschaft eines Mannes, die in zweierlei Hinsicht ihre Grenzen fand: durch ihre letztlich religiöse Bestimmung, also den Bezug auf Gott, und durch ihr Zustandekommen mittels Wahl. Die damals entwickelte Konzeption sah vor, dass eine Person Muhammad in seiner Eigenschaft als Führer der Gemeinde (wohlverstanden nicht als Prophet) nachfolgen solle. Der Herrscher wurde Kalif genannt (arab. *ḫalīfa* ›Nachfolger, Stellvertreter‹). Der Ehrentitel, mit dem die Kalifen meist angeredet wurden, lautete »Befehlshaber der Gläubigen« (*amīr al-mu'minīn*).

Aufgabe des Kalifats war nach islamischer Auffassung, die irdischen Angelegenheiten der Muslime im Hinblick auf ihr Heil im Jenseits zu organisieren. Sein Daseinszweck war also letztlich religiös; der Kalif erhielt seine Autorität von Gott. In der sunnitischen Auffassung, auf deren Darstellung wir uns hier beschränken (für die davon

abweichenden schiitischen Vorstellungen; → Schia),
kommt das Kalifat durch eine Art von Vertrag zustande.
Der Kalif soll dem Stamm der Quraisch, der Bewohner
von Mekka, angehören, außerdem soll er strengen Anforderungen an Körper, Geist und Rechtschaffenheit genügen. Er wird aus dem Kreis der Qualifizierten durch ein
Gremium von Wahlmännern ausgewählt, an die ebenfalls
bestimmte Anforderungen gestellt werden. Er wird in einer Huldigungszeremonie in sein Amt eingeführt. Die
Untertanen schulden ihm Gehorsam, diese Gehorsamspflicht ist aber streng genommen an seinen eigenen Gehorsam gegenüber Gott gebunden (»kein Gehorsam gegenüber einem Geschöpf in Auflehnung gegen den Schöp-
fer«). Herrscher wie Beherrschte stehen gleichermaßen
unter dem Gesetz, das von Gott gegeben ist und dessen
Ausarbeitung und Weiterentwicklung Sache der Rechtsgelehrten ist – in der Theorie ganz unabhängig vom Staat.
Die wichtigsten Aufgaben des Kalifen sind die Bewahrung
der Religion, die Durchsetzung des Rechts, die Aufrechterhaltung der Ordnung, die angemessene Besetzung der
Ämter, die Erweiterung und gegebenenfalls Verteidigung
des islamische Machtbereichs. Er soll sich bei der Durchführung seiner Aufgaben mit geeigneten Beratern umge-
ben, wobei nicht festgelegt ist, wer diese sind und welche
Kompetenz sie haben. In der ursprünglichen Konzeption,
die aber weitgehend Theorie blieb, ist es möglich, einen
Kalifen, der seine Aufgaben nicht wahrnimmt, abzusetzen.

All diese Bestimmungen waren Bestandteil des islamischen Rechts; sie wurden manchmal in besonderen Hand-
büchern (»Kalifatstheorien«) detailliert niedergelegt. Ihre
Durchsetzung in der Praxis gelang allerdings nicht. Uneinigkeit über die richtige politische Führung führte bereits ein Vierteljahrhundert nach dem Tod des Propheten
zum ersten »Bürgerkrieg« unter den Muslimen und in der
Folge zur Spaltung des Islam in drei Richtungen. Weiterhin konnte man Herrscher nicht zur Beachtung der ge-

nannten Regeln zwingen, wenn sie ihnen nicht freiwillig folgten. Das islamische Recht, zu dem diese Regeln gehörten, war zwar prinzipiell dem Herrscher übergeordnet, eine Instanz, die Fehlverhalten hätte maßregeln können, gab es jedoch nicht. So wurden die Regeln durch die Kalifen häufig missachtet, so z. B. durch die Einführung einer quasi dynastischen Erbfolge bei den Umayyaden und Abbasiden. Überdies verloren die Kalifen nach einiger Zeit ihre reale Macht an andere Herrscher (oft Sultane genannt), die zwar an religiöser Legitimation interessiert waren, sich aber um religiöse Vorschriften oft wenig scherten. Und damit stellte sich das gleiche Problem. Allerdings hielt man an der religiösen Grundlegung politischer Herrschaft und den entsprechenden Theorien fest, auch wenn die Realität dem widersprach. Rechtsgelehrte erklärten alle möglichen Abweichungen für tolerabel und stellten im Verhältnis von Herrschern und Untertanen die Gehorsamspflicht der Letzteren in den Vordergrund, ohne sie an ein entsprechendes Verhalten der Herrscher zu knüpfen. Begründet wurde dies mit der Gefahr der Anarchie, die aus der Rebellion gegen ungerechte Herrscher erwachsen könne, resultierte aber wohl auch aus der Abhängigkeit der Gelehrten vom Staat.

Das schon seit längerem weitgehend entmachtete abbasidische Kalifat in Bagdad wurde von den eindringenden Mongolen 1258 völlig zerstört. Noch weniger als vorher konnte nun noch die Rede davon sein, dass die politische Realität der arabischen Welt den früh entwickelten und in der Theorie vom Kalifat niedergelegten islamischen Vorstellungen entsprach. Dennoch hielten viele zäh an diesen Vorstellungen zumindest als Ideal und Anspruch fest. Offenbar war das Bedürfnis, die politische Struktur islamisch legitimiert zu sehen, groß. Die ägyptischen Mamluken hielten mit Hilfe von Abkömmlingen der abbasidischen Familie die Fiktion eines abbasidischen Kalifats aufrecht, und die Osmanen beanspruchten in späterer Zeit ebenfalls die Kalifatswürde für sich. Die endgültige Abschaffung dieses osmanischen »Kalifats« durch die türkische Nationalversammlung 1924 belebte noch einmal die Diskussion um diese Frage und zog einige Bemühungen um die Wiederherstellung eines Kalifats nach sich, die jedoch erfolglos blieben. Allerdings fordern bis heute manche muslimische Richtungen die Wiederbelebung des Kalifats – darüber besteht aber nicht einmal innerhalb der islamistischen Bewegung Konsens.

— Kolonialzeit —

Im größten Teil der arabischen Welt setzte die europäische Kolonialherrschaft erst spät ein und war im Vergleich mit anderen kolonialen Gebieten von kurzer Dauer. Abgesehen von den spanischen Exklaven an der marokkanischen Küste, von denen zwei – Ceuta und Melilla – übrigens heute noch bestehen, setzte sie mit der französischen Besetzung Algeriens ab 1830 und der britischen Inbesitznahme Adens 1839 ein. Die Engländer fassten im Lauf des 19. Jahrhunderts zudem mit einigen Schutzverträgen am Persischen Golf Fuß. Die nächste »Welle« kolonialer Expansion in die arabische Welt ist im Rahmen der endgültigen kolonialen Aufteilung Afrikas seit etwa 1880 zu sehen: 1881 wurde Tunesien französisch besetzt und zum Protektorat erklärt, 1882 besetzten die Engländer Ägypten und etablierten damit de facto ebenfalls ein Protektorat, das formell aber nicht als solches bezeichnet wurde, denn offiziell gehörte das Land noch zum Osmanischen Reich. Auch der Sudan wurde nach längeren Auseinandersetzungen 1896–98 von der britischen Armee erobert und 1899 zum anglo-ägyptischen Kondominium, d. h. faktisch zur britischen Kolonie erklärt. In Südarabien (im Hinterland von Aden) und am Persischen Golf wurde 1882–1914 die britische Politik der Schutzverträge fortgesetzt, so etwa

1899 mit dem Scheich von Kuwait. 1912 besiegten italienische Truppen die Osmanen in Libyen; der einheimische Widerstand gegen die koloniale Eroberung dauerte aber bis 1931 an. Ebenfalls 1912 wurde Marokko zum französischen bzw. (für den Nordteil) spanischen Protektorat erklärt.

Die meisten dieser Entwicklungen sind im Zug des Niedergangs des Osmanischen Reichs zu sehen. Der »Kern« der arabischen Gebiete des Reichs (der Fruchtbare Halbmond und einige Gebiete im Norden der Arabischen Halbinsel) blieb unter osmanischer Herrschaft, bis das Reich als Folge des Ersten Weltkriegs ganz aufhörte zu bestehen (→ Erster Weltkrieg). Der Fruchtbare Halbmond wurde in der Form von Mandaten zu britischem bzw. französischem Kolonialgebiet.

Nach dem Ersten Weltkrieg stand die ganze arabische Welt mit Ausnahme des größten Teils der Halbinsel in der einen oder anderen Form unter europäischer Kolonialherrschaft. Die europäischen Staaten mit ihren wirtschaftlichen Interessen, die sich schon seit längerem in den arabischen Ländern bemerkbar gemacht hatten, konnten nun effizientere Kontrolle ausüben. Modernisierung und Säkularisierung von Recht und Staat wurden vorangetrieben; moderne Sektoren von Wirtschaft und Gesellschaft wurden auf- oder ausgebaut. Die traditionellen Sektoren blieben bestehen, wurden aber von den modernen abhängig. In großen Städten wurde der Dualismus von Tradition und Moderne augenfällig: Neben der alten entstand jeweils eine moderne Stadt, die sich in Aufbau und Architektur vielfach von modernen europäischen Städten kaum unterschied. Im Hinblick auf den Aufbau einer modernen Infrastruktur, Effizienz der Verwaltung, verbesserte Gesundheitsversorgung und Ähnliches wirkte sich die Kolonialherrschaft auch positiv aus. Allerdings profitierten nur begrenzte Schichten der Bevölkerung von dieser Entwicklung und wurden mit allen Konsequenzen in die koloniale

Gesellschaft integriert; der übrige Teil der Gesellschaft sah sich an den Rand gedrängt und unterdrückt. Dadurch entstand ein großes Potenzial von Unzufriedenheit.

Die Kolonialherrschaft etablierte sich spät in der arabischen Welt – zu einer Zeit, als in Europa längst ein virulenter Nationalismus entstanden war und die Idee der nationalen Selbstbestimmung sich weltweit auszubreiten begann. Unter diesen Umständen konnte der Kolonialismus kaum mit der Zustimmung der Araber rechnen. Und in der Tat war er in all seinen Phasen von heftigen Auseinandersetzungen begleitet. In einigen Fällen setzten die Bewohner der betroffenen Gebiete schon der Eroberung erbitterten und lang dauernden Widerstand entgegen, so in Algerien, im Sudan und in Libyen. Nach dem Ersten Weltkrieg brachen in mehreren arabischen Ländern heftige, oft gewaltsame Protestbewegungen aus, und zwar sowohl in Ländern, die schon seit längerem kolonisiert waren (Ägypten), wie auch in neuen Kolonien (Irak, Palästina). In den 20er-Jahren des 20. Jahrhunderts gab es, abgesehen von den in Libyen andauernden Kämpfen, zwei regelrechte Kolonialkriege: in Syrien (1925–27) und in Marokko (1921–26). Auch sonst sahen sich die Kolonialverwaltungen durchweg mit Protest, Forderungen nach einem größeren Maß an Selbstverwaltung usw. konfrontiert. Zwischen den beiden Weltkriegen zeichnete sich deutlich ab, dass die Kolonialherrschaft in der arabischen Welt kein haltbarer Zustand war.

Die Entkolonisierung nahm ähnlich verschiedene Formen an wie die Kolonisierung; auch sie zog sich über einen langen Zeitraum hin. Eine ihrer Formen war schon in der Etablierung des Mandatssystems angelegt (→ Mandat), mit der die Kolonialmächte vorgaben, die betroffene Bevölkerung zur Selbstregierung zu führen. Also wurden in den Mandatsverfassungen einheimische Regierungen vorgesehen, die einheimischen Parlamenten verantwortlich waren, aber nur über eingeschränkte Kompetenzen verfügten. Im Lauf der Zeit wurden dann diese Kompetenzen immer mehr erweitert und die Vorbehalte zugunsten der Mandatsmächte aufgegeben. So geschah es etwa im Irak und in Transjordanien. Beide Gebiete erhielten 1932 bzw. 1946 die formelle Unabhängigkeit – bei jeweils fortbestehender realer Abhängigkeit und Privilegien für Großbritannien. Syrien und Libanon wurde 1936 die Unabhängigkeit versprochen, erhielten sie aber erst nach heftigen Protesten 1943; die französischen Truppen zogen sich erst 1946 zurück. In Ägypten, das nicht unter Mandatsregime stand, war der Gang der Dinge ähnlich: 1922 einseitig in eine eingeschränkte Unabhängigkeit entlassen, besiegelte es diesen Zustand erst 1936 mit einem Vertrag, dem beide Seiten zugestimmt hatten, der aber immer noch Privilegien für Großbritannien enthielt. Diese wurden erst in den 50er-Jahren nach und nach aufgehoben. Das Mandat für Palästina war ein Sonderfall. Hier waren – aus Rücksicht auf die »zionistischen« Vorbehalte des Mandats – von vornherein keine einheimische Regierung und keine einheimische Vertretungskörperschaft mit nennenswerten Kompetenzen vorgesehen. Während des Mandats gab es mehrfach gewaltsame Proteste; die 1948 errungene Unabhängigkeit des Landes betraf nicht die ganze Bevölkerung, sondern bestand in der Errichtung des jüdischen Nationalstaats Israel – den arabischen Palästinensern wird nationale Selbstständigkeit bis heute vorenthalten (→ Palästinakonflikt).

Andere arabische Länder wurden später unabhängig – Libyen 1951, Sudan, Tunesien und Marokko 1956, Mauretanien 1960. Besonders lang und blutig war der antikoloniale Befreiungskrieg in Algerien, der am 1. November 1954 begann und erst 1962 mit der Unabhängigkeit endete. Auch die Kolonien auf der Arabischen Halbinsel wurden erst spät unabhängig: Kuwait 1961, Südjemen 1967, Bahrain, Qatar und die Vereinigten Arabischen Emirate 1971. Danach waren alle arabischen Länder, sieht man vom Sonderfall Palästina ab, unabhängig.

Fast die ganze arabische Welt ist also durch die Erfahrung europäischer Kolonialherrschaft gegangen. Diese hat den betroffenen Gebieten zweifellos geschadet: Die Länder wurden ausgebeutet, ihre Wirtschaft wurde auf die Interessen Europas ausgerichtet, politische und kulturelle Einflüsse dienten ähnlichen Zwecken – sogar die Grenzen einiger arabischer Länder sind kolonialen Ursprungs. Und manche der Hypotheken der Kolonialzeit wirken, auch nach ihrem Ende, weiter. Viele arabische Klagen in diesem Punkt sind berechtigt. Und doch ist die Bilanz nicht ausschließlich negativ. Auch manche positiven Errungenschaften der Moderne (u. a. moderne Wissenschaft, Bildung, Gesundheitsfürsorge und Infrastruktur) sind den Arabern unter den Auspizien der Kolonialherrschaft gebracht worden. Die »mission civilisatrice«, die zur Legitimation des Kolonialismus so gern angeführt wird, ist sicherlich zum großen Teil verbrämende Ideologie – aber nicht ausschließlich. Die Erfahrung der Kolonialzeit und die Erfahrung des Kampfs gegen die Kolonialherrschaft und schließlich ihrer Überwindung waren, so wie die Dinge nun einmal standen, notwendige Durchgangsstufen der Integration der Araber in die moderne Welt. Diejenigen von ihnen, die diese Herausforderung ausschließlich negativ sehen, zeigen damit nur, dass sie ihr nicht gewachsen sind.

— Konfessionalismus —

Dass die Zugehörigkeit zu einer religiösen Gemeinschaft und ein dementsprechendes Bewusstsein im Leben vieler Araber wichtig ist und ihr Verhalten weitgehend beeinflusst, bezeichnet der Begriff des Konfessionalismus (arab. *ṭāʾifiyya*). Grundlegend für ihn ist die in arabischen Gesellschaften vorherrschende Sozialstruktur, die der Zugehörigkeit zu sozialen Gruppen geringerer Reichweite, also unterhalb des nationalen Rahmens, eine wesentliche Rolle zuweist. Eine der wichtigsten derartigen Zugehörigkeiten ist die zu einer religiösen Gemeinschaft. Dabei steht nicht der dogmatische Inhalt der jeweiligen Religion im Vordergrund, sondern die soziale Funktion der Gemeinschaft, die ihren Angehörigen Schutz, Versorgung mit Stellen, materielle Vorteile und manches andere verschafft, dafür aber auch Loyalität und Wohlverhalten (z. B. bei Wahlen) einfordert.

Die Bedeutung und Ausgeprägtheit des Konfessionalismus kann von Land zu Land und je nach der politischen Konstellation und den Zeitumständen verschieden sein. Wenn die gesamtnationale Mobilisierung der Staatsbürger und eine entsprechende Legitimation der Regierung aufgrund von großen nationalen Projekten (antikolonialer Kampf, Abwehr einer Aggression, große populäre Aufbauprojekte o. Ä.) stark sind, tritt der Konfessionalismus eher zurück; zu anderen Zeiten tritt er hervor. In Krisen des nationalen Zusammenhangs neigen die Menschen dazu, sich auf ihre engeren Kreise zurückzuziehen, und da nehmen die religiösen Gemeinschaften einen privilegierten Platz ein.

Der Konfessionalismus ist im Allgemeinen in Gesellschaften, in denen sich verschiedene Konfessionen »ausbalancieren«, besonders stark. Kommen noch konkurrierende Orientierungen der Konfessionen und andere Krisenmomente des nationalen Zusammenhalts hinzu, kann er zum Auseinanderbrechen der staatlichen Einheit führen. Diese Konstellation hat z. B. zum libanesischen Bürgerkrieg geführt (→ Libanonkonflikt). Weiter kann es zu einer kritischen Verstärkung des Konfessionalismus kommen, wenn die Angehörigen einer bestimmten Konfession einen privilegierten Zugriff auf die Staatsmacht haben (Alawiten in Syrien, arabische Sunniten im Irak). Auch die Akzentuierung des Islam, die seit wenigen Jahrzehnten in der arabischen Welt zu beobachten ist, zieht eine verstärkte Besinnung der Muslime – und in der Folge dann auch der

nichtmuslimischen Minderheiten – auf ihre Religionszuge-
hörigkeit nach sich, so dass man für die heutige Zeit durchaus von einer Verstärkung des Konfessionalismus reden
kann.

— **Kreuzzüge** —

Anders als im westlichen Kulturkreis ist der Begriff der
Kreuzzüge bei den Arabern von vornherein mit negativen
Assoziationen verbunden. Sie waren ein fremder Einfall in
arabisches Territorium, der insgesamt fast zwei Jahrhunderte dauerte (1098–1291), unabhängig von seiner Motivation mit kräftiger Ausplünderung einherging und den Betroffenen auch sonst viel Leid zufügte. Die Araber sehen
die Kreuzzüge vornehmlich unter dem Aspekt einer demütigenden Niederlage und der – letzten Endes erfolgreichen – Bemühung, deren Ergebnisse wieder rückgängig zu
machen.

Dass die Kreuzfahrer überhaupt in die Levante vorsto-
ßen und sich dort für eine so lange Zeit festsetzen konnten, zeugt von der damaligen Schwäche und Uneinigkeit
der Araber. Das Gebiet lag im Grenzbereich des fatimidischen und des seldschukischen Reichs. Beide Staaten hatten zur fraglichen Zeit den Höhepunkt ihrer Macht bereits
überschritten. Die → Fatimiden waren in der Levante auf
dem Rückzug, die → Seldschuken in interne Machtkämpfe
verstrickt – eine nahezu ideale Situation für eine dritte
Macht, die sich diese Schwäche zunutze machte. Die
Kreuzfahrer besetzten nur einen schmalen Streifen Land
an der östlichen Mittelmeerküste und die anatolischen Gebiete nördlich davon; sie griffen auch mehrmals nach
Ägypten aus, wurden aber dort immer abgewehrt. Weiter
östlich ins Landesinnere stießen sie nicht vor.

Nachdem die Teilnehmer am ersten Kreuzzug 1099
mehrere Orte an der Küste und auch Jerusalem eingenom-

men hatten, dauerte es eine geraume Weile, bis die Araber
sich zu ernsthaftem Widerstand bereit fanden. Außer den
unmittelbar Betroffenen sah kaum jemand die Besetzung
als dringliches Problem an. Die verschiedenen regionalen
Machthaber hatten andere Probleme, Kalif und Sultan
waren weit weg in Bagdad, und die Armee, welche die Fatimiden aus Ägypten zum Entsatz schickten, wurde geschlagen. So wurden die fränkischen Fürstentümer zunächst wie »normale« lokale Territorialherrschaften behandelt. Man schloss Bündnisse mit ihnen oder bekämpfte
sie je nach den eigenen Interessen, durchaus auch über die
Grenzen der Religionsgemeinschaften hinweg. In diesem
Zusammenhang ist es bemerkenswert, dass die einheimischen Christen von den Muslimen selten für die Gräuelta-
ten ihrer europäischen Glaubensbrüder haftbar gemacht
wurden, was für die Integration der religiösen → Minderheiten in die Gesellschaft und für deren Stabilität spricht.

Erst etwa 40 Jahre nach dem Beginn des ersten Kreuzzugs nahm ein konsequenter Widerstand Gestalt an. Es
bedurfte dazu der Einsicht, dass sich die Muslime zuerst
selbst zusammenschließen mussten, wenn ein solcher Widerstand Erfolg haben sollte. Die ersten, die diese Einsicht
gewannen, waren die zengidischen Herrscher von Aleppo,
Imadaddin Zengi (reg. 1128–46) und sein Sohn Nuraddin
(reg. 1146–74), der 1154 auch Damaskus einnahm. Vor allem der letztere propagierte, durchaus auch in religiöser
Sprache, den Zusammenschluss der Muslime zum Zweck
der Beendigung fremder Herrschaft über islamisches Territorium. Schon sein Vater hatte den Kreuzfahrern 1144
mit der Eroberung von Edessa, des ersten fränkischen
Staats im Orient, eine empfindliche Niederlage beige-
bracht. Als die Kreuzfahrer in Ägypten eingedrungen waren, sandte Nuraddin 1163 eine Armee dorthin. Nach längeren Wirren und Kämpfen sahen sich die Führer dieser
Armee in der Position der eigentlichen Machthaber in
Ägypten. Einer dieser Führer, ein kurdischer Offizier na-

mens Saladin, der zum Wesir des fatimidischen Kalifen ernannt worden war, machte dann schließlich 1171 der fatimidischen Herrschaft ein Ende und gliederte das Land wieder dem sunnitischen Bereich ein – offiziell im Namen Nuraddins und des abbasidischen Kalifen in Bagdad, praktisch aber auf eigene Rechnung. Er setzte somit die Politik der Zengiden, die in der Vereinigung der Muslime zum Kampf gegen die Kreuzfahrer bestanden hatte, fort. Nach dem Tod Nuraddins 1174 unterwarf Saladin sich auch Syrien und konsolidierte seine Herrschaft dort, bevor er sich gegen die Kreuzfahrer wandte. Diesen brachte er 1187 bei Hittin im Norden Palästinas eine vernichtende Niederlage bei und konnte ihnen danach Jerusalem und die meisten Küstenstädte entreißen (→ Ayyubiden). Eine neue europäische Intervention machte diesen Erfolg teilweise rückgängig, und 1229 trat der ayyubidische Sultan al-Kamil dem deutschen Kaiser Friedrich II. sogar Jerusalem kampflos ab. Das war aber nur vorübergehend. 1244 kam Jerusalem endgültig wieder unter muslimische Herrschaft, und im Lauf des nächsten halben Jahrhunderts wurden auch die letzten Reste der Kreuzfahrerpräsenz beseitigt. Mit Akka nahm der mamlukische Herrscher Ägyptens, Khalil, 1291 die letzte starke Kreuzfahrerfestung ein.

Geschichtlich waren die Kreuzzüge und ihre Abwehr für die Araber (und die anderen beteiligten Muslime) sicherlich nur eine Episode. Sie hat aber zur Verhärtung der arabischen Haltung gegenüber Europa und zur Vertiefung der Kluft zwischen den beiden Weltregionen beigetragen. Der Sache des gegenseitigen Verständnisses haben diese Erfahrungen sicherlich geschadet und Spuren im arabischen Bewusstsein hinterlassen, die durch neuere Erfahrungen mit einem dominanten Europa bzw. dem ganzen übermächtigen Westen vertieft worden sind. Im Diskurs vieler Islamisten wird der westliche Einfluss in der arabischen bzw. islamischen Welt auch heute noch als Kreuzfahrertum bezeichnet. Oft dient das Beispiel der Kreuzfah-

rer den Arabern auch dazu, sich über Niederlagen hinweg-
zutrösten, wenn man etwa im Hinblick auf Israel erklärt,
auch die Kreuzfahrer seien in eben derselben Gegend eine
Zeit lang sehr erfolgreich gewesen, dann aber nach 200
Jahren wieder vertrieben worden. Auch im heutigen arabischen Bewusstsein spielen also die Kreuzzüge eine Rolle,
die über ihre reale geschichtliche Bedeutung hinausgeht.

— Kurden —

Die Kurden sind eine Bevölkerungsgruppe, die in einem –
jedenfalls traditionell – zusammenhängenden Siedlungsgebiet (Kurdistan) in Ostanatolien, Nordirak, Westiran und
in geringerer Zahl in angrenzenden Gegenden lebt. Ihr
wesentliches gemeinsames Merkmal ist die kurdische Sprache, die – in mehreren Dialekten und nicht immer scharf
gegen andere Sprachen abgrenzbar – zur iranischen und
damit zur indoeuropäischen Sprachfamilie gehört. Über
die ältere Geschichte der Kurden sind wir nur unzureichend informiert. In der früheren islamischen Geschichte
– und damit auch in der arabischen Geschichte – haben
Kurden eine Rolle gespielt, so etwa die Familie und Dynastie der → Ayyubiden, der auch der große Feldherr und
Staatsmann Saladin entstammte. Besser belegt ist die Geschichte der Kurden seit der osmanischen Zeit, als sich die
Auseinandersetzungen der Osmanen mit östlichen Nach-
barn weitgehend auf kurdischem Gebiet und unter Beteiligung von Kurden abgespielt haben. Seit dem 16. Jahrhundert stabilisierte sich die Grenzlinie zwischen dem Osmanischen Reich und Iran; die Kurden lebten fortan in beiden
Staaten am Rand, wurden aber weitgehend in Ruhe gelas-
sen; die Herrschaft in diesen Gebieten war eher indirekt,
d. h. für sie wurden meist kurdische Emire und Stammesführer herangezogen.

In der heutigen arabischen Welt spielen Kurden in drei

Ländern eine Rolle: im Irak bewohnen sie den ganzen Norden des Landes (etwa ein Sechstel der Territoriums) und bilden etwa ein Viertel der Bevölkerung, in Syrien leben sie in einem schmalen Landstreifen an der nördlichen Grenze und bilden fünf bis zehn Prozent der Bevölkerung – die Zahlenangaben schwanken ungemein –, und im Libanon existiert eine nicht genau bekannte, aber beträchtliche Zahl von Kurden als Flüchtlinge oder Arbeitsmigranten.

Die Kurden, die bis zum 19. Jahrhundert meist keine gravierenderen Probleme hatten als andere Völkerschaften, sind in den Staaten, in denen sie heute leben, jeweils eine ethnische Minderheit, die sich einem expliziten Nationalismus ausgesetzt sieht. Dieser Nationalismus der Bevölkerungsmehrheit, der in der Türkei und den arabischen Ländern Staatsideologie ist und im Iran, wo er das nicht ist, doch stark wirkt, bringt vielfältige Nachteile für die Kurden: Anpassungsdruck, Einschränkung kultureller Rechte, Unterdrückung von Autonomie- oder Unabhängigkeitsbestrebungen, soziale und politische Benachteiligung, gewaltsame Umsiedlungen usw.

Die Aufteilung des kurdischen Gebiets auf mehrere Staaten ist in ihrer heutigen Form Ergebnis der Regelung nach dem Ersten Weltkrieg. Die alte osmanisch-iranische Grenze, die das Gebiet schon vorher durchschnitt, wurde nicht in Frage gestellt. Die Kurden des Osmanischen Reichs durften nach den Erklärungen der Siegermächte auf Unabhängigkeit hoffen. Der Vertrag von Sèvres (August 1920) sah für einen Teil von Kurdistan nach einem Durchgangsstadium Unabhängigkeit vor, wurde aber durch die Revolte von Mustafa Kemal (Atatürk) hinfällig. Im Vertrag von Lausanne (Juli 1923), den dann die Alliierten mit der neuen türkischen Republik schlossen, sind die Kurden nicht erwähnt. Kurdistan war nun auf das Gebiet der Türkei, Irans, Syriens (unter französischer) und des Irak (unter britischer Mandatsverwaltung) aufgeteilt. Daraus ergab sich für die Kurden eine sehr ungünstige Situation: Jede

Bewegung zur Verteidigung oder Ausweitung kurdischer Rechte agierte zunächst im Rahmen »ihres« Staats, sie mussten sich positiv (bei der Gewinnung von Bündnispartnern) oder negativ (bei der Erkämpfung von Rechten) dieser Situation anpassen, wobei sie jeweils, trotz der Größe der kurdischen Bevölkerung insgesamt, aus einer Minderheitsposition heraus operierten. Oft stützten sich kurdische Führungen in einem Land auf die Regierung eines anderen, die zur Schwächung eines Nachbarlandes dessen kurdische Bevölkerung unterstützte – aber immer nur so weit, dass es nicht zur staatlichen Abspaltung oder auch nur realen Autonomie kam, die sich beispielgebend auf die »eigene« kurdische Bevölkerung hätte auswirken können. Hinzu kamen Stammes- und Fraktionsrivalitäten unter den Kurden auch innerhalb eines Landes, die nur schwer überwunden werden konnten.

Die bedeutendste kurdische Gemeinschaft in einem arabischen Land sind die Kurden im Irak. Offiziell wurden sie hier, anders als in den anderen Ländern, als nationale Gruppe mit eigenen Rechten anerkannt, und auf dieser Basis wurden mehrmals mit ihren Führungen Autonomieabkommen geschlossen (oder einseitig von der Regierung verkündet). Allerdings nützte ihnen das praktisch wenig. Die Abkommen wurden nicht respektiert, Kurden erhielten keine fairen Chancen in der Verwaltung und Erziehung, und es kam sowohl im monarchistischen wie im republikanischen Irak immer wieder zu gewaltsamen Auseinandersetzungen. Allein von 1961 bis 1975 gab es fünf regelrechte Kriege, der letzte, in dem kurdische Freiheitskämpfer (»Peschmergas«) unter dem legendären Führer Mustafa Barzani (1903–79) einen Teil des irakischen Kurdistan befreit hatten, endete damit, dass die iranische Regierung nach einem Vertragsschluss mit dem Irak ihre Unterstützung für die Kurden einstellte und diese aufgeben mussten. Im ersten → Golfkrieg hatte die kurdische Bevölkerung des irakisch-iranischen Grenzgebiets besonders zu leiden; der bekannteste Fall war der der kurdischen Stadt Halabdscha, in der 1988 bei einem Giftgasangriff der irakischen Luftwaffe 5000 Einwohner ums Leben kamen. Nach dem für den Irak desaströsen zweiten Golfkrieg erhoben sich die Kurden des Nordens, konnten eine eigene kurdische Verwaltung aufbauen und auch, unter dem Schutzschirm der von den Alliierten durchgesetzten Flugverbotszone für irakisches Militär, bis heute halten. Im Irak wurden zum Zweck der »Ausdünnung« des kurdischen Siedlungsgebiets mehrmals Kampagnen durchgeführt, bei denen viele Dörfer zerstört und Kurden zwangsumgesiedelt wurden.

— Landwirtschaft —

Es wird oft bemerkt, dass die Landwirtschaft der arabischen Länder, anders als noch vor einigen Jahrzehnten, nicht mehr in der Lage ist, die Versorgung der eigenen → Bevölkerung mit Nahrungsmitteln sicherzustellen. Das hat vor allem zwei Gründe: Einmal ist ein Teil der Landwirtschaft von der Produktion von Nahrungsmitteln für den heimischen Bedarf auf Produkte für den Export umgestellt worden, die lohnender schienen. Und der zweite, wichtigere Grund besteht darin, dass der Nahrungsmittelbedarf so schnell wächst, dass die heimische Produktion selbst bei günstigster Entwicklung nicht ausreicht. Die Bevölkerung wächst in der Regel stark, und ein über weite Strecken wachsendes Pro-Kopf-Einkommen, das zum großen Teil in mehr und hochwertige Nahrungsmittel umgesetzt wird, sorgt für ein noch rascheres Zunehmen des Bedarfs, als er aus dem bloßen Bevölkerungswachstum resultieren würde. Also wird die Lücke zwischen dem Nahrungsmittelbedarf und der einheimischen Produktion größer, obwohl deren Wachstum sich im internationalen Vergleich durchaus sehen lassen kann. Diese Lücke muss durch den Import von Nahrungsmitteln gefüllt werden, und das geschieht auch seit den 60er-Jahren des 20. Jahrhunderts in ständig steigendem Umfang. Lange Zeit konnte man sich diesen Import ohne größere Probleme leisten, sinkende Einnahmen seit der Mitte der 80er-Jahre machen die Lage schwieriger.

Aus diesem Dilemma gibt es zwei Auswege: Man kann sich mit der Abhängigkeit von Importen abfinden und versuchen, durch Steigerung eigener Exporte oder aus anderen Quellen die dafür nötigen Devisen zu sichern. Das tun die arabischen Länder nolens volens, fühlen sich aber dabei nicht wohl, weil sie sich infolge dieser Abhängigkeit potenziellem politischem Druck der Lieferländer ausgesetzt sehen. Darum bemühen sie sich in der Regel auch, den einheimischen Nahrungsmittelanbau weiter zu steigern. Der massiven Ausweitung der landwirtschaftlichen Produktion sind aber schon durch die Naturbedingungen enge Grenzen gesetzt. Regenfeldbau ist nur in einem kleinen Teil des arabischen Territoriums möglich, und auch dort nur so prekär, dass ein schlechtes Regenjahr zu empfindlichen Ernteeinbrüchen oder sogar zu Ernteausfällen führen kann. Eine erhebliche Ausweitung der kultivierten Fläche ist angesichts der Wasserknappheit ein kaum gangbarer Weg: In der arabischen Welt ist fast der ganze mit vertretbarem Aufwand kultivierbare Boden auch tatsächlich kultiviert. Steigerung der Produktion erscheint also nur durch intensivere Bebauung schon kultivierter Böden möglich.

Anreize zur intensiveren Bebauung wurden auf sehr verschiedene Weise gegeben. Einige arabische Staaten führten Agrarreformen durch, d. h. die Einschränkung großen Landbesitzes zugunsten kleinerer Bauernwirtschaften, wovon sich unter anderem ein größeres Interesse der Bodenbesitzer an der Bearbeitung und damit gesteigerte Produktivität versprachen. Manche Staaten versuchten durch Preis-, Steuer- und Subventionspolitik Steigerungen der Agrarproduktion zu erreichen. Schließlich investierte man in den Agrarsektor, vor allem durch den Ausbau der künstlichen Bewässerung, aber auch durch die Mechanisierung der Landwirtschaft und die Einführung neuer, ertragreicherer Arten von Kulturpflanzen.

Als Fazit lässt sich festhalten, dass all diese Methoden durchaus zu einer gewissen Ertragssteigerung geführt haben, die allerdings nicht spektakulär war. Oft waren die entsprechenden Schritte auch nicht vornehmlich im Interesse der Landwirtschaft konzipiert, sondern nur die Begleiterscheinung von Programmen zu anderen Zwecken. In den arabischen Entwicklungsplänen stand die Landwirtschaft kaum je im Mittelpunkt, sondern sie richteten sich eher auf die Gründung einer lebensfähigen Industrie. Daher ist es auch kaum verwunderlich, dass die landwirtschaftliche Entwicklung keine rapiden Fortschritte machte, und angesichts der natürlichen Bedingungen sind selbst bei wohlwollenderer Unterstützung solche Fortschritte nicht zu erwarten. Es wird also bei der »Nahrungslücke« bleiben, und das sinnvollste Vorgehen scheint darin zu bestehen, die Finanzierung der unvermeidlichen Nahrungsmittelimporte durch eine Orientierung auf gesteigerte und diversifizierte Exporte zu sichern.

— Libanonkonflikt —

Der Libanonkonflikt, d. h. der Bürgerkrieg, der im April 1975 begann und mit Unterbrechungen bis 1990 dauerte, ist nur auf dem Hintergrund verschiedener libanesischer Besonderheiten zu verstehen: des ungefähren demographischen Gleichgewichts, das seit der Gründung des »Grand Liban« zwischen christlichen und muslimischen Bevölkerungsgruppen besteht, der unterschiedlichen kulturellen und politischen Orientierung dieser Gruppen, der besonderen Rolle, welche die Konfessionsgemeinschaften aus sozialen und verfassungsrechtlichen Gründen spielen, der Anfälligkeit des libanesischen Systems für wirtschaftliche Krisen und der Auswirkung des Palästinakonflikts.

Im Libanon im engeren Sinn, dem »Mont Liban«, leben überwiegend maronitische Christen und Drusen; hier hatten die Christen ein großes demographisches Übergewicht. Die französische Mandatsmacht erweiterte dieses Gebiet 1920 nach Osten, nach Süden und zur Küste hin und bildete auf diese Weise den »Grand Liban«. In den neu hinzugekommenen Gebieten wohnten vor allem Muslime – Sunniten in den Städten der Küste, Schiiten in den übrigen Gebieten. Damit war ein ungefähres Bevölkerungsgleichgewicht zwischen christlichem und muslimischem Lager gegeben – mit zunächst leichtem christlichen Übergewicht. Die Muslime orientierten sich am arabischen Umland, die Christen an Europa, besonders an Frankreich. Die Konfessionen sind hier nicht nur religiöse, sondern auch soziale, ja politische Gebilde, die über erhebliche Loyalität ihrer Angehörigen verfügen und für die Integration des Einzelnen in das Staatsgefüge sorgen (→ Konfessionalismus). Die Regelungen, die Parlamentssitze und Staatsämter nach Konfessionsproporz (mit leichtem christlichen Übergewicht) verteilten, stärkten noch diese Rolle der Konfessionen. Zusammenhalt und Stabilität des libanesischen Staats hingen von der Übereinkunft der Führungen ab – konkret: der maronitischen und der sunnitischen Eliten. Diese Übereinkunft bewährte sich im Kampf um die 1943 erreichte Unabhängigkeit und auch noch in den ersten Jahrzehnten danach.

Die libanesische Wirtschaft, die weitgehend eine Handels-, Vermittlungs- und Dienstleistungswirtschaft ist, prosperierte für lange Zeit nach dem Zweiten Weltkrieg. In den 60er- und beginnenden 70er-Jahren machten sich jedoch Krisenerscheinungen bemerkbar. Große Teile der Bevölkerung verelendeten und zogen in »Armutsgürtel« um die großen Städte, vor allem Beirut. Viele Schiiten aus den peripheren Gebieten des Libanon waren arm, manche prominente Reiche waren Maroniten, so dass gelegentlich auch soziale Probleme im konfessionellen Licht gesehen wurden. Im traditionellen politischen Gefüge des Landes konnten soziale Spannungen schlecht ausgetragen werden; die sozial Benachteiligten bildeten zum Teil die Basis der »national-progressiven Bewegung«, einer Koalition aus linken und nationalistischen Parteien und Gruppen.

Schließlich wirkte sich auch der → Palästinakonflikt auf den Libanon aus. Hier befanden sich seit 1948 viele palästinensische Flüchtlinge, die sich nach langer Unterdrückung eine gewisse Aktionsfreiheit erkämpft hatten. Nach ihrer Vertreibung aus Jordanien 1970/71 hatte die Führung der PLO, der palästinensischen Befreiungsorganisation, in Beirut ihr Hauptquartier aufgeschlagen. Sie führte über die libanesisch-israelische Grenze hinweg Kommandoaktionen durch, und die massiven israelischen Gegenschläge sorgten immer wieder für innerlibanesische Auseinandersetzungen. Viele Muslime und »National-Progressive« wollten die Palästinenser gegen die Eingrenzungsversuche der christlichen Führung verteidigen. Im Gegenzug verbündete sich die PLO mit dem muslimischen und dem national-progressiven Lager und sorgte durch ihre relativ gute Bewaffnung für die Feuerkraft des Bündnisses.

So bildete sich gegen den Status quo und die maronitisch dominierte Staatsführung, die für ihn stand, eine Allianz aus drei Kräften: den eher traditionell orientierten muslimischen Gruppierungen, der national-progressiven Bewegung und der PLO. Der Bürgerkrieg brach im April 1975 aufgrund eines Zusammenstoßes zwischen christlichen Milizen und Palästinensern aus, und zwar nicht zufällig im Südosten von Beirut, wo christliche Wohnviertel eng mit Slums und Palästinenserlagern benachbart waren. Die Kämpfe weiteten sich aus und dauerten mit gewissen Unterbrechungen zunächst bis zum Herbst 1976.

In den frühen Stadien des Bürgerkriegs erkannte man

richtig, dass dies keineswegs ein religiös bedingter Konflikt zwischen Christen und Muslimen war, sondern seinen Ausbruch dem System des Konfessionalismus verdankte, das sich zur Austragung der meisten innergesellschaftlichen Konflikte wenig eignete und für den Fall seines Scheiterns auch schon die Sollbruchstelle an der Grenzlinie der Konfessionen bereithielt. Allerdings scheiterten alle durch die Krise ausgelösten Versuche, das alte System zu überwinden – die Komponenten des »Bündnisses der Veränderung« hatten zu unterschiedliche Interessen.

Auch militärisch wurde der Bürgerkrieg schnell zu einem weitgehend interkonfessionellen Kampf. Der Gegner wurde nie ausschließlich, aber doch weitgehend als die jeweils andere Konfessionsgemeinschaft gesehen Der Konflikt wurde territorialisiert, indem Angehörige einer Konfession aus dem Machtbereich des jeweils »anderen« Lagers auswanderten; Beirut wurde regelrecht zweigeteilt. Der Krieg war in der Folge ein Stellungskrieg zwischen den Milizen der verschiedenen Kräfte, und zwar an den Grenzen zwischen christlichen und muslimischen Siedlungsgebieten, mit gegenseitigem Raketenbeschuss und Scharfschützenfeuer.

Auch auswärtige Kräfte griffen in den Konflikt ein, von den Nachbarstaaten vor allem Syrien und Israel. Syrien mit seinem traditionellen Anspruch auf Einfluss im Libanon unterstützte zunächst das muslimisch-nationalistisch-palästinensische Bündnis. Als dieses die Oberhand gewann, intervenierte Syrien im Sommer 1976 zugunsten der christlichen Milizen – wohl um den definitiven Sieg einer Seite zu verhindern und so seinen eigenen Einfluss zu bewahren. Israel verbündete sich de facto mit den maronitischen Milizen, unterstützte sie mit Waffen und marschierte zweimal in größeren Operationen im Libanon ein, besonders massiv im Juni 1982. Die folgende langdauernde Besetzung von Teilen des Landes wurde erst im Mai 2000 beendet.

Nach den ersten heftigen Stadien des Bürgerkriegs wurde das Land ab 1977 praktisch dreigeteilt in eine Zone, die von den christlichen Milizen, eine, die von den muslimischen Milizen und der PLO, und eine, die von der syrischen Armee kontrolliert wurde. Der einheitliche libanesische Staat hörte in vieler Hinsicht auf zu bestehen. Der Bürgerkrieg ging, immer wieder unterbrochen von Perioden relativer Ruhe, weiter – als Auseinandersetzung an den Frontlinien zwischen den Zonen, aber auch in Form von Machtkämpfen zwischen verschiedenen Milizen innerhalb der jeweiligen Zonen. Insgesamt erlegte er der Bevölkerung ungeheure Lasten auf: mehr als 100 000 Todesopfer, viele Verletzte und dauerhaft Behinderte, bleibende Traumata, wirtschaftliche Verluste und infrastrukturelle Zerstörung, zahlreiche Auswanderer.

Der Bürgerkrieg wurde erst 1990 endgültig beendet. Im Oktober 1989 hatte sich das libanesische Parlament zu einer Sondersitzung in der saudischen Stadt Taif getroffen und ein Friedensabkommen und die Abänderung des Systems beschlossen – der Proporz sieht jetzt nicht mehr ein leichtes christliches Übergewicht, sondern ein Gleichgewicht der beiden Lager vor und die Position des (sunnitischen) Ministerpräsidenten gegenüber dem (maronitischen) Präsidenten wurde gestärkt. Die Milizen – mit Ausnahme der → Hisbollah, die gegen die israelische Besatzung kämpfte – wurden entwaffnet, die Autorität der libanesischen Staatsorgane weitgehend wiederhergestellt. Diese Regelung bedeutet keine Abschaffung des konfessionellen Systems, sondern nur seine Modifizierung. Insofern muss das Land auch weiterhin mit dessen Nachteilen leben. Auch die syrische Armee ist immer noch präsent, und schließlich wirkt sich auch trotz des israelischen Rückzugs weiter der ungelöste Palästinakonflikt potenziell störend auf Stabilität und Entwicklung des Landes aus.

— Maghreb —

Der Maghreb (arab. *al-maġrib al-ʿarabī* ›arabischer Westen‹) ist die am westlichsten gelegene der vier arabischen Großregionen (→ Arabische Welt). Er wird oft auch als Nordafrika bezeichnet, gemeint ist dann Nordafrika unter Ausschluss von Ägypten. Im Allgemeinen rechnet man dem Maghreb die fünf Staaten Mauretanien, Marokko, Algerien, Tunesien und Libyen zu. Auch die Westsahara, ein Territorium südlich von Marokko, das für sich Eigenstaatlichkeit beansprucht, aber von Marokko kontrolliert wird, gehört zum Maghreb.

Die west-östliche Ausdehnung des Maghreb ist beträchtlich (etwa 4000 km); die nord-südliche Ausdehnung des einigermaßen dicht besiedelten Kulturlandes ist dagegen gering. Der gesamte Süden der Fläche der Maghrebländer wird von Wüste (der Sahara) eingenommen, durch die zentralen Maghrebländer zieht sich von West nach Ost das Atlasgebirge mit mehreren Zügen, die Hochebenen zwischen sich einschließen, sowie einem Ausläufer, dem Rifgebirge, in Nordmarokko. Daran schließen sich die Küstenebenen an, die zwar schmal sind, aber atlantischem bzw. mittelmeerischem Einfluss unterliegen, regenbegünstigt sind und daher relativ intensive Landwirtschaft gestatten. In diesem Gebiet liegen auch die einzigen ganzjährig Wasser führenden Flüsse der Region. Die landwirtschaftliche Nutzung entspricht diesen Einflüssen bzw. den mit ihnen gegebenen Landschaftstypen. In den atlantischen und mittelmeerischen Küstengebieten werden vorwiegend Getreide, Gemüse, Oliven, Wein und Südfrüchte angebaut, die Sahara und die an sie grenzenden Steppengürtel werden zur nomadischen Viehzucht und, in den Oasen, zum Anbau von Dattelpalmen genutzt. Der Bergbau spielt eine größere Rolle. Der Maghreb hat große Phosphatvorkommen; Marokko ist der weltgrößte Exporteur von Phosphat. Außerdem werden Eisen- und Manganerz abgebaut. Algerien und Libyen fördern und exportieren in großem Maßstab Erdöl, Algerien außerdem Erdgas. Vor allem die zentralen Maghrebländer haben große Anstrengungen zur Industrialisierung unternommen. Dabei hatte Algerien die ehrgeizigsten Pläne; seine Industriepolitik hat auch die meisten Probleme aufgeworfen, unter denen das Land trotz seines Ölreichtums leidet (→ Algerienkrise).

Die Gesamteinwohnerzahl der fünf Maghrebländer im Jahr 2000 betrug 77,59 Millionen. Vor der arabischen Eroberung waren die → Berber die im Maghreb dominante Bevölkerung. Durch Zuzug von Arabern und Arabisierung vieler Berber verschob sich die Bevölkerungszusammensetzung zugunsten der Araber, aber in Marokko, Algerien und Tripolitanien (der westlichen Region Libyens) gibt es bis heute einen bedeutenden Anteil von Berbern an der Bevölkerung. In Marokko spricht man von 40%, in Algerien von 23%, in Tripolitanien von 20–25%. In Tunesien ist der Anteil der Berber mit 1–2% am geringsten. Im Süden Mauretaniens, am Ufer des Senegalflusses, leben Schwarzafrikaner, die etwa ein Drittel der Gesamtbevölkerung des Landes ausmachen.

Angesichts ähnlicher Strukturen und ähnlicher historischer Erfahrungen der Maghrebländer lag der Gedanke intensiver Kooperation oder gar staatlicher Vereinigung nahe – ein Gedanke, den insbesondere der libysche Präsident Ghaddafi intensiv und in manchmal abenteuerlich anmutenden Vereinigungsplänen verfolgte. Aus diesen Plänen wurde nichts. Der einzige Zusammenschluss, der tatsächlich verwirklicht wurde, ist die UMA (Union du Maghreb Arabe), die vor allem die Erleichterung des Handels und sonstiger wirtschaftlicher Zusammenarbeit zum Ziel hat.

— Mamluken —

Mamluken (wörtl. ›die in Besitz Genommenen‹) ist zunächst die arabische Bezeichnung für die Militärsklaven, derer sich Herrscher in der arabischen Welt seit dem frühen 9. Jahrhundert zunehmend bedienten, um daraus den Kern ihres Heers zu bilden und von den arabischen Stammeskriegern als militärischen Stützen der Macht unabhängig zu werden. Das gelang allerdings nur um den Preis, dass die neuen Truppenteile bzw. ihre Führer selbst die faktische Macht übernahmen oder sich auf jeden Fall einen privilegierten Platz in der gesellschaftlichen Hierarchie eroberten. Unter den → Fatimiden und den → Ayyubiden wurden die Mamluken immer wichtiger. Als Turanschah, der Sohn und Thronerbe as-Salihs, des letzten ägyptischen Ayyubiden, die Mamluken seines Vaters bei der Reorganisation des Staats nicht ausreichend berücksichtigte, ermordeten sie ihn und rissen im Jahr 1250 selbst die Macht an sich. Dabei spielte die legendäre Schadscharat ad-Durr, die Witwe as-Salihs, eine Rolle, indem sie einen Mamlukenführer heiratete und selbst für kurze Zeit die Regentschaft übernahm.

In den folgenden etwa 250 Jahren bildeten die Mamluken die herrschende Kaste im ägyptisch-syrischen Herrschaftsbereich, der auch die Küsten des Roten Meers, also auch den Hedschas mit den Heiligen Stätten, umfasste. Aus ihren Reihen rekrutierten sich die Herrscher, damals schon oft Sultane genannt. Als Nichtmuslim außerhalb der Grenzen des Reichs geboren, wurde der Mamluk als Sklave zu militärischen Zwecken erworben, ausgebildet, zum Islam bekehrt und schließlich freigelassen. Mamluk war man streng genommen nur für eine Generation, und da ein Herrscher Mamluk sein sollte, verbot sich die Weitergabe des Amts innerhalb einer Familie. Die Thronfolge wurde in der Regel durch einen Machtkampf nach dem Tod eines Herrschers entschieden; oft wurde auch ein

Herrscher noch zu Lebzeiten abgesetzt oder gar ermordet. Einige Sultane konnten regelwidrig die Thronfolge in der eigenen Familie durchsetzen, und in solchen Fällen vermied man auch die sonst übliche völlige Neubesetzung aller hohen Staatsämter: Jeder Führer hatte die ihm ergebenen Mamluken, die er nach Möglichkeit begünstigte. Ersetzte ein neuer Sultan die Entourage des alten durch seine eigene, war das natürlich ein Moment der Instabilität.

Am Beginn der mamlukischen Herrschaft stand eine große Herausforderung: das Vorrücken der Mongolen nach Westen, die bereits unter Hülägü 1258 Bagdad eingenommen, zerstört und somit auch dem abbasidischen Kalifat ein Ende gemacht hatten. Ihrem Ansturm konnte das mamlukische Heer durch einen Sieg bei Ain Dschalut (im Norden Palästinas) 1260 Einhalt gebieten; hierdurch und mit weiteren militärischen Auseinandersetzungen war der mongolische Einfluss nach Westen an der syrisch-mesopotamischen Grenze gestoppt. Auch die letzten Reste der Kreuzfahrerpräsenz in der Levante wurden von den Mamluken mit der Einnahme Akkas 1291 beseitigt.

Durch die Art der Rekrutierung, ihre Sprache (die meisten Mamluken waren Türken aus Südrussland) und eigene Regeln von der allgemeinen Gesellschaft abgeschottet, selbstherrlich, auf hohe Einnahmen erpicht und daher weithin beargwöhnt, genossen die Mamluken doch als Retter des Staats und des sunnitischen Islam und als Garanten von Stabilität Ansehen. Als Zwischenglieder und Vermittlungsinstanz zwischen den Herrschern und der Gesellschaft dienten oft Religionsgelehrte. Sie legitimierten einerseits die mamlukische Herrschaft gegenüber der Gesellschaft, andererseits konnten sie deren Klagen bei den Herrschern vorbringen, um dem Aufstau allzu großen Grolls vorzubeugen. Die fähigeren mamlukischen Herrscher bemühten sich um geordnete Verhältnisse und förderten Handel und Gewerbe. Auch die Künste florierten in ihrem Staat – besonders die Baukunst, da sich die Mamluken in bester ägyptischer Herrschertradition in Bauwerken vornehmlich religiösen Charakters, beispielsweise in Grabmoscheen, selbst Denkmäler setzen ließen. Davon legen die bis heute erhaltenen zahlreichen mamlukischen Monumente in der Hauptstadt Kairo, aber auch in der Provinz (Aleppo, Damaskus, Tripoli, Jerusalem) Zeugnis ab.

Man teilt die Herrschaftsepoche der Mamluken im Allgemeinen in die der Bahri-(Fluss-) und die der Burdschi-(Zitadellen-)Mamluken ein, benannt jeweils nach dem Ort der Kasernierung der Einheiten, aus denen die Herrscher hervorgingen. Die erste Epoche dauerte von 1250 bis 1382, die zweite von 1382 bis 1517. Bei all ihren militärischen Fähigkeiten konnten die Mamluken doch letzten Endes dem Ansturm der Osmanen nicht widerstehen, die auf der Höhe ihrer Macht vom Vorzug einer enormen Dynamik der Expansion profitierten und auch neue Errungenschaften auf dem Gebiet der Kriegstechnik bereitwilliger aufnahmen als die eher konservativen Mamluken. Nach zwei Niederlagen 1516 und 1517 mussten die Mamluken als Herrscher den Osmanen das Feld räumen. Als unmittelbar dominierende, besitzende und profitierende Schicht blieben sie allerdings (als »Neo-Mamluken«) bis ins 19. Jahrhundert in Ägypten präsent; ihre Nachkommen werden bis heute als besondere Gruppe identifiziert.

— Mandat —

Form der europäischen Kolonialherrschaft in der arabischen Welt, die nach dem Ende des Ersten Weltkriegs für einige bis dahin osmanische arabische Territorien eingeführt wurde. Hintergrund war das Bestreben vor allem Großbritanniens und Frankreichs, sich Territorien zu sichern, an denen sie interessiert waren, dies aber in einer Zeit, in der z. B. der amerikanische Präsident Wilson bereits das Prinzip der Selbstbestimmung der Völker proklamiert hatte. In die Satzung des Völkerbunds, der damals neu gegründeten internationalen Staatenorganisation, wurde der Artikel 22 aufgenommen, in dem Mandatsherrschaft als Hilfe für die betroffenen Länder auf dem Weg zur Selbstregierung gerechtfertigt wurde. Der Form nach war das Mandat ein Vertrag zwischen dem Rat des Völkerbunds und der Mandatsmacht, die für die Durchführung des Mandats auch wiederum dem Völkerbund verantwortlich war.

Für die Auswahl der Mandatsmacht sollten die Wünsche der betroffenen Bevölkerungen berücksichtigt werden. Diese Bestimmung wurde aber in der Praxis weitgehend ignoriert. Der Oberste Rat der westlichen Krieg führenden Mächte verteilte die nahöstlichen Mandate bei seiner Konferenz in San Remo im April 1920. Das Mandat für Syrien und Libanon wurde Frankreich zugesprochen, das für Irak und Palästina (einschließlich Transjordaniens) Großbritannien. Beschlossen wurde auch, dass das Mandat für Palästina die Verpflichtung zur Ausführung der Balfour-Deklaration einzuschließen habe, also die britische Selbstverpflichtung zur Unterstützung des Projekts, das den Juden zu einer nationalen Heimstatt verhelfen sollte.

Die im April 1920 verteilten und konzipierten Mandate wurden erst später offiziell in Kraft und unterschiedlich in die Tat umgesetzt. In Syrien, im Libanon, im Irak und in Transjordanien (das von den prozionistischen Klauseln des Mandats ausgenommen und insofern aus dem Palästinamandat »herausgeschnitten« wurde) wurde jeweils eine einheimische Regierung eingesetzt, die einheimischen Vertretungskörperschaften verantwortlich war. Sowohl Regierungen wie Parlamente hatten nur sehr eingeschränkte Kompetenzen, im Zweifelsfall galten die Anweisungen des jeweiligen »Hochkommissars« (Vertreter der Mandatsmacht). Es gab heftige Konflikte zwischen den Mandatsbehörden und einheimischen politischen Kräften, bis hin zu lang dauernden Aufständen. Letzten Endes führten die Mandate zur schrittweisen Erlangung der Unabhängigkeit der genannten Länder. Im Irak wurde die Unabhängigkeit 1932, in Syrien und im Libanon 1943 (mit dem endgültigen Abzug der Franzosen 1946), in Transjordanien (das sich dann in Jordanien umbenannte) 1946 erreicht. Lediglich Palästina wurde eine einheimische Regierung und eine einheimische Vertretungskörperschaft mit nennenswerten Kompetenzen vorenthalten, denn deren Einrichtung hätte, solange im Land eine große arabische Bevölkerungsmehrheit bestand, den Aufbau des in der Balfour-Deklaration vorgesehenen jüdischen Nationalheims behindert und damit der entsprechenden, im Mandat verankerten, Verpflichtung widersprochen. Das Mandat konnte nicht wie vorgesehen durchgeführt werden. Seine Beendigung führte zur Entstehung des unabhängigen Staats Israel; den palästinensischen Arabern wurde Unabhängigkeit vorenthalten – ein Problem, dessen Folgen die Region bis heute erschüttern. Insofern wird die britische Mandatspolitik mit Recht für die Verschärfung des Palästinakonflikts mit verantwortlich gemacht.

— **Medien** —

Die modernen Medien sind in der arabischen Welt eine relativ junge Erscheinung. Von einem nennenswerten Pressewesen kann erst seit der zweiten Hälfte des 19. Jahrhunderts die Rede sein, spät im Verhältnis zur Verbreitung der Presse in Europa. Die Einführung von Rundfunk und Fernsehen nach ihrer Erfindung kam wesentlich rascher – Hörfunk wurde in den 30er-Jahren, das massenwirksame Transistorradio nach dem Zweiten Weltkrieg und Fernsehen um 1960 eingeführt. Arabische Print- und elektronische Medien folgen in Gestalt und Funktionsweise weitgehend westlichen Vorbildern.

Unter mehreren Aspekten kann die Geschichte des arabischen Presse- und Zeitschriftenwesens als symptomatisch für die arabische Realität betrachtet werden: unter dem Aspekt ihrer forcierten Modernisierung, unter dem Blickwinkel der arabischen »Ungleichzeitigkeit«, d. h. der unterschiedlichen Schicksale verschiedener arabischer Gebiete, und unter dem der Einschränkung von Freiheiten. In Ägypten entwickelte sich früh eine rege Presse, in den 70er- und 80er-Jahren des 19. Jahrhunderts fand diesbezüglich ein enormer Schub statt; viele Zeitungen und Zeitschriften wurden gegründet. Es war dies eine Periode starken europäischen Einflusses, den nicht zuletzt die Journalisten propagierten, um so den Ägyptern und anderen Arabern den Anschluss an die Moderne zu ermöglichen. Viele dieser Journalisten stammten aus dem Libanon, hatten dort eine gute moderne Ausbildung genossen, waren aber nach Ägypten ausgewandert, weil sie dort einen größeren Bedarf für ihre Arbeit und ein freieres Betätigungsfeld vorfanden als im osmanischen Libanon unter der restriktiven Herrschaft des Sultans Abdülhamid II. Oft wurden die in Ägypten hergestellten Druckerzeugnisse dann unter Ausnutzung ausländischer Postdienste an den osmanischen Behörden vorbei wieder ins Reich gebracht.

Im Großen und Ganzen hatte die arabische Presse in der frühen Zeit ihres Bestehens, auch unter der Ägide europäischer Kolonialherrschaft, kaum eine Zensur zu fürchten – schon allein deshalb, weil aufgrund des geringen Alphabetisierungsgrads und niedriger Kaufkraft die Gefahr massenhafter Beeinflussung nicht bestand. Die Regierungen der unabhängigen arabischen Staaten, darauf bedacht, Macht zu zentralisieren oder gar zu monopolisieren, schränkten aber durch Zensur und auf anderen Wegen die Ausdrucksfreiheit der Medien stärker ein, nur der Libanon bis zum Ausbruch des Bürgerkriegs und einige andere Staaten für kürzere Perioden waren Ausnahmen. Manche Länder, so etwa Ägypten, lassen seit etwa 15 Jahren größere Vielfalt und Freiheit der Presse zu, allerdings zögernd und unter Wahrung gewisser »Tabuzonen«. Elektronische Medien, die auch die großen Massen des analphabetischen Publikums erreichen, werden von den Staaten in der Regel unter schärferer Kontrolle gehalten. Die vielfach staatlichen Medien sind nicht nur an die genannten Schranken und politische Sprachregelungen gebunden, sondern bieten auch meist ein Programm, das zum großen Teil aus ausländischen Serienproduktionen, arabischen Seifenopern sowie apologetischen Darstellungen der jeweiligen staatlichen Repräsentanten besteht und daher wenig beliebt ist.

Deswegen weichen viele Fernsehzuschauer heute via Satellit auf leicht erreichbare ausländische Fernsehstationen aus. Manche arabische Medien suchen sich Produktionsstandorte, die außerhalb der arabischen Welt liegen (Zypern, Paris, London). Dort sind auch oft arabische Autoren zu finden, die wegen der restriktiven Bedingungen ihre Heimatländer verlassen haben. Weil diese Medien keiner staatlichen Zensur unterliegen, sind sie in der Regel attraktiver als die in arabischen Ländern produzierten und daher stark gefragt und beachtet. Überdies haben viele arabische Staaten eigene Sender, die mit Hilfe der Satellitenanlagen bequem grenzüberschreitend und ohne Rücksicht auf die Zensur zu konsumieren sind – von den privaten Sendern ganz abgesehen. Einige arabische Staaten haben darum auch versucht, den Besitz von Satellitenantennen zu verbieten, sind aber damit nicht durchgedrungen.

Eine wichtige, auch über die Grenzen Ägyptens hinaus beachtete Tageszeitung ist *Al-Ahram*, die ihr Renommee weitgehend dem Umstand verdankt, dass sie bereits zu Nassers Zeiten, damals unter Leitung von Muhammad Hasanain Haikal (1888–1956), ein wichtiges Sprachrohr der Regierung war. Eine wöchentlich erscheinende englische Schwesterzeitung ist *Al-Ahram Weekly*, die anspruchsvollere und kritische Artikel bietet. Weiterhin sind wichtig die in London erscheinenden Zeitungen *Ash-Sharq al-Ausat* und *Al-Hayat*, beide in saudischem Besitz, vor allem die letztere aber mit einem breiten Spektrum von Artikeln wichtiger arabischer Intellektueller. Eine besondere Rolle spielt der private Fernsehsender *Al-Dschazira*, der in Qatar angesiedelt ist und auch teilweise der dortigen Regierung gehört, aber einen für einen arabischen Sender erstaunlich freimütigen, kritischen und qualitativ hoch stehenden journalistischen Stil pflegt, was ihn nicht nur für viele arabische Regierungen unbequem macht, sondern auch die US-Regierung zu Unmutsäußerungen veranlasst hat, als er etwa nach dem 11. September 2001 Interviews mit Usama bin Laden ausstrahlte. Bisher hat aber der Emir von Qatar allen Forderungen widerstanden, die Ausdrucksfreiheit des Senders einzuschränken.

— Menschenrechte —

Berichte internationaler Menschenrechtsorganisationen weisen nach, dass es um die Beachtung der Menschenrechte in der arabischen Welt vergleichsweise schlecht bestellt ist. Unangemessen hartes Vorgehen der Sicherheitsorgane bei der Unterdrückung von Unruhen, ungesetzliches Vorgehen bei der Bekämpfung politischer Opposition (Verhaftungskampagnen, Folter), Zensur, Einschränkung der Ausdrucks- und Versammlungsfreiheit und ähnliche offensichtliche Menschenrechtsverletzungen sind an der Tagesordnung. In eine andere Kategorie von Menschenrechtsverletzungen gehören die Diskriminierung von Frauen, die Diskriminierung von nichtmuslimischen Gruppen und, auf eine etwas andere Weise, die von ethnischen Minderheiten oder von Gruppen, deren Verhalten von gesellschaftlich anerkannten Normen abweicht (Homosexuelle u. a.). Und auch die Behinderung von politischer Partizipation, des Zugangs zur Erziehung und zum Arbeitsleben können als Einschränkungen von Menschenrechten gewertet werden.

Die genannten Einschränkungen bzw. Verletzungen der Menschenrechte können auf verschiedene Faktoren zurückgeführt werden. Da ist einmal der despotische bzw. autoritäre Charakter der meisten arabischen Staaten, der Mangel an Rechtssicherheit und das Demokratiedefizit, das den meisten Bürgern dieser Staaten politische Partizipation verwehrt und mit rücksichtslosem Vorgehen bei der Bekämpfung politischer Opposition einhergeht. Oft zieht die unzureichende Legitimitätsbasis vieler Regime eine besondere Betonung bestimmter Zugehörigkeiten (herrschende ethnische Gruppe, Islam) nach sich, von denen »Nichtzugehörige« ausgeschlossen sind. Die prekäre ökonomische und soziale Situation in vielen arabischen Ländern engt zudem soziale Rechte ein. Und es gibt – ein Umstand, der oft allzu ausschließlich gesehen wird – religiöse, meist islamische Traditionen, Vorstellungen und Vorschriften, deren Fortwirken in der Gegenwart hinsichtlich der Menschenrechte problematisch ist.

Es ist keineswegs *der* Islam, der zu Menschenrechtsverletzungen führt, es sind auch nicht *die* arabischen Traditionen als solche, die hier anzuführen sind, und so kann allein durch Modernisierung den Menschenrechten nicht zum Durchbruch verholfen werden. Auch die modernen arabischen Staaten in ihrer derzeitigen Beschaffenheit verursachen solche Probleme. Ein Konglomerat von traditionell und modern bedingten Gründen ist für die Einschränkungen der Menschenrechte in der arabischen Welt verantwortlich. Das erklärt die Häufigkeit und den systematischen Charakter von Menschenrechtsverletzungen hier, macht aber auch den Einsatz für die Respektierung der Menschenrechte besonders anspruchsvoll und kompliziert. Es gibt eine große Zahl von Menschenrechtsorganisationen, welche die Situation der arabischen Länder unter diesem Aspekt laufend untersuchen und gegen etwaige Verletzungen angehen: Zum einen die großen internationalen Organisationen wie Amnesty International und Human

Rights Watch, zum anderen aber auch die lokalen und nationalen Organisationen in den arabischen Ländern selbst, die dieser Aufgabe unter großem Einsatz und z. T. hohem Risiko nachgehen.

Die Diskussion um die Menschenrechte und ihre Begründung ist aber womöglich ein noch weiter beachtetes Thema als die Menschenrechtslage selbst. Im Allgemeinen werden die Menschenrechte mit einem universalistischen Verständnis und naturrechtlichen Argumenten begründet, etwa in der Allgemeinen Erklärung der Menschenrechte der UN-Vollversammlung vom Dezember 1948. Dieses Verständnis der Menschenrechte kollidiert in vielfacher Hinsicht mit dem Selbstverständnis und der Praxis arabischer Staaten, fordert es doch Rechte, die dort aufgrund eines wie immer auch rudimentären Festhaltens an islamischen Vorschriften verletzt werden (Rechte der Frauen, Rechte der nichtmuslimischen Gruppen, die Religionsfreiheit überhaupt). Ein pronociert universalistischer Anspruch widerspricht zudem einem verbreiteten islamischen Verständnis, das die Menschenrechte als von Gott – und das heißt allzu oft: in unterschiedlichem Grad – gegeben betrachtet. Viele Muslime sehen in dem vom Westen propagierten universalistischen Anspruch lediglich eine zusätzliche Legitimation imperialistischer Machtpolitik. Verschiedene islamische und islamistische Kräfte, darunter auch arabische, haben alternative islamische Menschenrechtserklärungen ausgearbeitet, die sich in manchen Punkten mit der Allgemeinen Erklärung decken, in anderen, vor allem den oben angedeuteten, aber davon abweichen. Der wichtigste Unterschied ist, dass die Menschenrechte als vom Islam begründet dargestellt und in einem ausgesprochen islamischen Rahmen verstanden werden, den diese Erklärungen in langen Präambeln erläutern. Einige arabische Staaten, darunter als prominentester Saudi-Arabien, haben die Allgemeine Erklärung nicht ratifiziert. Dabei gibt es durchaus auch muslimische Araber, welche die Menschenrechte im Geist der Allgemeinen Erklärung als mit dem wahren Geist des Islam für vereinbar halten. Die Diskussion um die Menschenrechte und ihre Begründung findet also nicht nur zwischen den Weltregionen und ihren Vertretern statt, sondern durchaus auch unter den Arabern und Muslimen selbst.

— Minderheiten —

Europäische Gesellschaften waren in der Geschichte über lange Zeit ethnisch und religiös weitgehend homogen beschaffen. Mit dem Aufkommen des Nationalismus in neuerer Zeit geriet ethnische Homogenität oder die Dominanz einer ethnischen Gruppe im Rahmen des Nationalstaats sogar zu einem eigenen Wert. Hierdurch wurde die Lage von Gruppen, die sich solcher Homogenität entzogen, prekär. In der vormodernen arabischen Welt hingegen war ethnische und religiöse Heterogenität die Norm und wurde auch als normal empfunden, und zwar schon lange bevor der Islam entstand. Gern wird zur Beschreibung dieses Zustands das Bild des Mosaiks herangezogen. Ein gewisses »leben und leben lassen« verband sich mit diesen Gegebenheiten, und damit arrangierten sich auch die zu Herren eines Weltreichs gewordenen Muslime. Das mag ihnen als Anhänger einer Offenbarungsreligion mit ihrem Totalitätsanspruch schwer gefallen sein, aber sie waren eben nicht nur Dogmatiker, sondern auch Realpolitiker.

Wenn hier von den nichtarabischen und nichtsunnitischen Gruppen der arabischen Welt als von Minderheiten die Rede ist, so ist das für die frühe islamische Geschichte insofern ein Anachronismus, als der Begriff der Minderheit seinerzeit nicht üblich war und rein numerisch die betreffenden Gruppen oft gar keine Minderheiten waren. Dennoch soll der Begriff hier als leicht handhabbar verwendet werden, aber eben in der Bedeutung von machtmäßig untergeordneten und religiös nicht dem herrschenden Dogma anhängenden Gruppen. Der Status solch einer Minderheit kann übrigens durchaus an mehr als einem Merkmal festgemacht werden. Das ist etwa bei den Armeniern in arabischen Ländern der Fall, die sich sowohl als ethnische Gruppe wie als religiöse Gemeinschaft, nämlich als Christen, von der Mehrheitsbevölkerung abheben.

Für ethnische Minderheiten, d. h. solche, die sich durch äußere Merkmale, Sitten, bestimmte kulturelle Eigenheiten oder die Sprache unterscheiden, bestanden in traditionellen arabischen Gesellschaften im Allgemeinen keine besonderen Probleme; die entsprechenden Unterschiede nahm man wahr, aber nicht sehr wichtig. Auch aus dem häufig eingetretenen Umstand, dass die Herrscher Nichtaraber waren, ergaben sich in der Regel keine großen Probleme. Religiöse Minderheiten gerieten stärker in den Blick; für ihre Behandlung hat das islamische Recht genaue Regeln ausgearbeitet, hier ist das Verhältnis Mehrheit/Minderheit also leichter zu fassen. Angehörige von Offenbarungsreligionen erhielten als Besitzer der religiösen Wahrheit (wenn auch nicht im vollen Umfang) einen untergeordneten, aber geschützten und wohldefinierten Status; Polytheisten waren illegitim und wurden im Prinzip vor die Wahl zwischen der Bekehrung oder Tötung bzw. Vertreibung gestellt –, praktisch fand man meist andere Arrangements. Am wenigsten genau definiert war der Status heterodoxer Muslime, die als solche oft nicht zur Kenntnis genommen wurden.

Im Umbruch zur Moderne änderte sich das Bild. Religiöse Minderheiten wurden rechtlich weitgehend gleichgestellt, ihr sozialer Status verschlechterte sich aber oft (→ Dhimma; → Christen) – jedenfalls wurde ihre Lage in den meisten Fällen schwierig. Gleichzeitig drang in die politischen Vorstellungen, in die Mechanismen der Legitimation und in die Verfassungen der arabischen Staaten der arabische Nationalismus ein, der als moderner, am euro-

päischen Beispiel orientierter Nationalismus ethnische
Homogenität bzw. den besonderen Wert der dominanten
ethnischen Gruppe – in aller Regel also der Araber – betonte. Zusätzlich erschwert wurde die Lage der Minderheiten noch durch das problematische Verhältnis zum als
übermächtig empfundenen Westen; einzelne Minderheitsgruppen, die in der Kolonialzeit Privilegien erhalten hatten, wurden sogar der Kollaboration mit ihm verdächtigt.

Die größten ethnischen Minderheiten sind Berber (vor
allem in Marokko und Algerien), Kurden (im Irak und in
Syrien), Nubier (in Ägypten und im Sudan), schwarzafri-
kanische Sudanesen, Armenier und die verschiedenen ara-
mäischen Gemeinschaften des Fruchtbaren Halbmonds.
Bei Kurden und schwarzen Sudanesen handelt es sich nicht
um verstreute Minderheiten inmitten arabischer Staaten,
sondern um dicht auf zusammenhängenden Territorien am
Rand der arabischen Welt wohnende Menschen, deren
Siedlungsgebiet sich jenseits der Grenzen fortsetzt; sie hatten nur das historische Unglück, in Staaten anderer ethnischer Dominanz inkorporiert zu werden. Größte religiöse
Minderheit sind die Christen, aufgespalten in viele Denominationen und zu unterscheiden in arabische und nichtarabische (armenische, aramäische usw.) Christen, wobei
es sich bei den nichtarabischen Christen um gleichzeitig religiöse und ethnische Minderheiten handelt. Die Anzahl
der → Juden, bis etwa zur Mitte des 20. Jahrhunderts stark
präsent, ist durch Entwicklungen in der zweiten Hälfte des
20. Jahrhunderts (Auswirkungen des Palästinakonflikts,
Nationalisierungsmaßnahmen usw.) stark zurückgegan-
gen. Heterodoxe Muslime sind die Zwölferschiiten (Irak,
einige Golfstaaten, Libanon), Zaiditen (Jemen), Ismailiten
(v. a. Syrien), Alawiten (Syrien) und kleinere kharidschiti-
sche Gruppen (Algerien, Oman).

— Misere —

Die schwierige Situation, in der viele Araber ihre Weltregion heute sehen, wird oft als »arabische Misere« oder, gefühlsbetonter, als »arabische Malaise« bezeichnet. Diese Einschätzung resultiert zum einen aus der ganz realen Schwäche und Abhängigkeit der arabischen Welt, hängt also wie so viele Aspekte der arabischen Selbstwahrnehmung mit dem eigenen Verhältnis zum entwickelten Westen zusammen. Man kontrastiert die eigene Situation und deren Defizite auf vielen Gebieten mit dem größeren Wohlstand, den Annehmlichkeiten und dem Entwicklungsvorsprung des Westens, aber auch mit den Rechten, Freiheiten und Beteiligungsmöglichkeiten, welche die Bewohner westlicher Länder genießen. Man begnügt sich aber oft nicht mit der Feststellung eines eklatanten Unterschiedes zwischen der eigenen Lage und der des Westens, sondern macht diesen auch ursächlich für das eigene Elend verantwortlich. Nach dieser Auffassung hat der Westen durch wirtschaftliche und kulturelle → Penetration, durch seine Kolonialherrschaft (→ Kolonialzeit) und nach deren Ende durch seine fortbestehende Hegemonie die arabische Welt unterjocht, ausgebeutet und ihr eine ganze Reihe von Hypotheken auferlegt, die zum großen Teil die heute konstatierte Misere erklären. Anklagepunkte sind u. a. die demütigenden Kolonialerfahrungen, die Einpflanzung Israels in die Mitte der arabischen Welt und seine fortgesetzte Bevorzugung durch den Westen, koloniale Grenzen, die bis heute die Grenzen der souveränen arabischen Staaten bilden, die wirtschaftliche Übervorteilung, die man insbesondere auf dem Gebiet des Erdöls sieht, und die Stationierung fremder Truppen auf dem Territorium arabischer Länder.

Man sieht sich als benachteiligte, unterdrückte Weltregion, nimmt aber gleichzeitig die Ansprüche des Westens im Hinblick auf universell geltende Menschenrechte, Demokratie, Individualität und Rationalität wahr, akzeptiert

sie z. T. als erstrebenswert und macht sie weitgehend zu
Beurteilungsmaßstäben des westlichen Verhaltens. Gemessen an diesen Standards erscheint dann das Verhalten des
Westens gegenüber anderen Weltregionen, besonders aber
gegenüber der arabischen Welt, als kritisierenswert. Man
wirft ihm Doppelmoral vor. Offensichtlich ist allerdings
auch, dass die arabische Welt aufgrund interner Schwächen
oder Defizite größte Probleme hat, sich aus der beklagten
Situation herauszuarbeiten. Viele arabische Intellektuelle
machen die genannten Kriterien auch zu Maßstäben für
das eigene, für das Verhalten der Araber selbst. Es gibt
eine inzwischen schon alte Traditionslinie arabischer
Selbstkritik; zwei bekannte Werke in dieser Tradition sind
Die Bedeutung der Katastrophe von Constantine Zuraiq
(Beirut 1948) und *Die Selbstkritik nach der Niederlage*
von Sadiq J. al-Azm (Beirut 1969). Hier werden die inneren Schwächen der arabischen Gesellschaften für die
Niederlage der Araber in den Kriegen von 1948 und 1967
verantwortlich gemacht, und die Autoren fordern ihre
Umgestaltung zum Zweck der Stärkung der Araber.

Eine eher nüchterne Bestandsaufnahme, die aber durchaus in den Bereich der arabischen Selbstkritik fällt, ist der
Arab Human Development Report des UN-Entwicklungsprogramms, der von einem Team arabischer Autoren
erarbeitet wurde und 2002 erschien. Er kommt zu dem Ergebnis, dass die arabische Welt unter dem Gesichtspunkt
menschlicher Entfaltungsmöglichkeiten nicht nur im Vergleich mit den entwickelten Industrieländern, sondern
auch mit anderen Teilen der »Dritten Welt« schlecht abschneidet. Als besonders gravierende Rückstände werden
Defizite im Bereich der Demokratie und der bürgerlichen
Freiheiten, der Rechte und Beteiligungschancen von
Frauen und der Erziehung und Informationsgewinnung
genannt. Vorsichtiger als die eben genannten selbstkritischen Werke, aber doch deutlich fordert auch dieser Bericht eine Änderung im Verhalten der Regierenden und in

den bestehenden Machtstrukturen als Voraussetzung für eine Verbesserung in den genannten Bereichen, die allein die arabischen Gesellschaften befähigen würde, in der Konkurrenz mit anderen Weltregionen zu bestehen und nicht hoffnungslos ins Hintertreffen zu geraten. Diese Veränderungen sind sicher schwer zu bewerkstelligen – dennoch dürfte der Bericht zur Diskussion um die arabische Misere und Wege zu ihrer Überwindung beitragen.

— Muhammad —

Muhammad, der Prophet des Islam (um 570–632), Kaufmann aus dem mekkanischen Clan der Haschemiten, begann um 610 den Inhalt seiner Visionen, die er bald als Offenbarungen Gottes verstand, zu verkünden, zunächst mit wenig Erfolg. Der Inhalt seiner Predigt – ein strenger Monotheismus und der Aufruf, umzukehren und im Blick aufs Jenseits sein Leben radikal zu ändern – stellte an seine Landsleute wohl zu hohe Anforderungen, um positiv aufgenommen zu werden. Die Atmosphäre in Mekka wurde für die kleine muslimische Gemeinde so widrig, dass sie im Jahr 622 nach Medina (bis dahin Yathrib) auszog. Dort fanden sie ein ihnen günstigeres Milieu vor und gründeten bald unter Einbeziehung der übrigen Medinenser ein neues Gemeinwesen, das die Keimzelle des künftigen islamischen Staats bilden sollte, in dem Muhammad von vornherein die Führungsrolle innehatte. Der Versuch, die jüdischen Stämme Medinas in dieses Gemeinwesen einzubeziehen, misslang, weil sie Muhammad nicht als Propheten anerkannten; die Juden wurden daraufhin mit von Mal zu Mal gesteigerter Härte aus der Stadt vertrieben. Der Auszug von Mekka nach Medina, die Hidschra, ist für das muslimische Geschichtsverständnis ein grundlegendes Ereignis und markiert deshalb auch den Beginn der islamischen Zeitrechnung.

Stand in Mekka die vornehmlich religiöse Predigt des Islam im Vordergrund, kam in Medina eine politische und militärische Komponente hinzu. Ziel war in jedem Fall die Ausbreitung des Islam auf die ganze Arabische Halbinsel (ob Muhammad an eine weltweite Mission des Islam dachte, wissen wir nicht). Dazu musste vor allem der Widerstand Mekkas gebrochen werden, das im sozialen Gefüge der Halbinsel eine bedeutende Stellung einnahm. Dieses zunächst vor allem militärische Unternehmen beschäftigte Muhammad für den Rest seines Lebens. Die islamische Geschichtsschreibung nennt uns drei wichtige Schlachten: die Schlacht von Badr 624, ein Sieg der Muslime gegen eine Übermacht von Mekkanern; die Schlacht am Berg Uhud 625, eine (wenn auch keine vernichtende) Niederlage; und 627 dann der Versuch der Mekkaner, Medina einzunehmen. Gegen diesen Versuch setzten sich, damals ganz innovativ, die Medinenser mit der Aushebung eines Grabens erfolgreich zur Wehr – daher auch die Bezeichnung dieser Schlacht als Grabenkrieg. Damit war offenbar, dass die Sache des Islam militärisch nicht überwunden werden konnte, und Muhammad setzte nun mehr auf friedliche Mittel. 628 schloss er mit den mekkanischen Führern einen Waffenstillstand zu für ihn teilweise demütigenden Bedingungen, der aber den Muslimen im darauf folgenden Jahr eine Pilgerfahrt nach Mekka ermöglichte. Dies war der berühmte Waffenstillstand von Hudaibiya – er wird immer wieder gern von Muslimen als Rechtfertigung für den Abschluss von Verträgen auch zu ungünstigen Bedingungen zitiert. Die Pilgerfahrt wurde durchgeführt, der Waffenstillstand hielt allerdings nicht lange. Nach seinem Bruch zog Muhammad mit einer Streitmacht nach Mekka; das Kräfteverhältnis und die Stimmung waren allerdings schon so weit verändert und die Bedingungen für die Übergabe wurden so großzügig formuliert, dass er die Stadt weitgehend kampflos einnehmen konnte. Die Mekkaner wurden dann sehr bald in die muslimische

Gemeinde integriert; Muhammad selbst kehrte nach Medina zurück. Bis zu seinem Tod 632 war praktisch die ganze Bevölkerung der Arabischen Halbinsel in der einen oder anderen Weise mit der Sache des Islam verbunden.

Die von Muhammad empfangenen Texte, von ihm und den Muslimen als Offenbarung verstanden, wurden festgehalten und in eine kanonische Form gebracht. Zusammen bilden sie den Koran, die Grundurkunde der islamischen Religion. Der Koran gilt als das unmittelbare Wort Gottes, für dessen Empfang Muhammad lediglich als passives Instrument diente. Er erhielt die Texte in der Zeit von um 610 bis zu seinem Tod 632; sie haben oftmals einen konkreten Zeitbezug, der denn auch für ihre Interpretation herangezogen wird. Grob werden die Abschnitte des Koran (»Suren«) in diejenigen unterteilt, die vor der Hidschra, und die, die ihm nach ihr offenbart worden sind. Außer dem Koran gibt es noch ein zweites Korpus islamischer »Grundlagentexte«, den Hadith. Dabei handelt es sich um Aufzeichnung der beispielgebenden Aussprüche und Handlungen des Propheten, die von einer ununterbrochenen Kette von Gewährsleuten bezeugt sein müssen, deren letztes Glied den Propheten selbst erlebt haben muss. Da man bei der Ausarbeitung des islamischen Rechts immer stärker das Bedürfnis verspürte, eine Vorschrift mit der Autorität des Propheten zu legitimieren, wurde das Korpus des Hadith im Lauf der Zeit immer weiter ausgedehnt, und im Bewusstsein dieses Umstands werden Hadithwerke in zuverlässige (»Sahih«) und weniger zuverlässige eingeteilt (→ Islam).

— Muslimbrüder —

Die Muslimbrüder (arab. *al-iḫwān al-muslimūn*) sind die wichtigste Organisation des → Islamismus in der arabischen Welt. Ihre erste – und für lange Zeit einzige und nach wie vor bedeutendste – nationale Organisation wurde 1928 in Ägypten gegründet. Es mag Zufall sein, ist aber symbolisch bedeutsam, dass die Organisation der Muslimbrüder genau in der Stadt Ismailiya am Suezkanal gegründet wurde, in der damals britische Militärpräsenz sich besonders manifest zeigte. Wie andere Islamisten nehmen die Muslimbrüder starken Anstoß an der westlichen Präsenz und Hegemonie in der arabischen Welt und sind sicherlich auch als Reaktion auf diese zu verstehen. Insofern sind sie, obwohl subjektiv antimodernistisch, selbst ein zutiefst modernes Phänomen.

Ideologie und allgemeine Orientierung der Muslimbrüder unterscheiden sie kaum von anderen Islamisten. Sie teilen mit diesen die Gegnerschaft gegen den Westen und die bestehenden Zustände; sie betonen die Notwendigkeit eines islamischen Systems, befürworten die Wiedereinführung der Scharia und vermeiden darüber hinaus in Analyse und Programmatik allzu präzise Festlegungen. Die Muslimbrüder lehnen das Parteiwesen als Spaltung der Muslime ab und betrachten sich als Vereinigung – nicht als Partei. Aber natürlich sind sie in mancher Hinsicht durchaus mit einer Partei zu vergleichen.

Die ägyptischen Muslimbrüder sind in die moderne Geschichte des Landes tief involviert. Nach ihrer Gründung profilierten sie sich durch islamische Predigt, eine entsprechend orientierte Sozialarbeit und die Stellungnahme gegen die britische Präsenz und etablierten sich so auf der politischen Bühne. Während des Zweiten Weltkriegs und der dadurch verschärften Auseinandersetzung mit der Besatzungsmacht konnten sie ihren Einfluss stärken; nach dem Krieg intensivierte sich ihre Auseinandersetzung mit der Regierung. Muslimbrüder verübten Anschläge auf ausländische und jüdische Einrichtungen sowie hochrangige Politiker, von denen sich die Führung der Muslimbrüder allerdings distanzierte. Anfang 1949 wurde der charismatische Führer und Gründer der Muslimbrüder, Hasan al-

Banna (1906–49), von Polizisten getötet. Nach dem Umsturz von 1952 entgingen die Muslimbrüder zunächst dem allgemeinen Parteienverbot, wurden aber dann nach dem Mordversuch eines Muslimbruders an Nasser umso heftiger unterdrückt. Diese Unterdrückung dauerte bis zum Tod Nassers 1970 an und war in zwei »Wellen« (1954 und 1965) besonders rigoros. Nassers Nachfolger Sadat lockerte die Unterdrückung und gestattete den Muslimbrüdern ein offeneres Auftreten, hob aber das Verbot der Organisation offiziell nicht auf; es besteht bis heute fort. Seit den frühen 70er-Jahren herrscht eine merkwürdige Situation: Die Muslimbrüder agieren offen und konnten auch wieder einen erheblichen Einfluss gewinnen. In Berufsorganisationen etwa von Ärzten, Anwälten und Universitätsprofessoren geben sie den Ton an, aber auch unter Geschäftsleuten und Studenten haben sie viele Anhänger. Gleichzeitig sind sie immer noch verboten und werden auch von gelegentlichen Unterdrückungs- und Einschüchterungskampagnen nicht verschont.

Die ägyptischen Muslimbrüder zeigten meist Integrationsbereitschaft, hatten in ihren Reihen aber vielfach auch radikale, wenig integrationsbereite Elemente; oft kam es zwischen den verschiedenen Tendenzen zu Spannungen. Hasan al-Banna betonte den legalen Charakter der Organisation, gleichzeitig gab es unter seiner Führung aber auch einen Geheimapparat für bewaffnete Operationen. In den 50er- und 60er-Jahren spielte der radikale Ideologe Sayyid Qutb (1906–66) bei den Muslimbrüdern eine große Rolle, denn seine aggressive Konzeption erschien angesichts der Unterdrückung durch das Regime vielen als plausibel. Die Bedeutung Sayyid Qutbs als Leitfigur und Märtyrer sollte sich nach seiner Hinrichtung 1966 noch verstärken. Die Führung der Organisation distanzierte sich allerdings von seiner offensiven Konzeption. Nach 1970 gab es bei aller betonten Integrationsbereitschaft der Organisation doch auch radikale Strömungen, die sich allerdings organisatorisch meist von den Muslimbrüdern trennten. Im Großen und Ganzen konnten sich die integrationsbereiten Tendenzen immer dann durchsetzen, wenn die Muslimbrüder die Möglichkeit der Teilnahme am politischen Leben eingeräumt bekamen; war das nicht der Fall, gewannen andere Tendenzen an Bedeutung.

In den 40er-Jahren des 20. Jahrhunderts weiteten die Muslimbrüder ihre Aktivitäten auch auf andere Länder aus. Sie wurden in Palästina, Syrien, Libanon und Jordanien aktiv. In Syrien konnten sie für eine Weile legal am politischen Leben teilnehmen, aber das Baath-Regime unterdrückte sie noch heftiger als Nasser in Ägypten. Im Zug dieser Unterdrückung wurden Anfang der 80er-Jahre mehrere von den Muslimbrüdern mitgetragene Aufstände äußerst blutig niedergeschlagen; die Muslimbrüder haben dort keinerlei Möglichkeit offen aufzutreten. Auch in Palästina haben die Muslimbrüder seit den 50er-Jahren am politischen Leben teilgenommen; seit den frühen Stadien der ersten Intifada agieren sie dort unter dem Namen → Hamas. In Jordanien konnten die Muslimbrüder als »Vereinigung«, die über gute Beziehungen zum Königshaus verfügte, auch unter den Bedingungen des Parteienverbots (1957–92) weiter handeln; sie profitierten von der politischen Öffnung der frühen 90er-Jahre und nahmen fortan als »Islamische Aktionsfront« auch an Wahlen teil. Auch die Islamisten, die seit den 70er-Jahren vermehrt in anderen arabischen Ländern (Irak, Tunesien, Algerien, Sudan) auftreten, ließen sich von den Muslimbrüdern inspirieren, wenngleich sie nicht unter deren Namen auftraten.

— Nasserismus —

Nasserismus ist die häufig verwendete Bezeichnung für eine bestimmte politische Strömung und Bewegung in den arabischen Ländern, die um die Mitte der 50er-Jahre des

20. Jahrhunderts entstand und für etwa 15 Jahre eine wichtige Kraft auf der arabischen politischen Bühne war. Danach nahm ihre Bedeutung ab, sie ist aber immer noch präsent. Der Name der Bewegung leitet sich von dem seinerzeitigen ägyptischen Präsidenten Dschamal Nasser (eigtl.: 'Abdannāṣir) ab, der viel zu ihrer Entstehung beitrug und zu seinen Lebzeiten ihr Symbol und unbestrittener Führer war. Der Nasserismus war die populärste Form des sogenannten arabischen Sozialismus, einer Verbindung von ausgeprägtem arabischen Nationalismus, vagen sozialistischen Ideen, sozialreformerischer Praxis und antiimperialistischer Orientierung.

Nasser war der führende Kopf der Gruppe der Freien Offiziere, deren Erfahrungen während des Zweiten Weltkriegs und im Palästinakrieg sie zu glühenden Antikolonialisten gemacht hatten und die 1952 das monarchische Regime von König Faruq stürzten. 1954 wurde Nasser Präsident und starker Mann des neuen Regimes. Außer dem Wunsch nach einem unabhängigen, starken und entwickelten Ägypten hatte dieses Regime zunächst keine präzise Orientierung oder Ideologie; diese wurde erst durch politische Erfahrungen geformt. In der Außenpolitik führte dies zu einer Verschärfung und Verallgemeinerung der antiimperialistischen Ausrichtung, innenpolitisch zur heftigen Gegnerschaft gegen die alten herrschenden Klassen vor allem auf dem Land.

Die wichtigsten außenpolitischen Aktivitäten waren das Eintreten für den endgültigen Abzug der britischen Truppen aus der Suezkanalzone (Vertrag im Oktober 1954), der Widerstand gegen den westlichen Druck, dem Bagdadpakt beizutreten (1955/56; die USA und Großbritannien kündigten daraufhin ihre Beteiligung am Bau des Assuandamms auf), die Verstaatlichung der Suezkanalgesellschaft (Juli 1956), der britisch-französisch-israelische Krieg gegen Ägypten (Oktober/November 1956), das Engagement in der Bewegung der nichtpaktgebundenen Staaten (Ban-

dungkonferenz, April 1955), in der Nasser mit Nehru und
Tito eine führende Rolle spielte, und die vorsichtige Hin-
wendung zur Sowjetunion als Gegengewicht gegen westliche Dominanz. Innerhalb der arabischen Länder führte
diese Politik zu einer Polarisierung, bei der Ägypten die
Kräfte des »progressiven« Lagers um sich scharte, das den
prowestlichen arabischen Staaten in expliziter Gegnerschaft gegenüberstand (syrisch-ägyptische Vereinigung
1958–61, jemenitischer Bürgerkrieg mit ägyptischer Intervention 1962–67). Nasser war seinerzeit der herausra-
gende Repräsentant der arabischen nationalen Bestrebungen, der Rundfunksender »Stimme der Araber« und die
Tageszeitung *Al-Ahram* als seine Sprachrohre wurden weit
beachtet.

Innenpolitisch wurde eine Agrarreform in zwei vorsich-
tigen Schritten durchgeführt, von der die ärmere und mittlere Landbevölkerung profitierte. Mit der Gründung von
staatlich beeinflussten Genossenschaften erhielt der Staat
hier erhebliche Steuerungsmöglichkeiten. Auch auf anderen Wirtschaftssektoren (Banken, Industrie) wurde mit der
Verstaatlichung zunächst von ausländischem, dann auch
einheimischem Kapital staatliche Aktivität ausgeweitet
und ein immer größerer staatlicher Wirtschaftssektor geschaffen, der auch die Industrialisierung vorantrieb. Spektakuläre Großprojekte in diesem Zusammenhang waren
der Bau des Stahlwerks in Heluan und des Assuanhoch-
damms, nun mit sowjetischer Hilfe ausgeführt. Man übernahm mit zentraler Planung und sozialer Orientierung
Elemente des sowjetischen Modells und erhob auch einen
sozialistischen Anspruch, grenzte sich aber von der marxistischen Ideologie und ihren klassenkämpferischen Zügen deutlich ab.

Sowohl unter außen- wie unter innenpolitischen Aspekten war die nasseristische Politik eine Zeit lang erfolgreich.
Nasser war in der ganzen arabischen Welt ungemein populär, und vielen Ägyptern brachte seine Politik eine Verbes-

serung ihrer Situation. Diese Erfolge waren aber teuer er-
kauft und stießen nach einiger Zeit an ihre Grenzen. Das
Regime Nassers war aus einem Militärputsch hervorgegangen und stützte sich auch weiterhin stark auf die Armee. Es beschnitt bürgerliche Freiheiten. Alle Parteien
wurden verboten und durch eine »Einheitspartei« ersetzt;
es gab einen allgegenwärtigen Geheimdienst. Staatliche
Dominanz lähmte die wirtschaftliche Initiative und ermöglichte unrentablen Betrieben das Überleben; pensio-
nierte Offiziere, die in aller Regel die Staatsbetriebe leiteten, bildeten den Kern einer neuen Staatsklasse, die sich
auf Kosten der Allgemeinheit bereicherte. Viele Ägypter
versuchten Nasser selbst aus der Kritik an diesen unerfreu-
lichen Erscheinungen auszunehmen und ausschließlich seiner Umgebung die Verantwortung dafür anzulasten, aber
mit dem Desaster des → Junikriegs wurde ein grelles Licht
auf die Schwächen des Regimes und der von ihm geführten
Gesellschaft geworfen, und in den letzten Jahren seiner
Regierung war Nasser gegen Kritik keineswegs mehr so
gefeit wie vorher, und seine Popularität nahm ab. Nach
seinem Tod im September 1970 wurde die Kritik an dem
System, das er repräsentiert hatte, stärker, und vom Nasserismus als einer starken politischen Strömung blieb nicht
viel. Bis heute gibt es allerdings Nasseristen als kleinere
Bewegung, und geblieben ist auch die nostalgische Erinnerung an eine politische Figur der jüngeren arabischen Geschichte, der man bei aller Kritik historische Größe zuer-
kennt.

— **Nation** —

Das Konzept der arabischen Nation spielt für die heutigen
Araber eine große Rolle. Die Auffassung, dass alle Araber
gemeinsam eine Nation bilden, wird von vielen vertreten.
Geht man jedoch von der Definition einer Nation als zu-

sammenhängendes Territorium mit einer ethnisch weitgehend einheitlichen Bevölkerung aus, die untereinander in dichten Beziehungen steht, kann man kaum von einer einzigen arabischen Nation sprechen. Dennoch ist die Vorstellung lebendig, und das liegt wohl an der Erinnerung, dass Araber einmal in einem einzigen politischen Gebilde zusammengeschlossen waren, dass sie heute sich zumindest durch ein gemeinsames Schicksal verbunden fühlen und dass mit dem Gebrauch der arabischen Sprache und einer weitgehend übereinstimmenden Kultur gewisse Gemeinsamkeiten geblieben sind, die Voraussetzung für eine neue arabische Einheit bilden könnten.

Nach Auffassung des ägyptischen Ökonomen Samir Amin (geb. 1931) hat es eine arabische Nation schon in vormoderner Zeit gegeben, als außer einer gewissen Einheitlichkeit der Verhältnisse noch eine soziale Klasse von Händler-Kriegern existierte, die den Staat kontrollierte und ökonomische Einheit sicherte. Mit der Störung des Handels und/oder der politischen Stabilität konnte diese Einheit und damit die Existenz der Nation empfindlich getroffen werden. Und da dies geschah, ging die politische Einheit der arabischen Welt früh verloren (→ Geschichte). Das einheitsstiftende Moment des Handels wirkte jedoch fort. Intensiven interarabischen Handel gab es noch für Hunderte von Jahren nach dem Auseinanderbrechen des abbasidischen Kalifats. Er konnte sich umso eher einheitsstiftend auswirken, als um jene Zeit trotz aller Eigeninteressen eine verhältnismäßig einheitliche arabisch-islamische Zivilisation entstanden war. Der Fernhandel und seine Intensität unterlagen politischen und geopolitischen Konjunkturen und Wechselfällen. Die Erschließung des Seewegs um Afrika machte sich bemerkbar; das Mittelmeer und die arabische Welt traten als Drehscheiben des Welthandels in den Hintergrund. Das bedeutete aber nicht, dass der Handel völlig zum Erliegen kam. Die großen, heute noch vorhandenen Handelsbauten in Kairo oder

Damaskus bezeugen das Gegenteil, stammen sie doch aus osmanischer Zeit. Das wirkliche Ende für den intensiven interarabischen Handel kam erst mit der engen Anbindung der arabischen Regionen – als Einzelne! – an die Wirtschaft der europäischen Staaten und ihrer Unterwerfung unter deren Zwecke. Die Hauptachse des Handels verlagerte sich von Ost-West (Fernhandel über die Grenzen der arabischen Welt hinaus, der aber auch deren Teile miteinander verband) nach Nord-Süd (Handel einzelner arabischer Regionen mit Europa).

Die direkte europäische Herrschaft in der arabischen Welt und der Kampf gegen sie stiftete in der ersten Hälfte des 20. Jahrhunderts noch einmal ein einheitsförderndes Moment, allerdings nur auf politischer Ebene (→ Kolonialzeit) – ökonomisch wurden die interarabischen Beziehungen nicht enger. Und nach der Erlangung der Unabhängigkeit gründeten die arabischen Staaten zwar mit der → Arabischen Liga eine gemeinsame Organisation, deren Ziel in der Förderung der Einheitsbestrebungen liegt, kamen aber diesem Ziel in der Praxis nicht näher. Das verhinderten schon die Machteliten der einzelnen arabischen Staaten, die bei jedem realen Vereinigungsprojekt auf einen Teil ihrer Macht hätten verzichten müssen und daher für die Aufrechterhaltung der bestehenden arabischen Staaten in den heutigen Grenzen eintraten. Wurden staatliche Vereinigungen ins Auge gefasst oder realisiert, so wurden sie schon bald aufgegeben bzw. wieder rückgängig gemacht; der 1990 unternommene gewaltsame Versuch des Irak, eine »Vereinigung« durch Annexion von Kuwait zustande zu bringen, wurde ebenso gewaltsam wieder rückgängig gemacht – dies auch ein Hinweis darauf, dass bei allen die arabische Einheit betreffenden Fragen auch externe Interessen im Spiel sind (→ Golfkriege).

Bei all der real existierenden Uneinigkeit der arabischen Welt gibt es doch nach wie vor auch einigende Momente: neben der schon erwähnten gemeinsamen Schriftsprache und anderen ähnlichen Kulturmerkmalen vor allem das Bewusstsein, als Weltregion in der Auseinandersetzung mit einem gemeinsamen Gegner zu stehen. Dieses Bewusstsein konnte sich bei krisenhafter Zuspitzung der Auseinandersetzung, wie etwa bei der Suezkrise von 1956 oder im → Junikrieg von 1967, massiv Bahn brechen. Mit dem Niedergang des arabischen → Nationalismus trat auch dieser Bewusstseinsstrang etwas zurück, er ist aber keineswegs völlig verschwunden, wie z. B. zahlreiche Äußerungen von Arabern nach dem 11. September 2001 belegen.

Einerseits fußt die Realität der arabischen Welt in der fest eingepflanzten Existenz einzelner arabischer Staaten, welche auch die konkreten Lebensumstände der Menschen prägen – auf gesamtarabischer Ebene zweifellos ein Moment der Uneinigkeit. Im Bewusstsein der Menschen jedoch ist auch die Zugehörigkeit zu einer einzigen arabischen Welt andererseits ein nicht zu vernachlässigender Faktor. Der ägyptische Soziologe Anouar Abdelmalek hat in diesem Zusammenhang einmal von einer »Nation auf zwei Beinen« gesprochen.

Die einheitliche arabische Nation ist heute also eher Zielvorstellung als Realität. Als solche ist sie eine Negativreaktion auf die Abhängigkeit und die Zersplitterung der arabischen Welt. Die Sprache bildet diesen Sachverhalt ab: Im heutigen Arabisch heißt Nation *umma*. Dies war aber ursprünglich der für die islamische Gemeinde oder Gemeinschaft übliche Begriff – er wird auch heute noch in diesem Sinn mit entsprechender Konnotation gebraucht. Der arabische Nationalismus heißt *qaumiyya 'arabiyya*; *qaumiyya* bezieht sich auf ein menschliches Kollektiv, nicht auf ein Territorium. Man kann auch von dem Begriff *waṭan* ›Vaterland‹ ein Abstraktum ableiten: *waṭaniyya*, was mit »Patriotismus« übersetzt wird, auch »Nationalismus« heißen kann, aber nie im Sinn von ›arabischer Nationalismus‹, sondern z. B. als »ägyptischer« oder »irakischer Nationalismus« im Gebrauch ist. Die einzelnen arabischen

Staaten heißen im Wörterbuch des arabischen Nationalismus »Regionen« (Sg. *quṭr*, Pl. *aqṭār*); pejorativ wird der sich auf sie beziehende Nationalismus in diesem Diskurs »Regionalismus«, *iqlīmiyya*, genannt.

— **Nationalismus** —

In der arabischen Welt ist der Nationalismus spätestens seit dem Beginn des 20. Jahrhunderts fühlbar präsent – im Zuge der Modernisierung und der Inspiration durch die europäische Entwicklung. Hier kommen aber noch zwei Besonderheiten hinzu, nämlich erstens die Abhängigkeit der arabischen Region von den Zentren der Weltentwicklung, die dem Nationalismus Züge einer antiimperialistischen Befreiungsideologie gab, und zweitens die Spannung zwischen der realen Zersplitterung der arabischen Welt und dem Wunsch nach ihrer Vereinigung, die einen spezifisch arabischen Nationalismus hervortrieb und ihm die Vorherrschaft über die (ebenfalls vorhandenen) Nationalismen geringerer Reichweite gab.

Auch der arabische Nationalismus ließ sich von europäischen Nationalismen anregen. Ausgehend von der Situation der Unterlegenheit und des Entwicklungsrückstands der arabischen Welt, die den Nationalismus virtuell zu einem Hebel von Einheit und Erstarkung machte, setzte sich der Nationalismus hier in Anlehnung an den volks-, kultur- und sprachbetonten Typ des europäischen Nationalismus durch, der wohl im politisch zersplitterten und ökonomisch zurückgebliebenen Deutschland zu Beginn des 19. Jahrhunderts am klarsten hervorgetreten ist. Auch bei den führenden Ideologen des arabischen Nationalismus findet sich eine Überhöhung der eigenen Gruppe und eine zugespitzte Ablehnung alles Fremden, die jedem Nationalismus innewohnt, hier aber in oft bewusster Anlehnung an das deutsche Vorbild stark ausgemalt wird. Auch das

Zurücktreten des Individuums gegenüber dem nationalen Kollektiv wird zum Wert gemacht.

Wie alle Nationalismen lebt auch der arabische von der verzerrten Wahrnehmung und der regelrechten Fälschung der eigenen Geschichte. Alles Heilsame in der arabischen Geschichte wird tendenziell den Arabern zugeschrieben, alles Negative als Auswirkung der Aktion von Nichtarabern dargestellt. Einen besonders prominenten Platz nehmen dabei die nichtarabischen Herrscher ein, die ja in der Tat über weite Strecken die arabische Welt oder große Teile von ihr regiert haben, so vor allem die Osmanen, deren 400-jähriger »Kolonialherrschaft« viele Übel der heutigen arabischen Gesellschaften angelastet werden – eine ausgesprochen irreführende Sicht der osmanischen Geschichte. Unter der hohen Bewertung ethnischer Homogenität, die der arabische wie andere Nationalismen vornimmt, haben Minderheiten, wie etwa die Kurden, zu leiden. Sie werden entweder kurzerhand zu Arabern erklärt oder der nationalen Unzuverlässigkeit verdächtigt – und beides braucht sich nicht auszuschließen.

Der arabische Nationalismus hat wegen der komplizierten Situation der Region lange gebraucht, um sich zu einer Ideologie mit klaren Zielen herauszubilden, die sich auf die ganze arabische Welt bezog. Am Beginn des 20. Jahrhunderts gehörten Teile der Region noch zum Osmanischen Reich; die Araber entwickelten hier keine eindeutige Frontstellung gegen den europäischen Imperialismus, da das Reich sie einerseits gegen dessen unmittelbare europäische Herrschaft abschirmte und andererseits – vor allem für Nichtmuslime – potenziell eine Reibungsfläche für Nationalismus bot. Unter osmanischer Ägide bildeten sich erst die Elemente heraus, die später zum arabischen Nationalismus führten. Unter ihnen waren am wichtigsten die Herauskristallisierung eines säkular orientierten Nationalismus vor allem durch christliche Intellektuelle und die Entstehung des islamischen Reformismus unter antiimperialistischem Vorzeichen. In Ägypten, das damals schon unter britischer Herrschaft stand, war die antiimperialistische Orientierung ausgeprägter. Hier sahen die Nationalisten (die sich nicht als arabische, sondern als ägyptische Nationalisten verstanden!) die Verbindung zum Osmanischen Reich sogar noch positiv, zu dem das Land rein formal noch gehörte. Erst der Ausgang des → Ersten Weltkriegs schuf deutlichere Verhältnisse, indem er fast die ganze arabische Welt in der einen oder anderen Weise unter europäische Vorherrschaft brachte.

In der Phase zwischen den beiden Weltkriegen bildete sich ein entwickelter arabischer Nationalismus heraus, aber die geographische Reichweite dieses Nationalismus vergrößerte sich nur langsam. Im Fruchtbaren Halbmond wollte man zunächst lediglich auf die Einheit des asiatischen Teils der Region hinaus und bezog Ägypten erst zögerlich ein; die Ägypter selbst sahen die Dinge ähnlich und begannen sich erst in den späten 30er-Jahren als Bestandteil der arabischen Nation zu sehen, und der Maghreb wurde noch später, nachhaltig wohl erst nach dem Zweiten Weltkrieg, in diesen geistigen Horizont integriert. Eine der ersten Formulierungen nationaler Aspirationen, die sich auf die ganze arabische Welt beziehen, findet sich in einem Dokument palästinensischer und syrischer Kommunisten aus dem Jahr 1931, was merkwürdig genug ist, wurden doch später gerade die Kommunisten von den »reinen« Nationalisten des nationalen Verrats geziehen:

»Das Wesen der arabischen nationalen Frage besteht eben darin, dass der englische, französische, italienische und spanische Imperialismus den lebendigen Körper der arabischen Völker in Stücke gerissen hat, die arabischen Länder im Zustand der feudalen Zersplitterung erhält, jedes Land einzeln der Voraussetzungen zu selbstständiger, wirtschaftlicher und politischer Entwicklung beraubt, die nationale und staatliche Vereinigung der arabischen Völker hindert.«

Hier wird zwar der Spaltungsprozess der arabischen Welt nicht richtig analysiert, der durchaus auch anderen Faktoren zuzuschreiben ist als dem Kolonialismus, darüber hinaus sind aber die Ziele des entwickelten arabischen Nationalismus hier sehr klar (und sehr früh) angesprochen: Unabhängigkeit für ungehinderte Entwicklung, Einheit – der ganzen arabischen Welt.

Es gab zu dieser Zeit auch Vertreter der schon angesprochenen Nationalismen im engeren Sinn, so etwa in Ägypten, wo einflussreiche Schriftsteller, so beispielsweise Taha Husain (1891–1973), den Gedanken propagierten, Ägypten solle sich aus seinem geographischen (also arabischen oder islamischen) Umfeld herauslösen und sich eher auf die eigene spezifisch ägyptische Identität und historische Kontinuität besinnen. Und der Libanese Antun Saadeh (1904–49) entwickelte um diese Zeit einen spezifisch syrischen Nationalismus, der sich territorial auf das geographische Syrien, also die gesamte Levante bezog. Er gründete auch eine Partei, die PPS (Parti Populaire Syrien), die in Konkurrenz zu arabischen Nationalisten stand und auch nach dem Zweiten Weltkrieg noch einen gewissen Einfluss vor allem auf intellektuelle Kreise ausübte.

Nach dem Zweiten Weltkrieg und der Entkolonisierung der meisten arabischen Länder nahm der arabische Nationalismus neue Züge an. Er richtete sich gegen die fortbestehende Abhängigkeit vom Westen und gegen Israel, nahm aber auch soziale Elemente in seine Ideologie und Praxis auf, meist unter dem Signum des arabischen Sozialismus. Landreform, Aufbau einer staatlichen Industrie, Wendung gegen die westlichen Paktsysteme und Eintreten für die arabische Einheit waren die wichtigsten Punkte dieser Politik, der ägyptische Präsident Nasser (→ Nasserismus) ihre Führungspersönlichkeit. Eine andere Variante von arabischem Nationalismus und Sozialismus war die → Baath-Partei mit ihrer von dem Syrer Michel Aflaq (1910–89) entwickelten Ideologie, die einen gesamtarabischen Anspruch vertrat, praktisch aber nur im Fruchtbaren Halbmond eine Rolle spielte und in Syrien und im Irak bis heute – im Fall des Irak bis zum April 2003 – die Regierung stellt. Die arabische Niederlage im → Junikrieg 1967 stellte diese Orientierung in Frage, nach einem erneuten Aufflammen kam es danach zur deutlichen Erosion des arabischen Nationalismus als hegemonialer Ideologie der arabischen Welt. Nach einem Zwischenspiel, in dem regionale Nationalismen wie der ägyptische wieder erwachten, nahm der Islamismus seinen Platz ein – auch er musste sich aber dem Rahmen der arabischen Politik, die immer auch nationale Implikationen enthält, anpassen und Teile seiner Inhalte übernehmen. Die heftige Konkurrenz und ideologische Auseinandersetzung zwischen Islamismus und arabischem Nationalismus blieb. Letzterer ist auch keineswegs ganz verschwunden; dazu war er zu lange Zeit präsent. Er trat nur gegenüber anderen Orientierungen in den Hintergrund.

— **Niltal** —

Das Niltal (arab. *wādi-n-nīl*) ist die zentrale der vier großen arabischen Regionen (→ Arabische Welt). Es besteht aus Ägypten und dem Sudan und ist die volkreichste arabische Region. Historisch kann es auf die längste und ungestörteste Kontinuität einer existierenden Hochkultur zurückblicken. Seine infrastrukturelle und wirtschaftliche Entwicklung in der Moderne setzte früher ein als in anderen Regionen und verlieh dem Niltal auf diesen Gebieten einen Vorsprung. Dies gilt für Ägypten noch mehr als für den Sudan und hat damit zu tun, dass es sich hier um diejenige arabische Region handelt, welche die größte zusammenhängende und intensiv bewirtschaftete Ackerfläche und damit eine zahlreiche Bauernbevölkerung vorweisen kann. Das verdankt sich wiederum der Existenz des

Nils, der diesem Land das nötige Wasser und fruchtbaren Schlamm liefert und auch weitere Vorteile mit sich brachte (Erleichterung des Transports usw.).

Der größte Teil der Niltalländer wird von Wüste und Trockensavanne eingenommen; im südlichen Sudan gibt es Feuchtsavannen und Sumpfgebiete. Auch der weitaus größte Teil Ägyptens ist Wüste mit äußerst geringen Niederschlägen, die außerhalb der wenigen Oasen nur extensive nomadische Viehwirtschaft zulässt. Davon scharf abgegrenzt ist ein schmaler Streifen Kulturland an beiden Ufern des Nils und das Nildelta, wo intensive Bewässerungslandwirtschaft (zwei oder gar drei Ernten pro Jahr) betrieben wird. Bis zum 19. Jahrhundert sorgte der Nil selbst mit seiner Flut im Spätsommer für die Bewässerung und gleichzeitig, durch den sich ablagernden Schlamm, für die Düngung; man verteilte das Wasser und suchte es so gut wie möglich zu nutzen. Im 20. Jahrhundert baute man große Dämme, vor allem den 1971 fertig gestellten Hochdamm bei Assuan; so können große Mengen Wasser gestaut und über das Jahr verteilt abgegeben werden, was eine erheblich rationellere Wasserbewirtschaftung und zusätzlich die Gewinnung erheblicher Strommengen aus dem angeschlossenen Wasserkraftwerk ermöglicht. Die Düngung durch den Schlamm fällt dadurch allerdings aus und muss durch künstlichen Dünger ergänzt werden, was – bei kontinuierlicherer Wasserzufuhr – große ökologische Probleme auch durch die Versalzung der Böden mit sich bringt und aufwendige Drainagemaßnahmen erfordert.

Seit dem 19. Jahrhundert ist Ägypten auf Kosten des Getreideanbaus zunehmend zum Anbau technischer Kulturen (Baumwolle, Zuckerrohr) für den Export übergegangen, darum muss es den größten Teil des wichtigsten Grundnahrungsmittels Weizen einführen. Es werden heute, neben Baumwolle und Zuckerrohr, Getreide, Datteln, Oliven, Obst und Gemüse angebaut, letzteres in jüngerer Zeit verstärkt für den Export. Der ägyptische Bergbau (Eisenerz, Mangan, Phosphat) ist nicht sehr bedeutend, Erdöl wird für den eigenen Bedarf und für den – bescheidenen – Export gefördert. Ägypten hat seit den 50er-Jahren in staatlicher Regie ein Programm importsubstituierender Industrialisierung durchgeführt; so ist ein beachtlicher industrieller Sektor (Stahl, Metallverarbeitung, Chemie, Textil) entstanden – allerdings stieß dies an ähnliche Grenzen wie vergleichbare Programme in anderen Ländern; die Dominanz des Staats stellte sich als Hemmnis heraus. Seit den 90er-Jahren verfolgt die ägyptische Regierung ein Programm der Liberalisierung und Privatisierung der Wirtschaft mit dem Ziel der Exportsteigerung.

Der Sudan ist ein industriell wenig entwickeltes Agrarland. Gemessen am Pro-Kopf-Einkommen ist er das ärmste arabische Land und eines der ärmsten Länder der Erde. Zur mangelnden Entwicklung hat der jahrzehntelange Bürgerkrieg beigetragen. Das bedeutendste Exportgut ist Baumwolle, die auf großen Staatsfarmen erzeugt wird.

Die ägyptische Bevölkerung ist verhältnismäßig homogen. Die weitaus meisten Ägypter sind Araber, im Süden lebt eine kleine nubische Minderheit. Etwa 10% der Ägypter sind koptische Christen, die Mehrheit fast ausschließlich sunnitische Muslime. Im Sudan ist die Mehrheit der Bevölkerung arabisch und sunnitisch, eine starke Minderheit (mehr als ein Drittel) schwarzafrikanisch und christlich, wobei im Süden auch noch andere afrikanische Religionen vertreten sind. Im Jahr 2000 betrug die ägyptische Bevölkerung 67,89 Millionen, die sudanesische 31,10 Millionen.

Das Verhältnis der beiden arabischen Nilländer ist selten spannungsfrei gewesen. Der Sudan ist oft in der Geschichte ägyptischer Herrschaft unterworfen gewesen. Wenn Ägypter unter der Parole »Einheit des Niltals« von einem engeren Verhältnis oder gar einer staatlichen Vereinigung mit dem Sudan sprechen, sind Sudanesen meist skeptisch, weil sie sich angesichts des Kräfteverhältnisses und der geschichtlichen Erfahrungen darunter nur ägypti-

sche Dominanz vorstellen können. In den 90er-Jahren war
das Verhältnis beider Länder sehr gespannt, weil die ägyptische Regierung der islamistisch inspirierten sudanesi-
schen Regierung eine Unterstützung ägyptischer Terroristen unterstellte. Inzwischen hat sich das Verhältnis ent-
krampft – schon im Hinblick auf die gemeinsame Nutzung
des Nils sind die beiden Länder ja auch auf eine möglichst
problemfreie Zusammenarbeit angewiesen.

— Öl —

Die arabische Region hat nur wenige wirklich nennenswerte Bodenschätze. Es gibt viele Mineralien, aber entweder werden sie – weil es sich (bislang) nicht lohnt – nur in
geringem Maß oder gar nicht abgebaut. Marokko, Jordanien und Tunesien besitzen Phosphatvorkommen; die in
Marokko (einschließlich der Westsahara) sind die größten
der Welt; alle drei Länder exportieren Phosphate. Algerien
gewinnt auch Quecksilber und baut Eisenerz ab. Der bei
weitem wichtigste Bodenschatz der arabischen Welt sind
die Kohlenwasserstoffe: Erdöl und Erdgas. Der Nahe und
Mittlere Osten (außer einigen arabischen Ländern noch
Iran) beherbergt die größten Erdöllagerstätten der Welt.
Aufgrund der geographischen Konzentration und der
Größe der Ölreserven sowie der Tatsache, dass fast die gesamte Ölförderung exportiert wird, spielt die Region eine
größere Rolle auf dem Weltölmarkt, als es ihr bloßer Anteil an der Weltproduktion anzeigt.

Die arabischen Länder verfügten im Jahr 2000 über insgesamt 627 Milliarden Barrel an erwiesenen Ölreserven
(OPEC insgesamt 802 Milliarden Barrel, Welt insgesamt
1016 Milliarden Barrel Öl; 1 Barrel entspricht 159 Liter).
Die größten Reserven waren die Saudi-Arabiens (261 Mrd.
Barrel), Iraks (112,5 Mrd. Barrel), Kuwaits (94 Mrd. Barrel), Abu Dhabis (92,2 Mrd. Barrel) und Libyens (29,6

Mrd. Barrel). Die geschätzte Gesamtölförderung der arabischen Länder betrug 1999 pro Tag 20,92 Millionen Barrel (OPEC: 26,53 Mio. Barrel/Tag; Welt: 64,55 Mio. Barrel/Tag); allein Saudi-Arabien förderte 7,45 Millionen Barrel pro Tag.

Das arabische Erdöl ist billig zu gewinnen. Die Förderkosten für Erdöl sind in den großen Feldern am Golf erheblich niedriger als in anderen Förderländern; in Saudi-Arabien bei 2,50 US-Dollar pro Barrel. Die Differenz zwischen Förderkosten und Marktpreis (im Juli 2002 bei 27 Dollar pro Barrel) steht als Rente (Einkünfte, denen keine unmittelbare Arbeitsleistung gegenübersteht) zum größten Teil den Förderländern zur Verfügung. Bis zu den 60er-Jahren floss der Löwenanteil der Gewinne aus der Ölförderung in die Taschen von acht großen internationalen Ölgesellschaften, die Förderländer erhielten lediglich Lizenzgebühren. Um 1970 sicherten sie sich aber einen größeren Anteil an der Kontrolle und an den Gewinnen aus der Ölförderung. Einige der wichtigsten Ölförderländer, darunter einige arabische, bilden die OPEC (Organization of Petroleum Exporting Countries – Organisation Erdöl exportierender Länder). Sie ist ein Kartell, das, wenn es funktioniert, eine große Rolle bei der Bestimmung des Rohölpreises auf dem Weltmarkt spielt. Nach zwei enormen Preisschüben 1973 und 1979 (jeweils in der Folge des Oktoberkriegs und der islamischen Revolution im Iran) waren die Erlöse aus dem Verkauf des Öls beträchtlich – allein Saudi-Arabien bezog 1981 aus dieser Quelle 113,3 Milliarden Dollar. Aufgrund von Veränderungen in Angebot und Nachfrage und von internen Schwierigkeiten innerhalb der OPEC kam es um die Mitte der 80er-Jahre zu einem Preisverfall für Öl und zum praktischen Zusammenbruch der OPEC als wirksames Kartell. Die Einnahmen Saudi-Arabiens sanken auf 17,5 Milliarden Dollar im Jahr 1986. Die OPEC konnte erst später einen Teil ihrer Wirksamkeit wiedererlangen.

Der Ölreichtum ist sehr ungleich über die arabische Welt verteilt. Man kann unter diesem Gesichtspunkt drei Ländergruppen unterscheiden: die großen Ölexporteure, die eine im Verhältnis zum Export geringe Bevölkerung haben (die Staaten des Golf-Kooperationsrats und Libyen); die großen Exporteure, die eine eher große Bevölkerung und eine verhältnismäßig diversifizierte Wirtschaft haben (Algerien und Irak); schließlich die Länder, die verhältnismäßig wenig oder gar kein Öl haben bzw. exportieren (alle anderen).

Das Öl und die aus ihm erzielten Einnahmen sind zunächst ein Vorteil für die betroffenen arabischen Länder. Es standen und stehen erhebliche Geldmittel zur Verfügung, mit denen die Verbesserung der Infrastruktur und ein großzügig ausgebautes soziales Netz finanziert werden können. Viel Kapital wurde auch in den Auf- und Ausbau von Industrien gesteckt, mit denen man sich für die Zeit nach dem Versiegen der Ölvorräte von den Einnahmen aus diesen unabhängig machen wollte. Aber die Verwendung des Ölreichtums hat auch problematische Aspekte. Mit der Verfügbarkeit großer Renten verbreitete sich auch eine gewisse Rentiersmentalität, also die Vorstellung, man brauche im Grunde nicht selbst zu arbeiten. Für viele Arbeiten werden am Golf ausländische Arbeitskräfte herangezogen; Führungsschichten leben in großem zur Schau gestellten Luxus; öffentliche Bauten (z. B. Flughäfen) sind ähnlich luxuriös ausgestattet, usw. Der Aufbau eigener Industrien mit scheinbar unbegrenzten Geldmitteln führte oft auch zu Resultaten, die nicht rentabel erarbeitet und daher ökonomisch wenig sinnvoll sind. Die Gelder fließen nicht immer gleich reichhaltig, denn sie sind von stark fluktuierenden Ölpreisen abhängig, und nach Versiegen der Vorräte werden sie gar nicht mehr fließen. Die Verwendung der Öleinnahmen und ihre Auswirkung auf die betroffenen Länder ist also nicht ausschließlich positiv.

Auch politisch wirkt sich der Umstand, dass die arabische Welt über enorme Ölreichtümer verfügt, zweischneidig aus: Das Öl hat die Begehrlichkeit äußerer Mächte geweckt und wach gehalten. Sowohl in der Kolonialzeit als auch nach deren Beendigung haben westliche Mächte, allen voran die USA, sich den Zugriff auf das Öl aus strategischen wie wirtschaftlichen Gründen zu sichern versucht. Nationalisierungen von Ölfirmen wurden nach Möglichkeit verhindert und ganz allgemein wurde der Anteil der Araber an den Ölgewinnen so gering wie möglich gehalten. Der Westen pflegt privilegierte Beziehungen zu den Regierungen der (ölreichen) Staaten des Golf-Kooperationsrats, die ihrerseits ihre Interessen am besten in enger Anlehnung an den Westen gewahrt sehen und darum etwa in der OPEC einen »gemäßigten« Kurs einschlagen. Dagegen stehen die Forderungen, die Öleinnahmen vornehmlich im Interesse der arabischen Bevölkerungen – auch die der nicht ölreichen Staaten – einzusetzen. Daraus ergibt sich zusätzlich zu den Problemen im Außenverhältnis ein interarabischer Konflikt, im Wesentlichen der zwischen reichen und armen arabischen Staaten. Welche Formen dieser Konflikt annehmen kann und wie eng sich die äußeren mit den interarabischen Problemen verschränken können, wurde im zweiten Golfkrieg deutlich, als sich die irakische Regierung zur Rechtfertigung der Annexion Kuwaits mit gewissem Erfolg zum Anwalt der »armen« gegen die »reichen« Araber machte und die USA mit größter Zielstrebigkeit den Hinauswurf der irakischen Truppen aus Kuwait betrieben, um die Konzentration riesiger Ölreserven in den Händen der für sie unzuverlässigen irakischen Regierung zu verhindern bzw. rückgängig zu machen.

So ist denn der große Ölreichtum der arabischen Welt potenziell sicher eine äußerst günstige Entwicklungsvoraussetzung. In der Tat hat er auch die Finanzierung sinnvoller Projekte und sozialer Leistungen ermöglicht. Er ist aber teilweise auch wenig sinnvoll eingesetzt worden und bildet darüber hinaus einen Anreiz sowohl für äußere Intervention in die Region als auch für gravierende interarabische Probleme und Konflikte.

— Oktoberkrieg —

Der Oktoberkrieg, im israelischen Sprachgebrauch meist Jom-Kippur-Krieg genannt, wurde vom 6. bis 26. Oktober 1973 von der ägyptischen und der syrischen Armee gegen die israelische Armee geführt, die seit dem → Junikrieg von 1967 ägyptisches (Sinai) bzw. syrisches (Golan) Gebiet militärisch besetzt hielt. Mit der Entscheidung für diesen Krieg verfolgten Ägypten und Syrien zwei Absichten. Israel, verteten von der damaligen Premierministerin Golda Meir und dem Verteidigungsminister Mosche Dayan, glaubte mit seiner militärischen Überlegenheit und der Unterstützung durch die USA arabische Belange und arabische Verhandlungsinitiativen fast völlig ignorieren zu können. Angesichts des erklärten israelischen Unwillens, sich auch nur aus einem Teil der 1967 besetzten Gebiete ohne einen umfassenden Friedensschluss zurückzuziehen, und der voranschreitenden Aktivitäten zur faktischen Inbesitznahme dieser Gebiete wollte man Israel und die in den Konflikt involvierten Großmächte mit einem Krieg zur Aufnahme ernsthafter Verhandlungen zwingen. Zum anderen sollten durch einen militärischen Erfolg gegen Israel, auch wenn es nur ein Teilerfolg war, die Folgen der schmählichen Niederlage von 1967 getilgt werden, gleichsam der Versuch, die arabische Ehre wiederherzustellen.

Der Krieg begann am 6. Oktober, an dem in Israel der hohe jüdische Feiertag Jom Kippur begangen wurde, der einen weitgehenden Stillstand des öffentlichen Lebens mit sich bringt. Dieser bewusst gewählte Termin und die gelungene Geheimhaltung der Planungen sorgten für einen

Überraschungseffekt. Die israelischen Führer wurden erst kurz vor Beginn des Angriffs informiert und glaubten auch dann noch an einen halbherzig geführten und leicht abzuwehrenden Schlag. Demgegenüber erwiesen sich die arabischen Armeen als durchaus effizient und schlagkräftig; die Ägypter konnten die Bar-Lev-Linie, das sehr stark befestigte Ostufer des Suezkanals, überwinden, der israelischen Armee in heftigen Panzer- und Luftgefechten empfindliche Verluste beibringen und sie 15–20 km vom Kanal zurückdrängen. An der nördlichen Front konnten die Syrer einen erheblichen Teil des Golan zurückerobern.

Nach einigen Tagen hatte sich die israelische Armee von der anfänglichen Überraschung erholt, mobilisierte ihre Reserven und begann mit einer Gegenoffensive, zunächst an der syrischen Front, wo sie die syrischen Truppen bis auf ihre Ausgangsposition, im nördlichen Teil der Front sogar weit darüber hinaus, zurückdrängen konnte. Eine ägyptische Offensive am 14. Oktober wurde zurückgeschlagen; am 15. Oktober stieß eine israelische Panzereinheit im Zentralabschnitt der Front auf das Westufer des Suezkanals vor, konnte dort einen Brückenkopf errichten, nach Süden ausgreifen und die Stadt Suez und die ägyptische dritte Armee einschließen. Als der Waffenstillstand, auf den die Großmächte drangen, am 24. Oktober in Kraft trat, hatte Israel die militärische Lage weitgehend zu seinen Gunsten verändert.

Trotz des letzten Endes erreichten militärischen Übergewichts Israels, das u. a. durch massive amerikanische Waffenlieferungen ermöglicht wurde, war die Bilanz für die Araber erheblich positiver als nach dem Junikrieg. Sie hatten mit ihren Anfangserfolgen nicht nur gezeigt, dass Araber auch gegen das militärisch so potente Israel erfolgreich kämpfen konnten, sondern auch, dass die israelische Abschreckung nicht vollständig funktionierte. Die Verluste beider Seiten, obwohl immer noch zuungunsten der Araber, waren im Verhältnis zu 1967 nicht mehr so unausgeglichen. Das Hauptziel des Kriegs, eine Deblockierung der politisch festgefahrenen Lage im Nahostkonflikt, wurde erreicht. Der Sicherheitsrat der UNO forderte in seiner Resolution 338 die Kriegsparteien nicht nur zum Waffenstillstand auf, sondern auch zur unverzüglichen Umsetzung seiner Resolution 242, die u. a. den israelischen Rückzug aus den seinerzeit besetzten Gebieten vorsah. Auch die Großmächte, allen voran die USA, engagierten sich jetzt stärker für eine Regelung des Konflikts. In seiner berühmten Shuttle-Diplomatie brachte Henry Kissinger für beide Fronten Entflechtungsabkommen zustande, das im Fall der konzessionsbereiteren Ägypter auch noch zu einem Folgeabkommen (Sinai II, 31. August 1975) führte. An der israelisch-syrischen Front blieb der Status quo bestehen, und auch im Sinai folgten zunächst keine weiteren Entwicklungen. Es bedurfte noch der Sadat-Initiative von 1977 und der Einigung von → Camp David, bevor im Rahmen des ägyptisch-israelischen Friedensprozesses alle 1967 besetzten ägyptischen Gebiete zurückgegeben wurden. Die durch den Oktoberkrieg aufgeweichten Fronten fraßen sich also wieder fest – im Sinai vorübergehend, im Golan im Grunde bis in die Gegenwart.

— **Oslo-Prozess** —

Übliche Bezeichnung für die Verhandlungen, die zur israelisch-palästinensischen Prinzipienerklärung vom September 1993 führten, diese Erklärung selbst, die Folgevereinbarungen und deren Umsetzung in die Praxis. Ausgangspunkt war der unüberbrückbar scheinende Gegensatz zwischen den beiden Seiten – in der Substanz vor allem die palästinensische Forderung nach dem Rückzug Israels aus allen 1967 besetzten Gebieten und die entsprechende Weigerung Israels. Auch die Madrider Friedenskonferenz vom Oktober/November 1991 und die ihr folgenden israelisch-palästinensischen Verhandlungen konnten diese Kluft nicht überbrücken. Erst in Geheimtreffen von Vertretern Israels und der → PLO in Norwegen wurde eine prinzipielle Einigung erzielt, die dann am 13. September 1993 in Washington unterzeichnet wurde. Beide Seiten waren offenbar an dieser Einigung interessiert, wobei der Druck auf die PLO-Führung, ihr zuzustimmen, wegen ihrer prekären Lage und des Kräfteverhältnisses sicherlich besonders groß war.

Die Vereinbarung sah vor, den Auswirkungen der Besatzung mit einem israelischen Teilrückzug und der stufenweisen Einführung palästinensischer Autonomie etwas von ihrer Schärfe zu nehmen, um in der so verbesserten Atmosphäre dann über die Bedingungen des endgültigen Zustands zu sprechen, vor allem im Hinblick auf die schwierigen Problemkomplexe, die zunächst ausdrücklich ausgeklammert wurden: jüdische Siedlungen, Jerusalem, Flüchtlinge, endgültiger Status der Gebiete und Grenzen. Die Prinzipienerklärung war Bestandteil eines Pakets aus mehreren Dokumenten (»Oslo I«), die auch die gegenseitige Anerkennung Israels und der PLO und deren Verzicht auf Gewalt enthielt.

Zur Umsetzung der in Oslo I ausgesprochenen Absichten mussten genauere vertragliche Vereinbarungen getroffen werden. Die wichtigsten sind das Gaza-Jericho-Abkommen vom 4. Mai 1994, das den Abzug der israelischen Armee aus einem Teil des Gazastreifens und dem Gebiet um Jericho und die Übertragung von Kompetenzen an die dort zu errichtende von der PLO gestellte palästinensische Behörde regelt, und das Interimsabkommen (»Oslo II«) vom 28. September 1995, die umfassende Regelung für die gesamte fünfjährige Interimsphase in der Westbank und im Gazastreifen. Oslo II sieht u. a. die Wahl eines palästinensischen Rats, der dann die legitimierte palästinensische Behörde bildet, und den Rückzug der israelischen Armee aus dem größten Teil der besetzten Gebiete in drei Stadien so-

wie die Einrichtung einer »sicheren Passage« zwischen
Westbank und Gazastreifen vor.

Ihrer Natur nach enthielten die Vereinbarungen keine
Garantien für den endgültigen Status, und auch die israelischen Verpflichtungen für die Interimsphase waren so formuliert, dass sie mit dem Hinweis auf Sicherheitsbelange
umgangen werden konnten. Selbst klar formulierte Verpflichtungen wurden von Israel aus der Position der Stärke
verletzt, so etwa das Versprechen, die palästinensischen
Gefangenen freizulassen, und die Einrichtung einer sicheren Verkehrsverbindung zwischen Westbank und Gazastreifen. Die PLO-Führung hatte aber die Vereinbarungen
und die mit ihnen verbundenen erheblichen Konzessionen
der eigenen Bevölkerung gegenüber nur mit der Perspektive auf einen eigenen Staat rechtfertigen können. Der
israelischen Regierung musste klar sein, dass ohne die
Rückgabe des größten Teils der besetzten Gebiete und die
Räumung der dort befindlichen jüdischen Siedlungen der
Prozess kaum zu einem erfolgreichen Abschluss kommen
konnte. Dies wurde aber von den Regierungen der Ar-
beitspartei weitgehend vor der eigenen Bevölkerung ka-
schiert, und die des Likud, der wichtigsten israelischen
Rechtspartei, waren ohnehin nicht bereit, diesen Preis zu
zahlen, und hintertrieben den Prozess bewusst. In beiden
Lagern gab es deshalb eine Kluft zwischen vertraglich ein-
gegangenen Konzessionen und Verpflichtungen und der
Vermittlung derselben an die jeweils eigene Basis – das
machte den Prozess verwundbar.

Die Hoffnung, mit der Umsetzung der Interimslösung,
begleitet von »vertrauensbildenden Maßnahmen«, werde
sich das Klima derart verbessern, dass man auch die
schwierigeren Probleme erfolgreich würde angehen können, erwies sich als trügerisch. Es gab enorme Verzögerun-
gen bei der Umsetzung der Interimsmaßnahmen, vor allem bei dem phasenweisen Rückzug der Armee, was –
vom israelischen Standpunkt aus folgerichtig – mit deren

Aufgabe des Schutzes der jüdischen Siedlungen begründet wurde. Das unverminderte Fortbestehen der jüdischen Siedlungen sollte sich überhaupt als eines der schwierigsten Probleme des Oslo-Prozesses erweisen. Seit 1993 wurde nicht die kleinste noch so exponiert gelegene Siedlung aufgegeben. In den Vereinbarungen ist auch keine Verpflichtung dazu enthalten – was wieder auf deren problematischen Charakter hindeutet. Rückzüge der Armee fanden also nur in bescheidenem Rahmen statt. Anstelle der von den Palästinensern erhofften – und in den Vereinbarungen vorgesehenen – Kontrolle über den weitaus größten Teil der besetzten Gebiete kontrolliert die palästinensische Behörde heute in eigener Regie 18%, mit Israel gemeinsam weitere 24% des Territoriums.

Hinzu kam die Abriegelung der Gebiete durch Israel. Abgesehen von den alltäglichen Mühen, die diese bedeutet, hat sie viele Palästinenser ihre Arbeitsplätze in Israel gekostet. Der Ausbau der Siedlungen und der Bau von Straßen für ihre Bewohner, die weiterhin enorm bevorzugte Behandlung der jüdischen Siedler, die Verzögerung der Freilassung von Gefangenen und der Einrichtung der sicheren Passage und ganz generell die Fortsetzung der verächtlichschikanösen Behandlung der Palästinenser durch die israelische Armee – dies alles belegt, dass sich in vielen fühlbaren praktischen Belangen die Lage der palästinensischen Bevölkerung verschlechtert hat. Dies hat zu einer Verstärkung der Opposition gegen den Oslo-Prozess geführt, der in seinen Anfängen noch die mehrheitliche Zustimmung der Palästinenser gefunden hatte. Dass diese Opposition sich oft in terroristischen Anschlägen in Israel äußert, bestärkt die israelische Regierung dann wieder in ihrer harten Haltung bzw. rechtfertigt sie in den Augen der eigenen Bevölkerung.

Es mag ein taktischer Fehler gewesen sein, dass die palästinensische Führung das ihr in → Camp David im Juli 2000 angebotene Gesamtpaket für einen endgültigen Status, welches ihr im Austausch für einen großen Teil der besetzten Gebiete den Verzicht auf alle weiteren Ansprüche abverlangte, zurückwies. Vor dem skizzierten Hintergrund wird deutlich, dass die israelische Führung mit ihrer harten Haltung zu dieser Weigerung beitrug. Die kurze Zeit später ausgebrochene → Al-Aqsa-Intifada zeigt, dass die Palästinenser zunehmend unzufrieden mit ihrer Lage sind. Das Vertrauen in den Oslo-Prozess als einen möglichen Ausweg ist weitgehend verloren, und Israel scheint außer der rigiden Unterdrückung der Unruhen keine Antworten parat zu haben.

Kräfte auf beiden Seiten haben sich bemüht, den Oslo-Prozess zum Scheitern zu bringen. Letztlich ist er aber nicht allein durch Aktionen extremistischer »Feinde des Friedens« gescheitert, sondern auch und vor allem an dem enorm ungleichen Kräfteverhältnis, das seinen Niederschlag in den Vereinbarungen gefunden hatte, und an dem Unwillen oder der Unfähigkeit der israelischen Führung, in der Behandlung der Palästinenser einen neuen Weg einzuschlagen.

— Osmanen —

Türkische Dynastie, Herrscher eines sehr ausgedehnten und langlebigen Reichs, das außerhalb der arabischen Welt entstand und seine Hauptstadt hatte, aber dennoch für sie bedeutsam war, weil der größte Teil der arabischen Welt seit dem 16. Jahrhundert und offiziell bis zu seinem Zusammenbruch 1918, de facto allerdings oft weniger lang, zu ihm gehörte.

Die Osmanen herrschten mit dem Gründer der Dynastie, Osman I., seit etwa 1280 in einem kleinen türkischen Grenzfürstentum im Nordwesten Anatoliens. Sie befanden sich dort in der vordersten Linie der Konfrontation mit Byzanz und dehnten ihren Machtbereich, und damit auch das Gebiet des Islam, auf dessen Kosten vor allem in nordwestlicher Richtung aus. Unterstützt wurden sie durch die Ghazis, muslimische türkische Glaubenskrieger, die eher für den Kampf gegen Nichtmuslime als gegen die ebenfalls islamischen türkischen Fürstentümer weiter im Osten zu gewinnen waren. Die Expansion erfasste bald weite Teile des Balkans, bevor die Osmanen 1453 auch Konstantinopel erobern konnten. Erst später dehnten sie ihr Reich auf Kosten anderer muslimischer Herrscher auch nach Asien und Nordafrika aus. Hier erfassten ihre Eroberungen fast die ganze arabische Welt. Mit dem Sieg über die → Mamluken 1516/17 fiel deren ganzer großer Machtbereich (Ägypten, Syrien, Hedschas) an die Osmanen. 1533 wurde auch der Irak erobert, 1546 Jemen und etwas später sowohl die Westküste des Roten Meers wie die des Persischen Golfs; 1521 die Cyrenaika, 1551 Tripolitanien. Bereits um 1520 hatten mit den Osmanen in Verbindung stehende Korsaren mit der Eroberung Algeriens begonnen. Ein sehr aufwendig ausgefochtener Kampf zwischen den Osmanen und dem Habsburgerreich um die Kontrolle des westlichen Mittelmeers endete mit der osmanischen Kontrolle über Nordafrika. 1574 wurde Tunesien endgültig osmanisch. Marokko sowie das Innere und der Südosten der Arabischen Halbinsel waren die einzigen arabischen Territorien, die nie unter osmanische Herrschaft gerieten.

Die Eingliederung ins Osmanische Reich bedeutete für die arabischen Gebiete in aller Regel nicht, wie das arabische Nationalisten glauben machen wollen, oppressive türkische Fremdherrschaft. Die Herrscher waren Türken, aber nichttürkische Muslime (und auch Nichtmuslime) wurden auf allen Ebenen der Verwaltung herangezogen; bis ins frühe 20. Jahrhundert wurde kein Versuch der Betonung des Türkentums gemacht. So ging es den arabischen Untertanen kaum anders als den anderen: besser, wenn die Verwaltung effizient arbeitete, schlechter, wenn sie das nicht tat. Unverhältnismäßige Unterdrückung hatten sie nicht zu erleiden.

Das Osmanische Reich ging naturgemäß durch verschiedene Stadien der Entwicklung. Den Höhepunkt seiner Macht, zivilisatorischen Blüte und administrativen Effizienz erreichte es im 16. Jahrhundert unter der langen Herrschaft Sulaimans des Prächtigen (1520–66), der im Türkischen den wohl noch wichtigeren Ehrentitel Kanuni, der Gesetzgeber, trägt. Die größte territoriale Ausdehnung erreichte das Reich im 17. Jahrhundert. Dann begann eine lange Periode des Niedergangs, die sich im 18. Jahrhundert in mehreren Niederlagen gegen europäische Mächte manifestierte. Für die arabischen Teile des Reichs wurde das erstmals mit der Expedition Bonapartes nach Ägypten 1798–1801 weithin sichtbar.

Im 19. Jahrhundert versuchten die Osmanen einerseits, ihren Staat mit einer konsequenten Reformpolitik zu modernisieren, um ins Konzert der europäischen Mächte aufgenommen zu werden, und sie stellten auch die flächendeckende Kontrolle über ihr Gebiet, die ihnen verloren gegangen war, wieder her. Andererseits verloren sie immer mehr Territorien und Kompetenzbereiche an Europa. Algerien wurde seit 1830, Tunesien 1881 französisch besetzt; Ägypten, das sich schon 1805 faktisch selbstständig gemacht hatte, wurde 1882 englisch besetzt. Die Schuldenverwaltung des Reichs wurde 1881 von einem europäischen Konsortium übernommen. Europäische Botschafter und Konsuln hatten viel Einfluss. Die Integrität der verbliebenen Territorien blieb nur deshalb bis zum Ersten Weltkrieg erhalten, weil sich die europäischen Mächte nicht auf eine Aufteilung des Reichs einigen konnten. Mit der Kriegsteilnahme des Reichs auf der Seite der Mittelmächte, seiner Niederlage und seiner Zerstückelung war dann 1918 auch die osmanische Herrschaft über die letzten arabischen Gebiete beendet. Am Kampf gegen die während des Kriegs herrschende Unterdrückung durch die osmanischen Behörden hatten sich arabische Kräfte in gewissem Maß beteiligt, aber auch hier zeichnen arabische Nationalisten gern ein übertriebenes Bild. Das Gros der Bevölkerung und der Elite blieb bis zur Wende des Kriegsglücks loyal gegenüber den Osmanen.

— Palästinakonflikt —

Der Palästinakonflikt besteht in der Auseinandersetzung der zionistischen Bewegung, die in Palästina einen jüdischen Staat gründen und möglichst viele Juden aus aller Welt dorthin bringen wollte, mit der arabischen Bevölkerung des Landes, die ihre Stellung gegen die Verwirklichung dieser Absicht verteidigte. Der Zionismus war im Europa des 19. Jahrhunderts aufgrund verschärfter antisemitischer Tendenzen und in einer mit Nationalismus aufgeladenen Atmosphäre entstanden; er war selbst nationalistisch ausgerichtet und strebte nach einem jüdischen Nationalstaat. Die eingesessene Bevölkerung Palästinas wurde dabei kaum ins Kalkül einbezogen und auch als potenzieller Störfaktor gering eingeschätzt. Um 1880, als der Konflikt begann, war Palästina integraler Bestandteil des Osmanischen Reichs und zu mehr als 95 % von Arabern bewohnt. Die angestrebte Verwirklichung der zionistischen Absichten schloss die radikale Veränderung des ethnischen Charakters des Landes ein. Daran war unter osmanischer Herrschaft nicht zu denken, denn die Behörden lehnten dieses Projekt ab. Erst als nach der Niederlage des Osmanischen Reichs im Ersten Weltkrieg das Schicksal des Landes in britische Hände geriet, wurden die Realisierungsperspektiven günstiger. Großbritannien hatte 1917 mit der Balfour-Deklaration den Zionisten seine Unterstützung für den Aufbau eines jüdischen Nationalheims in Palästina zugesagt – mit der Maßgabe allerdings, dass Belange anderer Teile der Bevölkerung nicht beeinträchtigt werden sollten.

Während des britischen Mandats über Palästina, das bis 1948 andauerte, strebten die Zionisten möglichst ungehinderte jüdische Einwanderung und jüdischen Landkauf an und suchten nennenswerten arabischen Einfluss auf die Regierung zu verhindern, solange die Araber im Land in der Mehrheit waren. Diese Strategie ergab sich konsequent aus dem grundsätzlichen Ziel der Zionisten und aus den leidvollen Erfahrungen der Juden in Europa. Sie zog aber ebenso notwendig die Opposition der Palästinenser nach sich, denn sie war nur auf deren Kosten durchzusetzen. Die Konfrontation beider Seiten war also unausweichlich.

Die Mandatsregierung begünstigte bis 1939 im Großen und Ganzen die zionistische Seite; während dieser Zeit wurden die Grundlagen für den späteren Staat Israel gelegt. Dem versuchten sich die Palästinenser ohne Erfolg entgegenzustellen. Ihre massivste und längste gewaltsame Erhebung (1936–39) trug zum Rückzug Großbritanniens bei, das nun erkannte, dass das Mandat mit seiner Verpflichtung beiden Seiten gegenüber kaum durchzuführen war. 1939 rückte Großbritannien in einer Regierungserklärung von seiner bisherigen prozionistischen Mandatspolitik ab. Nach dem Zweiten Weltkrieg sah es sich diametral entgegengesetzten Kräften ausgesetzt. Das Bekanntwerden des Holocaust führte zu der Forderung der Aufnahme vieler jüdischer »displaced persons« in Palästina; auf der anderen Seite glaubte England auf seine arabischen Verbündeten Rücksicht nehmen zu müssen. In der Folge gab es Anfang 1947 das Palästinamandat an die UNO zurück.

Die UN-Vollversammlung beschloss im November 1947 die Teilung des Landes; im Mai 1948 wurde der Staat Israel gegründet. Die umliegenden arabischen Staaten griffen ihn daraufhin an, weil sie eine Teilung Palästinas nicht akzeptierten. Der Krieg brachte die Erweiterung Israels auf fast vier Fünftel Mandatspalästinas (gegenüber den ihm von der UNO zugestandenen 56 %), die Vertreibung und Flucht von etwa 750 000 Palästinensern, die Zerstörung von ungefähr 400 der etwa 500 arabischen Dörfer in Israel und die Beschlagnahmung des Besitzes der Flüchtlinge (die man auch nicht mehr zurückkehren ließ). Was für die Zionisten die Krönung ihrer nationalen Bestrebungen war, nämlich die Gründung des Staats Israel, bedeutete für die Palästinenser die Katastrophe (*nakba*) für ihre nationale Existenz: eine vernichtende Niederlage mit erheblichen Konsequenzen für die Flüchtlinge und für die in Israel verbliebenen Araber.

Die Zeit zwischen 1948 und 1967 war durch das Nebeneinander Israels und seiner arabischen Nachbarstaaten gekennzeichnet, die sich zwar offiziell im Kriegszustand befanden, aber keine unmittelbar drängenden praktischen Probleme miteinander hatten. Die palästinensischen Flüchtlinge in der Nähe der israelischen Grenzen erhielten die Brisanz des Konflikts aufrecht. Als politischer Faktor wurden sie allerdings erst um die Mitte der 1960er-Jahre mit der Gründung der → PLO und der Entstehung einer neuen palästinensischen Widerstandsbewegung bedeutsam.

Der → Junikrieg 1967 bedeutete eine neue Wende im Konflikt. Er wertete den palästinensischen Widerstand gegenüber den besiegten arabischen Staaten auf und zog die israelische Besetzung Restpalästinas, d. h. der Westbank und des Gazastreifens, nach sich. Auf das Schicksal dieser Gebiete konzentrierten sich in der Folge die Versuche, den Konflikt zu lösen. Die Araber, die sich direkt nach dem Krieg Israel gegenüber sehr ablehnend zeigten, ließen sich allmählich auf die Formel »Land gegen Frieden« ein, d. h. sie erklärten sich bereit, Israel bei dessen Rückzug aus den 1967 besetzten Gebieten anzuerkennen. Diese Ansicht wurde schließlich auch von der PLO, der Vertretung der Palästinenser, nach einem längeren, schmerzlichen Prozess geteilt. Israel, das sich nach dem Krieg kompromissbereit gezeigt hatte, rückte in seinen Stellungnahmen und durch eine ganze Reihe von Maßnahmen zusehends von dieser Position ab, mit denen es die besetzten Gebiete an Israel band, ohne sie doch offiziell zu annektieren. Die wichtigste dieser Maßnahmen war die massive Besiedlung der Gebiete mit Israelis.

Die israelische Besatzung wurde von den Palästinensern, je länger sie dauerte, als umso unerträglicher empfunden und brachte ihre Bewohner dazu, in der (ersten) → Intifada heftig und massiv gegen sie zu protestieren. Gleichzeitig formulierte die PLO in den Beschlüssen des 19. Palästinensischen Nationalkongresses in Algier 1988 in vorher nicht gekannter Deutlichkeit die Anerkennung Israels und ihr Interesse an einer Regelung auf der Basis des Prinzips »Land gegen Frieden«. Das brachte die festgefahrenen Fronten des Konflikts in Bewegung; die israelische Regierung nahm allerdings die damit gegebene Herausforderung zunächst nicht an.

Mit der Teilnahme an der Madrider Friedenskonferenz 1991 und dem Eintritt in den → Oslo-Prozess ließ sich die israelische Regierung auf einen Dialog, ja sogar auf eine Art Partnerschaft mit der bis dahin strikt gemiedenen PLO ein. Die in Oslo gefundene Formel beinhaltet palästinensische Autonomie und eine Annäherung für eine Interimsperiode, behält aber die Regelung strittiger Punkte des endgültigen Status weiteren Verhandlungen vor. Damit erhielt die PLO ihre Anerkennung und die Aussicht auf eine wie immer auch prekäre palästinensische Staatlichkeit. Oslo und die ihm folgenden Abkommen wurden unter dem Übergewicht Israels abgeschlossen, die israelischen Verpflichtungen weich formuliert, ihre Erfüllung oft hinausgeschoben bzw. ganz verweigert. Damit rückten die erhofften Vorteile für die Palästinenser aus den Abkommen in weite Ferne – und damit auch ihre »friedenspolitischen« Auswirkungen, und das macht den Friedensprozess, wie sich inzwischen überdeutlich gezeigt hat, höchst fragil.

Nach dem Scheitern des Gipfels von Camp David im Juli 2000, dem Ausbruch der al-Aqsa-Intifada im Herbst

2000 und den Angriffen vom 11. September 2001, nach denen die israelische Regierung im Zuge der »Bekämpfung des Terrors« von den USA weitgehend freie Hand für massive Angriffe auf die palästinensischen Autonomiegebiete erhielt und Palästinenser zahlreiche Terroranschläge in Israel verübten, ist die Situation weiter eskaliert; kurzfristige Regelungschancen sind noch geringer geworden. Gleichwohl erscheint eine Regelung nicht nur für Israelis und Palästinenser, sondern im Interesse der ganzen Region dringend erforderlich.

Der nicht geregelte Palästinakonflikt ist auch eine Hypothek für die arabischen Staaten und ihre Bevölkerungen. Die meisten Staaten, die ja unter dem Kriegszustand stark gelitten haben, sind seit längerem interessiert, ihre Beziehungen mit Israel zu normalisieren, werden aber immer wieder daran gehindert, weil die elementaren Bedürfnisse der Palästinenser noch nicht garantiert sind und viele Araber mit ihnen sympathisieren. Selbst Ägypten und Jordanien, die schon Friedensverträge mit Israel abgeschlossen haben, sehen sich angesichts dieser Situation nicht in der Lage, die Beziehungen zu intensivieren oder gar zu normalisieren.

— Penetration —

Direkte europäische Kolonialherrschaft wurde in den meisten arabischen Gebieten erst spät etabliert, aber auch schon vorher gab es durchaus intensive europäische Aktivitäten in dieser Region, die man gemeinhin unter dem Begriff der Penetration fasst. Am massivsten war diese vorkoloniale Penetration während des 19. Jahrhunderts. Hier sollen kurz die wichtigsten Elemente auf dem politisch-militärischen, auf dem ökonomischen und auf dem kulturell-religiösen Gebiet beschrieben werden.

Die französische militärische Expedition nach Ägypten

dauerte nur kurz (1798–1801). In der ersten Hälfte des 19. Jahrhunderts sind weiter die französische Besetzung Algeriens (seit 1830) und die britische Inbesitznahme Adens als Flottenstützpunkt (1839) zu nennen. Darüber hinaus griffen europäische Mächte spürbar in die regionale Politik ein, so etwa bei der Auseinandersetzung des ägyptischen Herrschers Muhammad Ali (reg. 1805–48) mit dem osmanischen Sultan, die den Europäern verstärkten Einfluss auf beide Parteien verschaffte. Nicht nur die europäischen Botschafter in Istanbul und Kairo, sondern auch die Konsuln in den Provinzen hatten oft erhebliche Befugnisse – auch daran lässt sich das Kräfteverhältnis der beiden Seiten ablesen. Ein weiterer Schub in der Etablierung direkter europäischer Herrschaft fand erst um 1880 statt. Tunesien wurde 1881 französisch, Ägypten 1882 britisch besetzt. Die Briten ließen sich an mehreren Stellen am Golf nieder, Franzosen und Spanier teilten sich Marokko als Protektorat, Italien fiel 1911 in Libyen ein.

Die ökonomische Penetration der arabischen Welt wurde dadurch erleichtert, dass das Osmanische Reich schon seit dem 16. Jahrhundert sogenannte Kapitulationen mit europäischen Staaten geschlossen hatte, Verträge, welche die Bürger dieser Staaten osmanischer Jurisdiktion entzogen und die Abgaben auf ihre Außenhandelsgeschäfte niedrig hielten. Dies erleichterte den Export europäischer Waren ins Reich, als sie aufgrund industriellen Fortschritts massenhaft und billig hergestellt werden konnten. Gewerbe, Landwirtschaft und Handel mussten sich der europäischen Dominanz anpassen (→ Unterentwicklung). Die ungleiche wirtschaftliche Zusammenarbeit zwischen Europa und den arabischen Gesellschaften schlug sich auch in wachsender finanzieller Abhängigkeit nieder. Aufgrund ehrgeiziger Entwicklungsprojekte verschuldeten sich sowohl das Osmanische Reich wie Ägypten so sehr nach außen, dass ihre öffentlichen Finanzen unter die Kontrolle europäischer Banken gerieten.

Die kulturelle und religiöse Penetration vollzog sich als Ausbau der Bindungen, die europäische christliche Kirchen zu den Christen des Nahen Ostens unterhielten, aber auch durch den Anspruch europäischer Staaten, andere, nichtchristliche Minderheiten (Juden, Drusen) zu schützen. Damit hoffte man eine einheimische Klientel zu gewinnen und so den eigenen Einfluss unterhalb der Ebene direkter politischer Aktion zu stärken. Das ging einher mit einem starken Engagement im Bildungswesen – in der zweiten Hälfte des 19. Jahrhunderts wurden christliche Privatschulen auf allen Ebenen bis hin zu Hochschulen gegründet, so etwa das Syrian Protestant College, die spätere Amerikanische Universität, sowie die (französisch-jesuitische) Université St. Joseph in Beirut. Mehr und mehr wurde gesehen, dass diese Aktivitäten auch der Unterstützung und Legitimation imperialer Ansprüche dienten. Dennoch nahmen die Einheimischen die Möglichkeiten moderner Erziehung gern wahr und wussten sie umso mehr zu schätzen, als der Aufbau eines modernen staatlichen Bildungswesens erst in den Anfängen begriffen war. Besonders intensiv waren die Bemühungen religiöser Penetration naturgemäß in Palästina, wo auch heftige Konkurrenz zwischen verschiedenen Staaten und Kirchen auftrat, so etwa zwischen der katholischen und der griechisch-orthodoxen Kirche und den jeweiligen Protektionsmächten, Frankreich und Russland.

Am Vorabend des Ersten Weltkriegs standen einige Gebiete der arabischen Welt unter direkter europäischer Herrschaft. Andere waren noch Teile des Osmanischen Reichs, das sein Weiterbestehen allerdings weitgehend dem Umstand verdankte, dass die Europäer sich nicht auf ein einheitliches Vorgehen ihm gegenüber hatten verständigen können, und wieder andere (so das Innere der Arabischen Halbinsel) erschienen den Europäern nicht interessant genug für ein direktes Engagement. Unberührt von europäischer Penetration und Übermacht war kein Teil der arabischen Welt, und im Verlauf und Gefolge des Kriegs machte sich diese Überlegenheit noch kräftiger bemerkbar.

— PLO —

Arab. *munaẓẓamat at-taḥrīr al-filasṭīniyya*; Palästinensische Befreiungsorganisation (Palestine Liberation Organization). Eine Organisation von Palästinensern, die sich für die Wiedererlangung der Rechte einsetzt, die den Palästinensern mit der Gründung des Staates Israel genommen wurden. Sie war zunächst vor allem die Interessenvertretung der Hauptgeschädigten, der Flüchtlingsbevölkerung. Die PLO wurde im Mai/Juni 1964 von einem Kongress palästinensischer Delegierter, dem 1. Palästinensischen Nationalrat, in Jerusalem gegründet. Die Initiative ging von der → Arabischen Liga aus, die mit Bezug auf das seit dem Krieg von 1948/49 auch für die arabischen Staaten virulente Palästinaproblem nicht untätig erscheinen, sich aber gleichzeitig nicht auf riskante und kostspielige Auseinandersetzungen mit Israel einlassen wollte. Es schien ihr ratsam, die Verantwortung für das Problem in palästinensische Hände zu legen – dies aber unter ihrer eigenen Kontrolle. Dem sollte die neu gegründete PLO dienen; und sie tat es auch in den ersten Jahren ihrer Existenz unter dem Vorsitz von Ahmad asch-Schuqairi (1908–80), der mangelnde Aktivitäten durch heftige antiisraelische Rhetorik zu kompensieren suchte.

Ihrer Struktur nach ist die PLO ein Zusammenschluss verschiedener Widerstandsgruppen, Gewerkschaften, Berufsverbänden, Frauen- und Studentenorganisationen sowie Einzelpersönlichkeiten. Ihr höchstes Organ ist der Nationalrat, das »Parlament« der PLO. Seine Mitglieder werden nicht von der Bevölkerung gewählt, sondern von den Mitgliedsorganisationen entsandt bzw., was die unabhängigen Mitglieder betrifft, von einem Komitee des vorhergehenden Nationalrats ernannt. Der Nationalrat wählt den Zentralrat, der die Politik zwischen den Nationalratssitzungen bestimmt, das Exekutivkomitee, das ausführende Organ der PLO, und dessen Vorsitzenden. Die PLO hat eine Reihe von politischen und administrativen Abteilungen, die dem Exekutivkomitee unterstehen.

Es gab schon vor 1967 außer dieser »offiziellen« Repräsentanz der Palästinenser auch zwei genuin palästinensische Bewegungen, die aber weniger Beachtung fanden. Die eine war Fatah (*fath*; das Wort ist aus der Umkehrung der Abkürzung für »palästinensische Befreiungsbewegung« entstanden; es bedeutet ›Eroberung‹), Ende der 50er-Jahre von palästinensischen Studenten und Ingenieuren im Libanon und in Kuwait gegründet. Diese Organisation kritisierte die Untätigkeit der arabischen Regierungen in der Palästinafrage und propagierte eigenständige palästinensische Aktionen. Sie war stark auf die Befreiung Palästinas fixiert, hatte sonst keine definierte ideologische Prägung und versuchte sich aus den inneren Belangen der arabischen Länder herauszuhalten. Ihre Absicht war, durch Kommandoaktionen den Waffenstillstand zwischen Israel und den arabischen Armeen zu stören, um diese mit in die Auseinandersetzung zu involvieren. Ihre erste Kommandoaktion unternahm sie Anfang 1965. Diese Organisation, seinerzeit von marginaler Bedeutung, wurde von den arabischen Behörden misstrauisch überwacht und nach Möglichkeit totgeschwiegen.

Die andere Bewegung, die »Bewegung der arabischen Nationalisten« (BAN), wurde von Studenten der amerikanischen Universität in Beirut unter dem starken Eindruck der arabischen Niederlage von 1948 gegründet. Ihrer Meinung nach hing die Niederlage mit dem desolaten Zustand der arabischen Gesellschaften zusammen, eine Verbesserung sei nur durch deren revolutionäre Umgestaltung zu erreichen. Sie bekannten sich zu einer vage sozialistischen, panarabischen Ideologie, wurden zu Anhängern des »arabischen Sozialismus« nasserscher Prägung und verstanden sich in den Ländern, in denen sie aktiv waren, als Vertreter des → Nasserismus. Vor 1967 bezogen sie entschieden gegen Guerillaaktionen Stellung, da ihrer Meinung nach nur die arabischen Armeen in konventioneller Kriegführung gegen Israel erfolgreich sein könnten. Zu jener Zeit war diese Haltung unter den Palästinensern ungleich populärer als die von Fatah, denn ihr Vertrauen in die arabischen Regime und in Nasser als Führungsfigur war damals noch ungebrochen.

Das änderte sich schlagartig nach dem → Junikrieg von 1967. Mit der Niederlage der arabischen Armeen war die Glaubwürdigkeit der panarabischen Konzeption für die Befreiung Palästinas, die auf die Schlagkraft dieser Armeen setzte, erschüttert. Nicht nur die Niederlage als solche, sondern vielleicht mehr noch die schnelle Kapitulation hatten die arabischen Führungen diskreditiert. Dagegen weigerte sich Fatah, die Waffen niederzulegen, weitete mit Kommandoaktionen den Guerillakrieg aus und wurde so gleichsam über Nacht bekannt. Das Kräfteverhältnis zwischen Fatah und BAN kehrte sich um. Auch letztere war nun genötigt, auf die »Guerilla-Linie« einzuschwenken; aus ihr gingen die »Volksfront zur Befreiung Palästinas« (PFLP) und, nach einer Spaltung, die »Demokratische Front zur Befreiung Palästinas« (DFLP) hervor. Diese beiden Gruppen, Fatah und einige andere, oft von arabischen Staaten abhängige Organisationen bildeten nun die neue palästinensische Widerstandsbewegung, die dann auch 1968/69 die alte Führung der PLO entmachtete und selbst die Spitze übernahm. Seitdem ist die PLO gleichbedeutend mit dieser Widerstandsbewegung. Anfang 1969 wurde der Sprecher von Fatah, Yasir Arafat (geb. 1929), zum Vorsitzenden der PLO gewählt, ein Amt, das er bis heute innehat. Fatah war seitdem – und ist bis heute – die weitaus stärkste und unbestritten führende Organisation innerhalb der PLO.

Die PLO hatte in den späten 60er-Jahren ihren Hauptsitz und ihr Hauptaktionsfeld in Jordanien mit seiner großen palästinensischen Bevölkerung und seiner langen Grenze mit Israel. Sie verfügte damals im Land über große Bewegungsfreiheit, wurde aber so sehr als Störfaktor betrachtet, dass König Husain im »Schwarzen September« 1970 massiv militärisch gegen sie vorging und ihre militärische und politische Organisation aus dem Land zwang. Sie verlegte Hauptquartier und Aktionsraum in den Libanon.

Um 1970 lehnte die PLO, anders als die arabischen Staaten, die ihre Ablehnungshaltung von 1967 revidierten, jeden Kompromiss mit Israel etwa im Sinne einer Zwei-Staaten-Regelung ab. Ihr strategisches Ziel war seinerzeit die Zerstörung des Staates Israel und seine Ersetzung durch einen säkularen Staat Palästina. Sie konnte sich diese kompromisslose Haltung, die den führenden arabischen Staaten nicht genehm war, aufgrund ihres nach 1967 erworbenen Prestiges leisten. Der Oktoberkrieg von 1973 verschob allerdings dann wieder das Kräfteverhältnis zugunsten der arabischen Regimes. Die PLO konnte sich ihnen nicht weiter frontal entgegenstellen. Außerdem erschien durch das Ergebnis des Kriegs eine für die Araber nicht ganz ungünstige Regelung möglich. Die PLO ließ sich bei ihrer 12. Nationalratssitzung im Juni 1974 auf ein Etappenprogramm ein, das auch die Befreiung nur eines Teils von Palästina (konkret: der 1967 besetzten Gebiete) ins Auge fasste bzw. begrüßte. Dies war der erste Schritt auf dem Weg zum offiziellen Einverständnis mit einer Zwei-Staaten-Regelung, den eine Minderheit in der PLO heftig ablehnte. Dieser Weg wurde aber dennoch weiter verfolgt. Mit Beschluss des 19. Nationalrats im November 1988 wurde Israel implizit, mit der Einigung von Oslo im September 1993 auch explizit von der PLO anerkannt. Dass die PLO-Führung mit Rücksicht auf irredentistische Stimmungen vor allem bei den Flüchtlingen, von denen die meisten ja damit ihre Hoffnung auf Rückkehr begraben mussten, gelegentlich auch andere Töne anschlug, steht im Widerspruch dazu und ist auch von der israelischen Propaganda weidlich ausgenutzt worden, ändert aber nichts an der Beschlusslage. Die mit der Existenz Israels unvereinbaren Passagen der palästinensischen »Nationalcharta« wurden vom Nationalrat ausdrücklich aufgehoben.

Mit der Einigung von Oslo wurde die PLO offiziell zur Vertragspartnerin Israels, mit den Folgevereinbarungen wurde eine palästinensische Behörde gegründet (und 1996 auch durch Wahlen bestätigt), hinter die die PLO in der Praxis weitgehend zurücktrat. Sie existiert allerdings nach wie vor und ist immer noch auch international die offizielle Vertretung der Palästinenser.

Seit dem Beginn des Jahres 2002 versuchte die israelische Regierung, den Vorsitzenden der PLO, Yasir Arafat, der gleichzeitig Präsident der palästinensischen Behörde ist, zu isolieren und politisch zu neutralisieren; dem diente auch das mehrfache massive Eindringen der Armee in die Autonomiegebiete seit April 2002, in dessen Verlauf Arafats Amtssitz zerstört wurde. Im Juni 2002 machte sich der amerikanische Präsident das israelische Programm weitgehend zu Eigen und forderte seinerseits die Entmachtung Arafats, der mit allen negativen Aspekten der palästinensischen Politik identifiziert wurde. Nach lang dauerndem internationalen Druck in Richtung auf eine Reform der palästinensischen Behörde wurde der Posten eines palästinensischen Ministerpräsidenten geschaffen und mit Arafats langjährigem Weggefährten Mahmud Abbas (Abu Mazen; geb. 1935) besetzt. Er konnte sein Kabinett allerdings erst nach langen diesbezüglichen Auseinandersetzungen mit Arafat bilden, der sich offenbar schwer tut, seinen Einfluss abzugeben, und immer noch über die Position verfügt, ihn geltend zu machen.

Demokratischer Wandel in der palästinensischen Politik ist sicherlich notwendig. Von Mahmud Abbas wird international freilich vor allem erwartet, dass er dem palästinensischen Terror ein Ende macht. Auch das wäre förderlich für eine friedliche Regelung, dürfte aber bei Fortdauer der israelischen Unterdrückungspolitik, die dem Terror immer wieder Zustimmung verschafft, schwierig sein. Überdies haftet Abbas der Makel eines Politikers an, der seinem Volk von außen aufgezwungen wurde. Alles das macht die Erfüllung der ihm gestellten Aufgabe sehr schwer.

— Politische Systeme —

Mit dem → Kalifat hatten sich die Araber in der Frühzeit des Islam ein politisches System geschaffen, in dem altarabische Stammestraditionen mit den Erfordernissen der neuen Religion auf originelle Weise ausbalanciert waren. Dieses System hatte aber in der Praxis keinen Bestand, es transformierte sich bald in eine Monarchie und später in eine ganze Reihe von Monarchien, die sich von anderen, nicht islamischen Monarchien allenfalls durch die Form ihrer religiösen Legitimation unterschieden und den Anspruch des Kalifats auch dann noch mitschleppten, als es längst aufgehört hatte zu bestehen.

Die moderne arabische Welt kennt eine ganze Reihe von unterschiedlichen politischen Systemen; die Unterschiede resultieren aus der historischen Entwicklung der jeweiligen Gebiete. Viele monarchische Systeme wurden auch unter dem Mantel der Kolonialherrschaft weiter aufrechterhalten; zum Zeitpunkt der Unabhängigkeit waren die meisten arabischen Staaten Monarchien. Heute gibt es Monarchien mit und ohne gewählte Parlamente und Republiken mit sehr unterschiedlichen Graden demokratischer Willensbildung. Mehrere arabische Staaten hatten nach der Unabhängigkeit verhältnismäßig liberale politische Systeme mit Parlamentswahlen, Parteienvielfalt und

funktionierender Gerichtsbarkeit. Diese aber gingen als-
bald durch militärische Umstürze verloren, aus denen wiederum autoritäre Regimes hervorgingen. Manche dieser
Regimes erwiesen sich als langlebig, andere, wie das von
an-Numairi im Sudan, mussten auf Druck starker gesellschaftlicher Kräfte zivilen Regierungen Platz machen. Es
gibt also durchaus → Demokratiebestrebungen in den arabischen Ländern, manchmal sogar erfolgreiche.

Bei aller politischen Vielfalt und Bewegung in der arabischen Welt ist aber doch das Vorherrschen autoritärer
Systeme quer durch alle Staatsformen festzustellen. Regierungswechsel aufgrund von wirklich demokratischen
Wahlen mit realen Alternativen sind die Ausnahme. Oft
erfolgen diese Regierungswechsel durch Erbfolge – auch
dann, wenn es sich gar nicht um Monarchien handelt, wie
bei der Nachfolge des syrischen Präsidenten Hafiz al-Asad
durch seinen Sohn Baschar. Manchmal gibt es Militärputsche, die allerdings in ihrer Häufigkeit nachgelassen haben,
dann wieder gibt es Wahlen »im Schatten des Militärs« wie
in Algerien. Dabei haben die meisten arabischen Staaten
(Ausnahmen sind die Ölmonarchien am Golf) durchaus
Verfassungen nach westlichem Muster und stellen den Anspruch, demokratische Regeln zu beachten. Deren Funktionieren wird aber oft durch ein breites Spektrum von
Mechanismen verhindert oder eingeschränkt. Dazu gehört
das Verbot von Parteien bzw. deren restriktive Zulassung,
die regelrechte Manipulation von Wahlen unter Ausnutzung staatlicher Machtmittel sowie die Einschränkung der
Kompetenz von Parlamenten und deren leichte Auflösbar-
keit. Es gibt auch Einschränkungen der freien Meinungs-
äußerung und andere Beschneidungen politischer Freiheiten etwa durch Ausnahmegesetze (in Ägypten z. B. sind
die nach der Ermordung von as-Sadat im Oktober 1981 er-
lassenen Ausnahmegesetze bis heute in Kraft).

Diese autoritären Systeme funktionieren keineswegs
ausschließlich oder vornehmlich durch nackte Gewalt,

sondern fordern von den Herrschern das geschickte Ausbalancieren der Kräfte und Interessen. Das Recht auf wirksame Teilnahme am politischen Leben wird den Bürgern dabei mit ihrer Versorgung mit wohlfahrtsstaatlichen Leistungen »abgekauft«. Viele arabische Staaten sind Rentierstaaten, d. h. sie haben beträchtliche Einkünfte, über die sie relativ frei verfügen können. Rentierstaaten sind in erster Linie die mit großem Ölreichtum, aber es gehören auch diejenigen dazu, die von den Ölstaaten oder aus anderen Quellen erhebliche Gelder beziehen. Diese können im angedeuteten Sinn zur politischen Ruhigstellung der Bevölkerung verwendet werden. Freilich setzt das voraus, dass die Rentenquellen kontinuierlich fließen. Wenn Einkommensniveaus, an die man sich gewöhnt hat, sinken, leidet die Manövrierfähigkeit der betroffenen Staaten; das führt oft zu politischer Unruhe und zum Druck auf die autoritären Systeme. Unruhen und politische Öffnungen in arabischen Ländern seit den späten 80er-Jahren hatten oft diesen Hintergrund. Allerdings war gewaltsamer Protest oft auch Anlass, politische Öffnungen rückgängig zu machen; einen automatisch verlaufenden Prozess der Liberalisierung gibt es nicht.

— Recht —

In den meisten arabischen Staaten sind moderne Gesetzbücher in Kraft, die sich oft an europäische Vorbilder anlehnen. Auch das Rechtssystem hat in aller Regel modernen Charakter. Sowohl das traditionelle islamische Recht, die Scharia, wie auch die islamischen Gerichte sind in neuerer Zeit abgelöst oder in ihrem Zuständigkeitsbereich erheblich eingeschränkt worden. Oft wird behauptet, dieser Vorgang sei der arabischen Welt von Europa aufgezwungen worden. Das ist nur teilweise richtig. In manchen Fällen sind tatsächlich Kolonialmächte dafür verantwortlich gewesen, so etwa in Algerien unter französischer Herrschaft. Meist ist der Prozess aber von einheimischen Kräften und zumindest subjektiv im eigenen Interesse vorangetrieben worden, weil man die Scharia nicht mehr für tauglich hielt, eine moderne Gesellschaft mit ihren neuen Herausforderungen zu regulieren. Diese neuen Herausforderungen wurden freilich meist vom übermächtigen Europa gesetzt – insofern war europäischer Einfluss durchaus am Werk. Die Einführung positiven Rechts schuf für längere Zeit keine großen Probleme. Es hatte ja immer schon neben der Scharia von den Regierungen aufgestellte rechtliche Regeln gegeben, gegen die wenig eingewendet wurde, wenn sie nicht Prinzipien islamischen Rechts direkt verletzten. Überdies lehnt sich auch das geltende kodifizierte Recht in »empfindlichen« Bereichen wie dem Personenstandsrecht an Scharia-Bestimmungen an oder setzt sie fort. Mit einigem guten Willen kann man den heutigen rechtlichen Zustand als zeitgemäße Fortsetzung islamischer Traditionen interpretieren.

Ein inneres Spannungsverhältnis ergibt sich daraus, dass man im Interesse einer solchen Interpretationsmöglichkeit das Festhalten an der islamischen Tradition dadurch dokumentierte, dass in aller Regel in den Verfassungen der Islam als die Religion des Staats bezeichnet wird, die »Prinzipien der Scharia« oft zur Grundlage der Gesetzgebung erklärt werden und dass man auch im Prozessrecht gewisse Bezüge auf die Scharia festgehalten hat. Alles das stellt eine Verpflichtung für den Staat dar, islamische Prinzipien auch im Recht zu berücksichtigen. In strittigen Fragen bei der Entwicklung oder Auslegung des Rechts konnte man sich immer auf diese Verpflichtung berufen, und das führte zu Interessenkonflikten zwischen Modernisten, die eine Angleichung an den Geist der neuen Zeit anstrebten, und Konservativen, die am Althergebrachten festhalten wollten und sich auf die genannten Verfassungsbestimmungen beriefen. Problemverschärfend wirkt sich die Erstarkung der islamistischen Bewegung aus, die oft den angedeuteten Widerspruch so ausnutzt, dass sie die Unvereinbarkeit der »islamischen« Verfassungsbestimmungen mit der Geltung positiven Rechts behauptet, dieses durch die Scharia ersetzt sehen will und mit dieser Argumentation für eine Änderung der bestehenden Verhältnisse in ihrem Sinn wirbt. In der Atmosphäre einer seit längerem festzustellenden generellen Akzentuierung des Islam sind diese Ansprüche nicht leicht abzuweisen – insbesondere dann, wenn den betroffenen Regierungen an der Aufrechterhaltung eines »islamischen« Image liegt.

Dieses Dilemma ist im Fall des ägyptischen Linguisten Nasr Hamid Abu Zaid sehr deutlich geworden, der durch die Anwendung linguistischer Methoden auf den Koran den Unwillen konservativer muslimischer Kreise hervorgerufen hatte. Auf den Antrag eines Anwalts wurde er im Jahr 1995 von einem ägyptischen Gericht von seiner Frau geschieden, und zwar mit der Begründung, er habe sich durch seine kritische Beschäftigung mit dem Koran als vom Islam Abtrünniger erwiesen, mit dem eine Muslimin nicht verheiratet sein dürfe. Dieses Verfahren und sein Ausgang waren aus vielen Gründen fragwürdig. Ein Abfall vom Islam muss nach traditioneller islamischer Auffassung viel sorgfältiger geprüft werden, als es hier der Fall war. Nach geltendem ägyptischen Recht ist der Abfall vom Islam kein Straftatbestand und dürfte auch keine Scheidung nach sich ziehen. Und schließlich hätte das Gericht den Antrag einer dritten Partei in einer sie nichts angehenden Sache unter der Rubrik ḥisba nicht akzeptieren dürfen, also dem traditionellen islamischen Prinzip, nach dem ein Muslim das Recht, ja sogar die Pflicht hat, das Fehlverhalten eines Glaubensbruders zu korrigieren. Nichtsdestotrotz blieb das Urteil bestehen und zwang in der Konsequenz das Ehepaar Abu Zaid, das Land zu verlassen. Für jemanden, dem ein Gericht den Abfall vom Islam bescheinigt hat, kann es gefährlich werden, im Land zu bleiben –

nach islamischem Recht ist das ein mit der Todesstrafe bedrohtes Delikt, und obwohl das islamische Recht in Ägypten nicht in Kraft ist, waren doch einige seiner Prinzipien in wie immer auch pervertierter Form in diesem Verfahren herangezogen worden.

Im Strafrecht treten ähnliche Probleme auf. Alle arabischen Staaten haben ein modernes kodifiziertes Strafrecht – bis auf Saudi-Arabien und Oman, wo das islamische Strafrecht in der Auffassung der jeweils dominierenden Rechtsschule gilt. In einigen Staaten gilt aber neben dem modernen auch islamisches Strafrecht, das in Libyen sogar kodifiziert wurde – eine Neuerung im islamischen Strafrecht. Das ist wegen der weithin empfundenen Härte dieses Rechts problematisch, außerdem schafft es eklatante Rechtsunsicherheit.

Die zumindest auf einigen Gebieten geltenden islamischen Rechtsprinzipien stehen überdies im Widerspruch zur heute weithin akzeptierten universalistischen Konzeption der → Menschenrechte, zu deren Beachtung sich auch viele arabische Staaten offiziell verpflichtet haben. Insbesondere gilt das für das Prinzip der Gleichheit und Gleichbehandlung aller Menschen. Diese ist in den meisten arabischen Staaten in der Verfassung festgeschrieben; dennoch sieht das an Scharia-Bestimmungen orientierte Familienrecht oft Unterschiede in der Behandlung verschiedener Religionsgemeinschaften vor, so z. B. in der Frage, ob eine muslimische Frau mit einem Nichtmuslim verheiratet sein kann, bzw. in der Erschwerung einer solchen Ehe. Dieser Umstand, die Konstellation, die im Fall Abu Zaid deutlich geworden ist, und das oben angedeutete Spannungsverhältnis sind Bestandteil der allgemeinen Situation der arabischen Welt, die von Modernisierungs- und Säkularisierungsprozessen erfasst ist, aber nicht so gründlich, dass daraus keine Probleme mehr erwachsen.

Schließlich muss noch erwähnt werden, dass in den in der arabischen Welt vorherrschenden Staats- und Regierungssystemen, die in der Regel, wenn überhaupt, nur formell demokratisch sind, Rechtsstaatlichkeit und Rechtssicherheit nicht garantiert sind, da diktatorische oder autokratische Regierungen die Verlässlichkeit des Gesetzgebungsprozesses und die freie Entscheidung der Gerichte immer wieder einschränken.

— Rechtgeleitete Kalifen —

»Rechtgeleitete Kalifen« (arab. *al-ḫulafāʾ ar-rāšidūn*) ist die übliche Bezeichnung für die ersten vier Nachfolger Muhammads als Führer der islamischen Gemeinde und Oberhäupter des entstehenden islamischen Staatswesens. Der erste rechtgeleitete Kalif war Abu Bakr (reg. 632–634), einer der ältesten Anhänger und Gefährten Muhammads, dem dieser im Fall seiner Abwesenheit von Medina wichtige Funktionen wie die Leitung des Gebets anvertraut hatte. Abu Bakrs kurze Regierungszeit war weitgehend von den sogenannten Apostasiekriegen ausgefüllt: Er zwang die Stämme der Arabischen Halbinsel, die nach Muhammads Tod von der zentralen Autorität in Medina abgefallen waren, mit militärischen Mitteln erneut in Botmäßigkeit und festigte so den jungen islamischen Staat. Sein Nachfolger Umar bin Abdalkhattab (reg. 634–644), von Abu Bakr designiert, gilt im islamischen Geschichtsbild als starker, strenger aber gerechter Kalif, und zwar so sehr, dass die »Gerechtigkeit Umars« zu einem Topos geworden ist und es regelrechte Textsammlungen zu diesem Thema gibt. In seiner Regierungszeit fanden die ersten weit ausgreifenden Eroberungen statt; er soll sich selbst in einige der eroberten Städte (so etwa nach Jerusalem) begeben haben und für eine großzügige Behandlung der Besiegten gesorgt haben. Umar bin Abdalhattab wurde von einem Sklaven ermordet. Sein Nachfolger Uthman bin Affan (reg. 644–656) gilt als fromm, aber politisch wenig befähigt; er zog, um die Loyalität zu sichern, Mitglieder seiner Sippe, der Umayyaden, bevorzugt zur Verwaltung des Reichs heran. Man warf ihm Vetternwirtschaft, Bereicherung und andere Abweichungen von islamischen Prinzipien vor. Die letzten Jahre seiner Regierung waren eine Zeit der Unordnung, und er wurde schließlich von unzufriedenen Elementen aus den Provinzen umgebracht, nachdem er sich geweigert hatte, abzudanken. Die Position des nächsten Kalifen, Ali bin Abi Talib (reg. 656–661), war noch weniger unangefochten. Nach Uthmans Tod wurde er in Medina zum Kalifen ausgerufen, aber sofort machte ihm die Sippe Uthmans dieses Amt streitig, weil sie Ali in dessen Ermordung verwickelt sah. Das Oberhaupt der Umayyaden, Muawiya, saß als mächtiger Gouverneur in Damaskus. Die Regierungszeit Alis war mehr noch als die Uthmans von heftigen Wirren gekennzeichnet, in denen sich mehrfach muslimische Parteien in Schlachten gegenüberstanden: zuerst das Heer Alis gegen dasjenige, dem u. a. Muhammads Witwe Aischa zugehörte, dann Alis Partei gegen die Muawiyas, und schließlich Anhänger Alis, die ihm Nachgiebigkeit gegenüber Muawiya vorwarfen, gegen ihn rebellierten und von ihm vernichtend geschlagen wurden. Ali selbst wurde dann von einem Anhänger dieser Partei aus Rache für die Niederlage ermordet. Damit und mit dem Machtverzicht seines Sohnes Hasan war der Weg frei für Muawiya, der sich nun unangefochten zum Kalifen aufwerfen und die von seiner Sippe gestellte Dynastie der → Umayyaden begründen konnte.

Die Wirren unter Uthman und Ali, die auch oft als der erste Bürgerkrieg im Islam bezeichnet werden und die zur Spaltung der Muslime in Sunniten, Schiiten und Kharidschiten führten, hinterließen im islamischen Bewusstsein ein Trauma. Dass trotz dieser Anfechtungen die Epoche der rechtgeleiteten Kalifen in einem positiven Licht dasteht, ist wohl dadurch zu erklären, dass die Herrscher dieser Zeit unbestreitbar persönlich fromme Prophetengefährten waren, noch sehr nah an Zeit und Geist der Offenbarung, und dass unter ihrer Herrschaft die Grundlagen des islamischen Staats gelegt wurden und seine enorme Ausdehnung sich vollzog. Dabei wird dann über ein Verhalten hinweggesehen, das gerade in islamischen Augen kritisch beurteilt werden muss. So gilt das aber nur für den sunnitischen Bereich – für viele Schiiten sind die ersten drei Kalifen Betrüger, die Ali um das ihm ihrer Meinung nach von Anfang an zustehende Amt gebracht haben.

— Reformismus —

Eine Haltung, die sich unter muslimischen Intellektuellen und Politikern in der zweiten Hälfte des 19. Jahrhunderts unter dem Eindruck der Überlegenheit Europas herausbildete. Man erkannte, dass Europa diese Überlegenheit seiner Modernisierung verdankte, und fragte sich, was zu tun sei, um mit Europa kräftemäßig gleichzuziehen – und sei es auch nur, um seine Dominanz abzuwehren. Dabei bildeten sich die Extrempositionen des Traditionalismus, des Versuchs, an die eigenen angeblich vernachlässigten Traditionen anzuschließen, und die des Modernismus heraus, der in der rückhaltlosen Übernahme europäischer Werte und Errungenschaften das Geheimnis der Stärke sah. Beide Positionen erwiesen sich im Lauf der Zeit als wenig haltbar; der Traditionalismus, weil gewisse Aspekte der Modernisierung sich unabweislich aufdrängten, und der Modernismus, weil der völlige Bruch mit dem Eigenen weder praktikabel noch für breitere Kreise akzeptabel schien. So wurde denn häufig eine Position zwischen den beiden Extremen eingenommen, die man gemeinhin Reformismus nennt, manchmal auch islamischen Reformismus oder – angesichts der angedeuteten Nomenklatur etwas irreführend – islamischen Modernismus.

Der erste große islamische Reformist war der Inder

Sayyid Ahmad Khan (1817–98); für die arabische Welt
spielten Dschamaladdin al-Afghani (1838–97), vor allem
aber sein Schüler Muhammad Abduh (1849–1905) eine
große Rolle. Wenn Traditionalisten und Modernisten die
Unvereinbarkeit von Islam und Fortschritt behaupteten
und daraus jeweils ihre Konsequenzen zogen, behaupteten
die Reformisten vehement, Islam und Fortschritt seien
vereinbar, ja, sie seien im Grunde eins, wenn man den Islam nur richtig verstehe. Dazu wurde u. a. das Propheten-
wort »Suche Wissen, und sei es in China« angeführt und
zur Rechtfertigung des Lernens von Europa darauf hinge-
wiesen, wie viele geistige Errungenschaften dieses den
Muslimen verdanke, die sie von der Antike übernommen,
weiterentwickelt und den Europäern zurückgegeben hätten. Weiter legten die Reformisten großen Wert auf den
Gedanken, die Muslime seien nur so weit hinter Europa
zurückgeblieben, weil sie vom richtigen Verständnis des
Islam abgekommen seien. Was zu ihrer Zeit gemeinhin für
Islam genommen werde, sei in Wahrheit nicht Islam, sondern ein verknöchertes System von Vorschriften und Vorstellungen, zum größten Teil nichtislamischen Ursprungs,
sondern im Lauf der Geschichte aus fragwürdigen Gründen, so etwa dem Eigeninteresse unwissender (und oft
nichtarabischer) Herrscher, zur ursprünglichen Lehre hinzugefügt worden. Zu diesen Irrtümern gehörten beispielsweise die Vorstellung von der Unausweichlichkeit des
Schicksals und die sklavische Anlehnung an autoritative
Gelehrte, die die menschliche Initiative und den Forscher-
drang lähmen. Auch die starre Einteilung der Rechtsgelehrsamkeit in die verschiedenen Schulen wird kritisiert;
man solle sich bei der Suche nach angemessenen Lösungen
überall bedienen können. Der Idschtihad, die nicht durch
autoritative Vorgänger eingeengte Bemühung um die Lösung von Fällen, solle wieder zu seinem Recht kommen.
   Zur Inspiration für diese Wiedergewinnung des wahren
Islam griff man gleichsam an der Tradition vorbei auf den

Geist und die Texte der frühesten islamischen Zeit zurück – oder man stellte es jedenfalls so dar. Im Koran liege immer noch der wahre Geist des Islam unverfälscht vor, auf ihn müsse man daher rekurrieren. Auch glaubte man sein Verständnis von den Verfälschungen der Tradition befreien zu müssen, und zu diesem Zweck nahm man sich die Freiheit zur Neuinterpretation im Licht des heutigen Wissensstands.

Mit diesen Gedankengängen gewann das islamische Denken eine neue Flexibilität und befreite sich von dem bis dahin recht starren Panzer der Tradition. Diese Freiheit konnte nun verschieden genutzt werden; die »Schule« Muhammad Abduhs teilte sich denn auch in mehrere Stränge. Einer war die Herausarbeitung der säkularistischen Implikationen des islamischen Reformismus durch Qasim Amin (1863–1908), Ali Abadarraziq (1888–1966) und die jüngeren muslimischen Säkularisten; auf der anderen Seite stand Abduhs Schüler und Mitarbeiter Raschid Rida (1865–1935), der eine stärker integralistische Version des Reformismus vertrat und von dem auch die Muslimbrüder und andere Islamisten inspiriert wurden. Insgesamt ist also der islamische Reformismus eine für die neuere arabische Geistesgeschichte (und in gewissem Maß für die Realgeschichte) sehr wirkungsmächtige geistige Strömung gewesen.

— Säkularismus —

Auch wenn es im heutigen geistigen Klima mit all seiner Zurschaustellung islamischer Loyalität unwahrscheinlich erscheinen mag: Es gibt in der arabischen Welt durchaus Vertreter säkularistischer Auffassungen, darunter solche, deren Haltung – bei Vermeidung des Begriffs – in der Praxis auf die Bejahung des Säkularismus hinausläuft, aber auch ganz offene Befürworter des Säkularismus. Die Modernisierung, welche die arabische Welt in den letzten 200 Jahren erfasst hat, beinhaltete auch Säkularisierungsprozesse, d. h. sie brachte Entwicklungen mit sich, welche die institutionell abgesicherte Dominanz der Religion über Politik und Geistesleben in Frage stellten. Praktisch sind die arabischen Gesellschaften heute in weiten Bereichen säkularisiert. Diese Erscheinung hatte seit dem Beginn des 20. Jahrhunderts auch ihre Parteigänger, mehr oder weniger offene arabische Säkularisten – Säkularismus hier verstanden als die prinzipielle Haltung, die die Autonomie menschlichen Lebens von institutioneller religiöser Dominanz begrüßt und diesen Säkularisierungsprozess konsequent fortsetzen will. Ein prominentes Beispiel war in den 20er-Jahren der Azhar-Absolvent Ali Abdarraziq (1888–1966), der in seinem 1925 erschienenen Buch *Der Islam und die Grundlagen der Herrschaft* die Vorstellung von einem religiös gebotenen islamischen Staat vehement zurückwies.

Es gab auch heftige Gegner dieser Position, die man wohl am besten als Integralisten bezeichnet, also solche, die die religiöse Anleitung aller Bereiche des Lebens, auch der politischen Organisation, für unabdingbar und überdies von der islamischen Lehre zwingend geboten hielten. Vertreter beider Positionen setzten sich mehrfach in heftigen Debatten auseinander. Das Plädoyer für den Säkularismus stieß dabei auf drei Schwierigkeiten: 1. Die Modernisierung hat in der arabischen Welt nicht durchweg heilsam gewirkt, sondern für viele auch negative Folgen gehabt, so dass sie auf breite Vorbehalte stößt. 2. Modernisierungs- und damit auch Säkularisierungsprozesse sind weitgehend unter westlicher Dominanz verlaufen, also, wie sich argumentieren lässt, im Interesse eines auswärtigen Gegners und damit zuungunsten der Araber, was diese Prozesse per se diskreditiert. Dies wird oft auf den leicht fasslichen Sachverhalt zugespitzt, dass die Scharia, das islamische Recht, in den meisten arabischen Ländern durch europäisch inspiriertes positives Recht ersetzt wurde – nicht immer, aber gelegentlich auch auf westlichen Druck. 3. Viele Muslime hegen die Vorstellung, das ganze menschliche Leben solle religiös geleitet sein; diese Leitung werde nicht durch eine Institution wie die christliche Kirche geleistet, sondern direkt durch das von Gott gegebene Regelwerk der Scharia, deren Abschaffung mit dem historischen Niedergang der Muslime in Zusammenhang gesehen wird. In der Argumentation der Integralisten folgt daraus, dass der Säkularismus im islamischen Bereich illegitim ist, weil er einem religiösen Gebot zuwiderläuft, schädlich, weil er unter dem Vorzeichen westlicher Dominanz und zum ersichtlichen Schaden der Muslime durchgesetzt wurde, und, anders als im christlich-europäischen Mittelalter, auch gar nicht nötig, denn die Dominanz der Religion werde im Islam in einer Form durchgesetzt, die Fortschritt und Wohlergehen der Menschen nicht im Weg stehe. Unter den angedeuteten Umständen erscheint das vielen plausibel, obwohl es logisch keineswegs zwingend ist – die negativen Begleiterscheinungen von Modernisierung und Säkularisierung nötigen niemanden, deren Vorteile pauschal zu verwerfen (→ Westen und Moderne). Jedenfalls hat diese Konstellation den offenen Säkularisten ihr Plädoyer erschwert.

Die Auseinandersetzung findet in der arabischen Welt bis heute statt, und das geschieht oft unter den Bedingungen des Konflikts zwischen autoritären Regierungen, die säkularen Charakter haben, das aber aus Gründen ihrer Legitimation nicht offen eingestehen, und einer vielfach islamistisch dominierten Opposition, die mit guten Gründen das Regime kritisiert, ihm aber oft vor allem seinen säkularen Charakter vorwirft. Die Säkularisten äußern sich hierbei in dem ihnen von der Regierung eingeräumten Rahmen – anders geht es unter eingeschränkter Meinungsfreiheit oft nicht. Dadurch sind sie mit dem Odium der Zusammenarbeit mit der verhassten Regierung behaftet und können, wenn sie angegriffen werden, nicht einmal mit deren konsequentem Schutz rechnen. Oft stehen sie ja auch der Regierung ihrerseits kritisch gegenüber. Der Fall des mutigen ägyptischen Säkularisten Faradsch Foda, der wegen seiner Kritik am Islamismus von radikalen Islamisten im Juni 1992 ermordet wurde, ohne dass ihn die von den Behörden gestellte Leibwache schützen konnte, ist in dieser Hinsicht aufschlussreich. Er lässt auch das Dilemma zivilgesellschaftlicher Ansätze in arabischen Ländern aufscheinen, die stets in Gefahr sind, zwischen einer autoritären Regierung und einer islamistisch dominierten Opposition zerrieben zu werden, die wenig Respekt für demokratische Spielregeln, Minderheitenrechte usw. zeigt.

— Scharia —

Arab. *šarī'a*. Traditionelles islamisches Recht; eigentlich Bezeichnung für eine offenbarte Religion, im verbreiteten islamischen Sprachgebrauch oft eingeengt auf deren normative Aspekte: die Gesamtheit der Regeln und Vorschriften für das Leben gläubiger Muslime, die dem göttlichen Willen entsprechen. Die Herleitung dieser Regeln aus den nach islamischer Auffassung gottgegebenen Grundlagen ist menschliche Tätigkeit, die Rechtsgelehrsamkeit (*fiqh*). Diese Grundlagen sind Koran, Hadith (*ḥadīt*, die Überlieferung über normsetzende Aussprüche und Verhaltensweisen des Propheten Muhammad), die Übereinstimmung der Gläubigen und, in unterschiedlicher Gewichtung für die einzelnen Rechtsschulen, das Beispiel anderer Propheten, der Gefährten Muhammads und das Gemeinwohl. Eine Ausdehnung der so gewonnenen Quellenbasis ist auch durch Analogieschluss (*qiyās*) zulässig. In den ersten Jahrhunderten der islamischen Geschichte leiteten Rechtsgelehrte aus diesen Quellen Vorschriften ab oder brachten überkommene Rechtsauffassungen mit den Quellen in

Einklang. Das konnte durchaus den Eingriff in das oder die Erweiterung des Hadith-Korpus erfordern, denn der Hadith setzte sich als privilegierte Legitimationsbasis durch. Als Ergebnis dieses Prozesses lag eine Reihe von Fiqh-Werken verschiedener Autoren vor, die sich nach Lehrmeinungen unterschieden. Im sunnitischen Bereich sind davon vier anerkannte Rechtsschulen übrig geblieben: Hanafiten, Malikiten, Schafiiten und Hanbaliten.

Die in dieser Form (also nicht als Kodex) vorliegende Scharia richtet sich in erster Linie an den einzelnen Gläubigen; sie dient ihm zur Orientierung für sein Verhalten, das in verschiedene Kategorien von verboten bis empfehlenswert eingeteilt wird. Wo es zur Durchsetzung von Vorschriften praktischer Vorkehrungen oder Zwangsmaßnahmen bedarf, greift die Kompetenz der politischen Autorität ein, die durch Richter (*qāḍīs*) und ausführende Organe wahrgenommen wird. Die Kompetenz, Scharia-Bestimmungen selbst zu setzen oder weiterzuentwickeln, hat der Staat nach der allgemein herrschenden Auffassung nicht; er unterliegt ihr ebenso wie der einzelne Gläubige. Die Scharia wird in verschiedene Felder eingeteilt; die grundlegende Einteilung ist die in *ʿibādāt* (Kulthandlungen) und *muʿāmalāt* (zwischenmenschliche Handlungen), wobei hier wieder Gebiete wie Familienrecht, Handelsrecht, Strafrecht, politische Bestimmungen usw. abgegrenzt (oder auch gesondert behandelt) werden, meist wenig systematisch. Der »harte Kern« des Strafrechts sind die *ḥudūd* (Sg. *ḥadd*), fünf Delikte, für deren Fassung und Ahndung man sich direkt auf Korantexte beruft (Unzucht, Verleumdung wegen Unzucht, Weingenuss, Diebstahl und Straßenräuberei).

In der vormodernen islamischen Welt war die Scharia das Gesetz des Landes, ihrem Anspruch nach sogar das einzige. Praktisch war ihre Geltung über weite Strecken aufgrund verschiedener Mechanismen und Umstände eingeschränkt: Herrscher regierten per Dekret oder setzten nach Gutdünken Recht geradezu »an der Scharia vorbei«, und es gab keine irdische Instanz, die sie daran hindern konnte. Scharia-Vorschriften, deren Anwendung man für unzweckmäßig hielt, wurden zwar in Gültigkeit belassen, aber für ihre praktische Durchführung an prohibitive Bedingungen geknüpft, so dass sie außer Gebrauch kamen. Das galt z. B. für einige *ḥadd*-Delikte. Im Umbruch zur Moderne wurde in den meisten arabischen Ländern die Scharia auch offiziell durch modernes, an europäischen Vorbildern orientiertes positives Recht ersetzt. Das geschah in einem längeren Prozess und charakteristischerweise so, dass der Traditionsstrang nicht völlig gekappt wurde: Das Personenstandsrecht orientiert sich in der Regel nach wie vor an den entsprechenden Scharia-Bestimmungen; und auch an anderen Stellen (Verfassungen, Strafprozessordnungen) finden sich – wie immer auch appellative – Bezüge auf die Scharia.

In jüngerer Zeit wird in vielen arabischen Ländern, besonders prominent in Ägypten und Algerien, die Forderung nach einer Wiederinkraftsetzung der Scharia erhoben. Der Hintergrund ist die um sich greifende Unzufriedenheit mit den bestehenden Verhältnissen, die viele damit in Verbindung bringen, dass man vom wahren islamischen Weg abgekommen sei. Als sichtbarstes Symbol dieses Abkommens vom Islam dient ihnen die Außerkraftsetzung der Scharia, und so glauben denn viele, mit deren Wiedereinführung könne eine positive Veränderung eingeleitet werden. Besonders vehement wird die Forderung von der islamistischen Bewegung vertreten. Über die Umstände und Details einer Wiedereinführung der Scharia macht man sich dabei wenig Gedanken.

— Schia —

Arab. *šīʿat ʿAlī*, »die Partei Alis«. Eine der großen religiösen Richtungen im Islam. Die Schia entstand in den bürgerkriegsähnlichen Auseinandersetzungen nach der Ermordung des dritten der → rechtgeleiteten Kalifen, Uthman, im Jahre 656. Sein Nachfolger als Kalif wurde Ali, ein Cousin, Schwiegersohn und enger Gefährte Muhammads, der aber mindestens durch sein Milieu in den Mord verwickelt war. Es kam zu längeren heftigen, auch militärischen Kämpfen mit wechselnder Frontstellung, in denen es um die Frage ging, wer rechtmäßiger Führer der islamischen Gemeinde sein sollte. Ali selbst wurde von den Anhänger einer Gegenpartei 661 ermordet. In der Folge kristallisierten sich verschiedene Auffassungen heraus, die bis heute die Hauptströmungen des Islam voneinander unterscheiden. Dabei waren die Schiiten der Meinung, Ali hätte nach Gottes Willen und den klaren Anweisungen des Propheten diesem schon direkt nach seinem Tod als Führer der Gemeinde folgen sollen und sei nur durch unrechtmäßige Machenschaften daran gehindert worden. Das Amt des Anführers der Gemeinde (»Imam«) gebühre auch weiterhin nur einem Abkömmling aus seiner Verbindung mit der Prophetentochter Fatima, denn das dazu nötige Charisma besitze nur dieser Zweig der Familie des Propheten. Dies ist die Imamatstheorie der Schiiten, an der sie bis heute festhalten.

Die ersten, denen gemäß der schiitischen Auffassung nach Alis Tod die Imamatswürde gebührte, waren seine Söhne Hasan und Husain. Hasan verzichtete auf das Amt; Husain machte seinen Anspruch geltend, wurde aber im Jahr 680 von Soldaten der Umayyaden im Kampf getötet. Dieser »Märtyrertod« Husains spielt im Geschichtsbild der Schiiten eine große Rolle; viele Zwölferschiiten erinnern in alljährlichen »Passionsspielen« mit rituellen Selbstgeißelungen u. Ä. an dieses Ereignis.

Die Schiiten spalteten sich in mehrere Richtungen; die bedeutendste und zahlenmäßig größte sind die Zwölferschiiten, so genannt, weil nach ihrer Meinung zwölf Imame aufeinander folgten, von denen allerdings außer Ali keiner reale Macht ausübte. Der zwölfte Imam soll im Jahre 874 in die »kleine« und im Jahre 941 in die »große« Verborgenheit entrückt worden, d. h. aus der Reichweite seiner Anhänger verschwunden sein. In den Endzeitvorstellungen der Zwölferschiiten ist dieser Imam auch der Mahdi, der Rechtgeleitete, eine Erlösergestalt, die alles Unrecht beenden wird. In seiner Abwesenheit gilt eigentlich jede politische Herrschaft – auch wenn der Herrscher Schiit ist – als illegitim. Allenfalls können die Rechtsgelehrten eine Korrektivfunktion gegenüber solch illegitimer Macht ausüben. Theologie und Rechtsgelehrsamkeit der Schia weichen von denen der Sunna erwartungsgemäß darin ab, dass die Gegenspieler Alis unter den Prophetengefährten in negativem Licht erscheinen und dass der Hadith des Propheten um den der Imame erweitert wird. Auch in der Schia gibt es ein Spannungsverhältnis zwischen der Berufung auf die Tradition und dem Gebrauch der Vernunft bei ihrer Auslegung, das allerdings mit dem Sieg der Vertreter des Vernunftgebrauchs endete, so dass hier die selbstständige Wahrheitsfindung durch Rechtsgelehrte breiteren Raum fand als in der Sunna. Die Gelehrten hatten im Allgemeinen mehr Autorität und Autonomie als im sunnitischen Bereich üblich.

Zwölferschiiten leben vor allem im Iran (seit dem 16. Jahrhundert ist diese Richtung dort »Staatsreligion«), im Irak, am Persischen Golf, im Libanon, in Pakistan und Afghanistan. Die anderen Richtungen der Schia sind die Zaiditen (im Jemen), die Ismailiten (in Syrien und verstreut über die ganze Welt) und die Alawiten (in Syrien und der Türkei), deren Anerkennung als Schiiten oder überhaupt als Muslime allerdings strittig ist. Insgesamt machen die Schiiten etwa 10–15% der muslimischen Weltbevölkerung aus.

In jüngerer Zeit fand die Schia durch die islamische Revolution in dem mehrheitlich schiitischen Iran besonderes Interesse. Hier hatte sich die Geistlichkeit auch unter der oppressiven Herrschaft des Schahs Freiräume bewahren und sich als wichtige Kraft der Opposition behaupten können. Dadurch konnte sie den Ereignissen, die zum Sturz des Schahs führten, ihren Stempel aufdrücken. Wichtigste Führungsfigur wurde der angesehene Gelehrte Ruhallah Khomeini (1902–89), der auch dem weiteren Verlauf der Revolution – nämlich der Errichtung eines islamischen, unter der Kontrolle von Gelehrten stehenden Regimes – mit seiner Konzeption von der Herrschaft des Rechtsgelehrten (pers. *wilāyat-i faqīh*) die theoretische Grundlage gegeben hatte. Danach brauchen sich die Rechtsgelehrten nicht mit einer Korrektivfunktion gegenüber der Politik zu begnügen, sondern erheben in ihren qualifiziertesten Vertretern den Anspruch, selbst die Regierung zu stellen. Dieser Konzeption ist die Islamische Republik Iran weitgehend gefolgt, obwohl sie unter den angesehenen schiitischen Rechtsgelehrten keineswegs unumstritten ist.

— Seldschuken —

Die Seldschuken waren eine türkische Dynastie, die für eine Zeit lang große Teile des arabischen Ostens, Iran und Anatolien beherrschte. Im Zuge einer Wanderungsbewegung von Zentralasien aus in Richtung Südwesten setzten sich nomadisierende türkische Völkerschaften um das Jahr 1000 im Iran und den angrenzenden Gebieten des Fruchtbaren Halbmonds fest; zu ihrer Residenz machten sie Isfahan. Ihre führende Familie, eben die Seldschuken, konnte sich in diesem Zusammenhang zu Herrschern über das ganze Gebiet aufschwingen. Diese Familie nutzte die Wirren und Machtkämpfe im Umkreis des abbasidischen Kalifats um die Mitte des 11. Jahrhunderts aus und ging eine Art von Bündnis mit den abbasidischen Kalifen ein. Das befreite diese aus ihrer Abhängigkeit von den Buyiden, machte die abbasidischen Kalifen aber erneut abhängig, nämlich eben von den Seldschuken. Dass die Seldschuken, anders als die Buyiden, Sunniten waren und dass sie den Kalifen zum Zweck der religiösen Legitimation ihrer Herrschaft mit einer gewissen Ehrerbietung behandelten, machte die Sache für ihn nur vorübergehend besser.

Die seldschukischen Herrscher Alparslan (reg. 1063–72) und Malikschah (reg. 1072–94) konnten die Grenzen ihres Herrschaftsbereichs noch einmal nach Osten und nach Westen (Teile Anatoliens, Syrien bis Damaskus) erweitern; ihr Wesir Nizamalmulk machte sich durch ein »Handbuch der Politik« einen Namen, vor allem aber durch die Förderung der islamischen Orthodoxie in einer zeitgemäßen Form und ihrer Versöhnung mit der Mystik, deren sprechendster Ausdruck das Werk des großen Theologen al-Ghazali (gest. 1111) ist.

Der einheitliche seldschukische Herrschaftsbereich zerfiel schon um 1120 in mehrere Gebilde, die jeweils von einem Mitglied der Familie regiert wurden. Am längsten konnten sie sich in Anatolien halten, als Rum-Seldschuken mit der Hauptstadt Konya gelangten sie dort noch zu einer gewissen Berühmtheit; ihre kulturellen Spuren (so etwa die »tanzenden Derwische« von Konya) lassen sich bis heute verfolgen. Die Seldschuken auf arabischem Gebiet machten für die praktische Herrschaftsausübung bald ihren eigenen Atabegs (Hausmeiern) Platz, wobei sich in Nordsyrien (Aleppo) und Obermesopotamien (Mossul) die Zengiden durchsetzen konnten, die in den Kämpfen gegen die Kreuzfahrer eine Rolle spielten, dann aber ihrerseits die Macht an die → Ayyubiden abgeben mussten.

— Sozialstruktur —

Auch in arabischen Gesellschaften nimmt man die Einteilung der Bevölkerung in soziale Schichten oder Klassen vor, wobei Herkunft, Besitz und andere vornehmlich ökonomische Kriterien eine Rolle spielen. Dies tut man schon seit jeher; der arabische Begriff *ṭabaqa* (Klasse, Schicht) und sein entsprechender Gebrauch sind althergebracht. Es gibt aber darüber hinaus Prinzipien sozialer Strukturierung, meist mit uralter Tradition, die auch heute noch in diesem Zusammenhang eine große Rolle spielen und die westliche Gesellschaften so nicht kennen, so etwa die traditionelle Dreiteilung der arabischen Gesellschaften nach den Lebensformen – in (nomadische) Beduinen, sesshafte Landbewohner und Städter. Obwohl die Beduinen zahlenmäßig kaum mehr eine Rolle spielen, gilt doch ihre Lebensweise immer noch vielen als Ideal. Zwischen den Bewohnern der Städte und den Bauern gibt es ein deutliches Gefälle im Ansehen.

In den arabischen Gesellschaften spielen soziale Einheiten mit relativ geringer Reichweite eine große Rolle. Die Grundeinheit ist die Familie (im weiteren Sinn als bei uns), darüber hinaus sind Clans oder Sippen, Dorfgemeinschaften, Konfessionsgruppen und ethnische Gruppen wichtig. Diese Einheiten sind nach außen deutlich abgegrenzt und beanspruchen die Loyalität des Individuums, das sich in hohem Maß über sie definiert. Innerhalb der Gruppen, am stärksten in der Grundeinheit, wird Solidarität erwartet und geübt. Das Vorbild dieses Gesellschaftsmodells ist die Stammesgesellschaft im vorislamischen Arabien. Die nomadische Lebensweise schrieb den Beduinen die Organisation in kleinen, eng zusammenhaltenden Gruppen vor, in Abwesenheit staatlicher Organe und staatlich gesetzten Rechts bot die Solidarität der Gruppenmitglieder den einzigen Schutz vor Übergriffen. Dem dienten Regeln wie das Vergeltungsrecht (eigentlich eine Vergeltungspflicht), die

Haftung aller Gruppenmitglieder für den Einzelnen usw. Patrilineal konzipierte Blutsverwandtschaft bildete den wesentlichen Zusammenhalt der Grundeinheit; die dementsprechende Abstammungslinie wurde peinlich genau eruiert und im Bedarfsfall auch konstruiert – wichtig war das solidarische Verhalten, das sie garantierte. Auch für die sesshafte ländliche und in gewissem Maß für die städtische Bevölkerung waren und sind die dementsprechenden Einteilungsprinzipien wichtig. Auf dem Land entsprachen sie wohl der Notwendigkeit, Besitz und Produktion in Einheiten überschaubarer Größenordnung zu organisieren und diese Einheiten stabil zu erhalten. Es gab zu diesem Zweck eine Tendenz zur Endogamie – typischerweise zur Heirat eines Mannes mit der Parallelcousine väterlicherseits, also der Tochter des Bruders des Vaters (arab. _bint al-'amm_).

Aus diesen Grundeinheiten werden größere gesellschaftliche Gruppen gebildet, aber nicht im Sinn von genau durchstrukturierten, hierarchisierten Gebilden, sondern durch Nebeneinanderstellung, wobei jeweils das Prinzip der Opposition zu einer anderen Gruppe wichtig ist – mit der man sich dann aber wieder gegen eine andere, größere Einheit »weiter draußen« verbünden kann. Ein beliebtes Sprichwort sagt: »Ich und mein Bruder gegen den Cousin, ich und mein Cousin gegen den Fremden.« Unter Wahrung dieses Prinzips können dann Koalitionen, Beziehungen, hierarchische Verhältnisse ausgehandelt und durchaus auch geändert werden. Sie ergeben sich jedenfalls nicht automatisch aus einmal festgelegten Prinzipien. So kann etwa die Einteilung einer Dorfgemeinschaft in zwei Parteien Konfessionsgrenzen folgen, sie kann aber diese auch überschreiten.

In diesem Rahmen wird durchaus eine Schichtung der Gesellschaft vorgenommen – auf dem Land etwa in Familien größeren oder geringeren Einflusses im Rahmen eines Dorfes und solche, deren Einfluss über ein Dorf hinausgeht –, aber was auf diese Weise klassifiziert wird, sind normalerweise nicht Individuen, sondern Gruppen, und diese Schichtung ist nur eins von verschiedenen Einteilungsprinzipien der Gesellschaft, und nicht notwendigerweise das wichtigste. Wenn etwa in einem westlichen Kontext die Angabe weniger »Koordinaten« genügt, um eine Person gesellschaftlich zu situieren, und dabei der Beruf wohl die wichtigste ist, so gehören zur Situierung eines Menschen in der arabischen Gesellschaft andere Angaben – und werden beim ersten Kennenlernen auch durchaus erfragt. Eine der wichtigsten Fragen dabei ist: *bēt mīn?* – »Zu welcher Familie gehörst du?« Die Antwort auf diese Frage erlaubt dem entsprechend Informierten besser als andere Angaben, eine Person einzuordnen.

Übergreifende Loyalitäten und Bindungen, etwa die nationale, sind demgegenüber schwach ausgebildet. Das heißt nicht, dass sie nicht bisweilen und in bestimmten Situationen ausgesprochen stark werden können – insbesondere in der neueren Zeit, in der Modernisierungprozesse wirken, die die angedeuteten Strukturen modifizieren. So hat etwa der arabische → Nationalismus, der ja solch eine nationale Bindung impliziert, zeitweise die Massen ergriffen und bewegt. Auch islamische Loyalitäten und Solidaritäten wirken durchaus. Aber die starke Mobilisierung in diesem Sinn geht meist wieder zurück, und die Bindungen geringerer Reichweite erweisen sich dann in der Regel als beständiger. Als traurige Belege dafür dienen der Bürgerkrieg im Libanon, wo konfessionelle, und in Südjemen, wo Stammesbindungen unter bestimmten Umständen den staatlichen Zusammenhalt zersprengt haben.

Die Städte, von denen viele im arabischen Raum sehr alt sind (Damaskus beispielsweise gilt als 5000 Jahre alt), hatten hier von alters her eine Bedeutung, die über diejenige europäischer Städte weit hinausging. Das liegt an ihrer Rolle im überregionalen Handel, an ihrer Rolle als politisches, religiöses oder wirtschaftliches Zentrum und, damit zusammenhängend, daran, dass in dieser Region der Raum außerhalb der Städte in der Regel weniger dicht und flächendeckend bevölkert und bewirtschaftet war als in den meisten europäischen Gebieten. Städte hatten also große Bedeutung für alle Araber, und ihre Bedeutung ist heute noch gewachsen.

Viele arabische Städte waren Knotenpunkte des regionalen und des Fernhandels – hier seien nur solche bekannten Beispiele wie Marrakesch, Fes, Alexandria, Kairo, Damaskus und Aleppo genannt. Weiter waren manche von ihnen als Haupt- oder Residenzstädte wichtig, also als Zentren von Herrschaft und Verwaltung. Einige der genannten Städte hatten diese Funktion, aber auch Bagdad, Tunis und Algier. Wichtige Orte mit religiöser Bedeutung waren – und sind – Medina und Mekka, Nadschaf und Kerbela für die Schiiten, Jerusalem, Kairouan usw. Es gibt kaum eine größere arabische Stadt ohne Stätten, die aus religiösen Gründen besucht werden – meist Gräber von Heiligen oder anderen verehrungswürdigen Personen.

Mit dieser Funktion der Städte im arabischen Raum hängt ihre Struktur und hängen ihre Bestandteile zusammen, die sich bis heute gehalten haben: Die ummauerten Altstädte besitzen in der Regel ein Zentrum, das durch die Hauptversammlungsmoschee, einen ihr vorgelagerten zentralen Platz und den sie umgebenden zentralen Marktbezirk gekennzeichnet ist, eine Zitadelle, meist an der Stadtmauer gelegen, je nach Funktion auch noch einen Palast, eine Gouverneursresidenz o. Ä., und schließlich die einzelnen Wohnquartiere, die oft auch noch durch Mauern und Quartiertore voneinander abgetrennt sind und ihre eigenen Quartiermärkte haben. Auffallend ist der krasse Unterschied zwischen der lärmenden Belebtheit des Markts und der Stille der Wohnviertel, die oft geradezu abweisend wirkt. Die Wohnhäuser haben oft nur wenige und kleine Fenster zur Straße hin, öffnen sich dagegen zum Innenhof, der wieder durch gewinkelte Eingänge gegen Sicht von außen geschützt ist.

Außerhalb der Mauer befinden sich oft der Exerzierplatz und an den Ausfallstraßen, außerhalb der Stadttore, Bauernmärkte. Der zentrale Marktbezirk oder Basar (arab. *sūq*) ist von den Wohnvierteln deutlich getrennt, hat oft eine besondere Baustruktur (überdachte Marktgassen) und ist nach Sparten eingeteilt: Es gibt einen Markt der Goldschmiede, der Tischler, der Tuchhändler, der Gewürzhändler, der Parfümhändler usw. Diese örtliche Spezialisierung erleichtert den Kunden Übersicht und Vergleich der Waren. Typisch für den Markt besonders größerer Städte sind die Khane, Gebäudekomplexe mit Innenhof, die Büro- und Lagerräume von Großhändlern, Werkstätten und andere wirtschaftlich genutzte Räume umfassen. Sie können einfach sein, aber auch ausgesprochen großzügig künstlerisch gestaltet, wie etwa der Khan al-Khalili in Kairo oder der Khan Asaad Pascha in Damaskus. Wenn Moscheen von Herrschern oder Reichen gestiftet wurden, sind sie oft ganze Komplexe von Institutionen: Mausoleum des Stifters, Lehrmoschee (*madrasa*), Wohnanlagen für Studenten und Lehrer der *madrasa*, *sabīl-kuttāb* (öffentlicher Trinkbrunnen und Koranschule), Suppenküche für die Armen und oft auch noch Ladenzeilen, die als Grundlage der Stiftung mit ihren Mieteinnahmen den Betrieb des ganzen Komplexes finanzieren.

In vielen dieser Aspekte unterscheiden sich arabische Altstädte nicht von mittelalterlichen europäischen Städten. Ein Unterschied ist die reiche Ausgestaltung und Speziali-

sierung des Marktbezirks, die auf die große Bedeutung des
Fernhandels hinweist, ein weiterer ist die scharfe Abtren-
nung des Geschäfts- von den Wohnvierteln und deren
Ausrichtung »nach innen«, die – nach der plausiblen Argumentation von Eugen Wirth – auf den großen Wert ver-
weist, den die Orientalen dem Schutz der Privatsphäre zu-
messen. Und ein weiterer Unterschied ist schließlich, dass
man in der arabischen Welt die Altstädte überhaupt noch
in erkennbar traditionellem Gewand und gleichzeitig voll
Leben antrifft. Das ist ein sichtbarer Ausdruck davon, dass
es hier durchaus noch gesellschaftliche Bereiche gibt, die
von der Modernisierung nicht so gründlich erfasst und
umgestaltet worden sind, wie es im Westen die Regel ist –
wo es ja durchaus auch gut erhaltene Altstädte gibt, die
aber oft einen ziemlich künstlichen Eindruck machen.

Wohlgemerkt – auch die arabischen Gesellschaften sind
von Modernisierungsprozessen erfasst, und das macht sich
auch in den Städten bemerkbar. Neben den weitgehend
traditionell geprägten Altstädten gibt es die modernen
Stadtviertel nach westlichem Muster; die Kraft- und Ner-
venzentren der Städte haben sich dorthin verlagert. Wie
rücksichtslos die Modernisierung sich hier Bahn gebrochen hat, lässt sich an manchen Stellen gut beobachten, so
etwa in Damaskus, wo die »Straße der Revolution« ein
traditionelles Viertel außerhalb der Altstadt entzweige-
schnitten hat und wo eine dort gelegene historisch wert-
volle Moschee zwar nicht abgerissen, wohl aber zum Mu-
seumsstück gemacht und von ihrer lebendigen Umgebung
isoliert worden ist. So bieten die heutigen arabischen
Städte ein plastisches Bild des Zustands der arabischen Gesellschaften insgesamt: in Teilen noch traditionell, aber
doch von Modernisierungsprozessen geprägt und oft
rücksichtslos überformt.

— Stagnation —

Sowohl von Arabern wie von erstaunten Beobachtern wird oft gefragt, wie es kommt, dass die arabische Welt, die doch für geraume Zeit ihren Nachbarregionen ökonomisch, zivilisatorisch und an politischer Macht deutlich überlegen war, nicht nur diese Überlegenheit gründlich eingebüßt hat, sondern seit langer Zeit unter erheblichen Entwicklungsmängeln leidet und auf vielen Gebieten vom Westen abhängig ist. Dieser Sachverhalt wird meist mit den Begriffen Stagnation und Niedergang bezeichnet. Nach weit verbreiteter Auffassung setzte die Stagnation etwa im 11. Jahrhundert ein und dauerte bis zum Ende des 18. Jahrhunderts, um dann erst wieder aufgrund massiven europäischen Eindringens beendet zu werden. Diese Auffassung muss jedoch zumindest relativiert werden. Es gab in dem angesprochenen Zeitraum immer wieder auch Phasen der Erholung oder des Aufschwungs, und zwar in unterschiedlicher Weise für verschiedene Teile der arabischen Welt. Überdies muss man sich vor Augen führen, dass stationäre oder sehr langsame sozioökonomische Entwicklung vor der industriellen Revolution die welthistorische Regel war, dass es also unangemessen ist, die vormoderne arabische Welt nach dem Maßstab moderner Entwicklungstempi zu beurteilen.

Dennoch bleibt festzustellen, dass die Blütezeit der arabischen Welt, die zeitlich mit den ersten wenigen Jahrhunderten abbasidischer Herrschaft zusammenfiel, zu Ende ging und die Region zurückblieb – gemessen an den Standards politischer Einheit und Macht, florierender Wirtschaft und regen geistigen und kulturellen Lebens, die sie selbst bis dahin gesetzt hatte. Die politische Einheit ging verloren, der Fernhandel wurde weniger intensiv betrieben, landwirtschaftliche und gewerbliche Produktion gingen zurück. All dies korrespondierte mit einer gewissen geistigen und kulturellen Erstarrung. Bei aller Vorsicht vor

Übertreibungen und Verallgemeinerungen ist doch die generelle Tendenz unübersehbar.

Eine bündige, in allen Punkten schlüssige Erklärung für Stagnation und Niedergang nach einer Zeit der Hochblüte liegt nicht vor; einige Elemente aber lassen sich anführen: Dem frühen islamischen Staat fehlte es an einer klaren, effizienten Organisation, die auch die militärischen Grundlagen der Macht gesichert hätte. Der Versuch der abbasidischen Kalifen, ein loyales Heer von außerhalb heranzuziehen, führte zu ihrer faktischen Entmachtung und zum Zerfall des Reichs, dem aber der ökonomische und kulturelle Niedergang erst mit einiger Verzögerung folgte. Das Militärlehen, das Offizieren die Einkünfte aus bedeutenden Ländereien zu ihrer Besoldung auf unbestimmte Zeit überschrieb, trug zum Rückgang der landwirtschaftlichen Produktion bei. Es bestand lange Zeit kein Mangel an Edelmetallen und damit kein Zwang, zur Finanzierung von Importen die Produktion für den Export anzukurbeln. Die vorherrschende Gesellschaftsorganisation bot Händlern keinen Schutz vor dem räuberischen Zugriff geldgieriger Herrscher und verhinderte so die Herausbildung von Familien, die ihr Kapital über Generationen hinweg anhäufen und dann auch produktiv investieren können. Auch die Städte hatten keinerlei Autonomie und eigneten sich so, anders als in Europa, nicht als Nischen für eine noch so embryonale kapitalistische Entwicklung. Arabische Händler ließen sich die Kontrolle über wichtige Teile des Transithandels ohne Not und Gegenwehr entwinden; die Verlagerung der Welthandelswege tat ein Übriges.

Das erklärt eine Stagnation der arabischen Welt, die streckenweise und in bestimmten Regionen auch durchaus als Niedergang zu bezeichnen war. Hinzu kam, dass sich außerhalb der arabischen Welt, nämlich im benachbarten Europa, mit der industriellen Revolution ein militärisch und wirtschaftlich potenterer Konkurrent herausbildete.

Das schuf auch einen Anreiz, der Stagnation ein Ende zu machen. Militärische und wirtschaftliche Überlegenheit Europas schlugen sich aber dann in einer zunehmenden → Penetration der arabischen Welt nieder und machten ihre Emanzipationsbemühungen zunichte. Aus Stagnation wurde Blockierung.

— **Sunna** —

Herkommen, Brauch, Beispiel, dem man folgt. Schon bei den vorislamischen Arabern galt es als verdienstvoll, dem Beispiel der Altvorderen zu folgen. Im Zuge der Entstehung des islamischen Rechts (→ Scharia) wurde die Sunna Muhammads, d. h. das normsetzende Beispiel des Propheten, neben dem Koran zur wichtigsten Rechtsquelle erhoben. Sunna in diesem Sinn sind die Worte, die Taten und die stillschweigende Billigung des Propheten (und seiner engeren Gefährten) in bestimmten Situationen, aufgezeichnet im Hadith. Im islamischen Recht ist Sunna auch die Bezeichnung einer der fünf Kategorien, in welche alle Handlungen eingeteilt werden; in diesem Zusammenhang sind mit Sunna die Handlungen gemeint, die nicht obligatorisch sind, aber als verdienstvoll empfohlen werden.

Sunna ist auch die Kollektivbezeichnung für die »orthodoxe« Mehrheitsrichtung der Muslime, die eben darum auch Sunniten genannt werden – vor allem in Opposition zu den Schiiten (→ Schia). Eine der Selbstbezeichnungen der Sunniten lautet *ahl as-sunna wa-l-ǧamāʿa*, »die Leute der Sunna und der Gemeinschaft«. Anders als bei den Schiiten, deren Legitimität sich zum großen Teil auf die Imame sowie auf deren Charisma und Rechtleitung stützt, wird bei den Sunniten die ganze Gemeinschaft der Gläubigen als Träger der Legitimität gesehen, die allerdings im Koran und im Beispiel Muhammads, also eben der Sunna, ihre Grundlage hat. Daher bestehen die sunnitischen Gelehrten in ihrer Staatsrechtslehre (den »Kalifatstheorien«) zumindest theoretisch auf der Wahl und der Bestätigung durch die Gemeinde als wichtige Voraussetzungen für die Legitimität eines Herrschers. Die Spaltung der Muslime in mehrere Richtungen geht auf die Erfahrung des ersten Bürgerkriegs (656–661) zurück, bei dem es in mehreren blutigen Schlachten um die Frage nach dem legitimen Herrscher der Muslime ging. Die Anhänger Alis, die sich später als Schia konstituierten, zogen aus dieser Auseinandersetzung den Schluss, dass nur leibliche Nachkommenschaft vom Propheten bzw. von Ali die für einen Herrscher nötige Rechtleitung garantiert. Das war ein klares Prinzip, hatte aber den Nachteil, dass die so definierten Imame sich in der Praxis nicht als Herrscher durchsetzen konnten. Andere Muslime zogen aus dem Trauma des Bürgerkriegs den Schluss, die Frage der politischen Herrschaft von der nach der religiösen Wahrheit zu trennen, um den Islam als einheitliche Religion nicht von politischen Machtkämpfen zerreißen zu lassen. Auch sie stellten bestimmte Anforderungen an die Person des Herrschers und die Institution der Herrschaft (→ Kalifat), banden aber beides an die Gemeinschaft und fanden sich in der Folge flexibel auch mit Verstößen gegen diese Ansprüche ab. Diese Muslime nannte man später Sunniten. Sie stellen mit 85 bis 90% die große Mehrheit der heutigen Muslime und teilen sich in die Anhänger von vier »Rechtsschulen« auf (→ Scharia). Allerdings spielt diese Aufteilung keine sehr große Rolle mehr, denn die Scharia ist ja in den meisten arabischen Ländern nicht mehr als staatlich durchgesetztes Recht in Kraft.

— Umayyaden —

Die Umayyaden waren ein Clan in Mekka, dessen Führer Abu Sufyan lange die mekkanische Opposition gegen Muhammad und den Islam geleitet hatte und sich erst kurz vor der muslimischen Eroberung der Stadt zum Islam bekannte. Aus diesem Clan war auch der dritte der → rechtgeleiteten Kalifen, Uthman, hervorgegangen. Nach dessen Ermordung machte sich Muawiya, ein Sohn Abu Sufyans und Gouverneur in Damaskus, zum Anwalt der »Rächer Uthmans« und wurde damit Gegenspieler Alis. Er erhob selbst Anspruch auf das Kalifat, das ihm auch nach Alis Tod niemand mehr ernsthaft streitig machte. Damit wurde der Sitz des Kalifats nach Damaskus verlegt, und Muawiya, einem ausgesprochen klugen, pragmatischen und durchsetzungsfähigen Politiker, gelang es auch, seinen Sohn Yazid als Nachfolger anerkennen zu lassen. Auch weiterhin blieb das Amt Angehörigen dieses Clans vorbehalten, die so für knapp 90 Jahre die islamische Welt regierten. In diese Zeit fiel die weitere Ausdehnung des islamischen Herrschaftsbereichs vom Indus bis an die Pyrenäen, aber auch die Konsolidierung und Vereinheitlichung der Verwaltung dieses riesigen politischen Gebildes. Einige der umayyadischen Kalifen, vor allem Muawiya (reg. 661–680), Abdalmalik (reg. 685–705), al-Walid (reg. 705–715) und Hischam (reg. 724–743) waren ausgesprochen fähige Politiker, ein weiterer, Umar bin Abdalaziz (reg. 717–720), wird neben dem »ersten« Umar als Vorbild von Frömmigkeit und Gerechtigkeit dargestellt. Auch fähige Gouverneure standen im Dienst der Dynastie – was insbesondere in der unruhigen irakischen Provinz auch nötig war. In der Baugeschichte des Islam spielten die Umayyaden ebenfalls eine große Rolle, etwa durch den Bau des Felsendoms (691/692) und der al-Aqsa-Moschee (um 700) in Jerusalem und der nach ihnen benannten Großen Moschee in Damaskus (ab 705).

In den Jahren 683 bis 692 erschütterte der sogenannte zweite Bürgerkrieg den umayyadischen Staat; zentrifugale Kräfte machten sich u. a. in dem »Gegenkalifat« von Abdallah bin Zubair bemerkbar, und die Autorität der Zentrale konnte erst in langen Kämpfen wiederhergestellt werden. Auch in der späten Phase der umayyadischen Herrschaft gab es diese zentrifugalen Tendenzen (Uneinigkeit unter den arabischen Stämmen, Unzufriedenheit der Nichtaraber mit ihrer Position in der Gesellschaft, religiös inspirierte Opposition usw.), und diesmal gelang es nicht, sie unter Kontrolle zu bringen. Eine Koalition aus unzufriedenen Kräften brachte schließlich 750 die → Abbasiden an die Macht.

Insgesamt lässt sich also auf viele Leistungen der umayyadischen Herrscher verweisen, und das hat auch die islamische Geschichtsschreibung im Allgemeinen anerkannt. Allerdings wird ihnen oft auch Degeneration und Abkehr von islamischen Prinzipien in Lebenswandel und Politik vorgeworfen – insbesondere von religiösen Autoren, deren Schriften dann von ihren Konkurrenten und Nachfolgern eifrig verbreitet wurden. Das Kalifat konnte nach dieser Auffassung nicht mehr als wirkliches Kalifat bezeichnet werden, sei ihm doch die religiöse Dimension abhanden gekommen und es so nur noch »bloßes« Königtum gewesen.

— Unterentwicklung —

Mit der industriellen Revolution ergab sich die enorme Stärkung einiger europäischer Länder im Verhältnis zur gesamten übrigen Welt. Das ungleiche Kräfteverhältnis machte sich vor allem auf wirtschaftlichem und militärischem Gebiet bemerkbar. Die arabische Welt, die Europa unmittelbar benachbart ist und an der Europa ein vitales Interesse hatte, konnte von dieser Entwicklung nicht unberührt bleiben. Die erste spektakuläre militärische Unter-

nehmung einer europäischen Macht in diesem Raum war
die Expedition Bonapartes nach Ägypten (1798–1801). Sie
wurde im Zuge der Konkurrenz mit Großbritannien als
Imperialmacht unternommen und blieb für die arabische
Welt zunächst Episode. Sie zeigte aber deutlich die militärische Kraft europäischer Mächte, zumal sie nur mit Hilfe
Großbritanniens beendet werden konnte, und sie führte
dazu, dass sich Araber für europäische Entwicklungen und
Errungenschaften interessierten (→ Penetration). Die
Dampfschifffahrt intensivierte den Verkehr über das Mittelmeer, und das zog, zusammen mit niedrigen osmanischen Einfuhrzöllen, die Überschwemmung nahöstlicher
Märkte mit Produkten z. B. der britischen Industrie nach
sich. Da diese Produkte konkurrenzlos billig waren, beein-
trächtigten sie den Absatz der Produkte des einheimischen
(vor allem handwerklichen) Gewerbes; dieses musste sich,
wenn es überhaupt überlebte, den neuen Bedingungen anpassen oder sich auf bestimmte Nischen des Marktes zu-
rückziehen. Damit war jedenfalls der Weg zu einer Fort-
entwicklung des einheimischen Gewerbes versperrt. Der
Vorsprung der fortgeschrittenen europäischen Länder in
der Technologie und der Kapitalakkumulation war zu
groß, um ihn ohne weiteres einholen zu können. Auch
Groß- und Fernhandel gerieten immer mehr in europäische Hände und wurden geographisch auf Europa um-
orientiert. Die Landwirtschaft der arabischen Länder reagierte im gleichen Zeitraum auf die Bedürfnisse des auf-
nahmefähigen europäischen Markts. Daraus ergaben sich
die Ausweitung der Produktion und eine gewisse Export-
orientierung. Das führte in einigen wenigen Fällen tendenziell zur Monokultur, wie in Ägypten, wo in großem
Umfang Baumwolle, und in Algerien, wo Wein angebaut
wurde – nicht für die eigenen Bedürfnisse, sondern für die
des englischen bzw. französischen Marktes. Sowohl im
Import wie im Export orientierten sich die arabischen
Wirtschaften zunehmend nach Europa.

Es gab einen Versuch, durch den Aufbau eines eigenen staatskapitalistischen Sektors und protektionistische Maßnahmen nach außen mit der europäischen Entwicklung gleichzuziehen. Das war die forcierte Entwicklung der ägyptischen Wirtschaft unter Muhammad Ali (1805–48). Dieser Versuch erbrachte gewisse Erfolge, wenn auch von einem wirklichen Gleichziehen mit Europa nicht die Rede sein konnte. Selbst ein erfolgreicheres Experiment wäre aber durch die gemeinsame Aktion einiger europäischer Mächte zum Scheitern gebracht worden: Nachdem Ägypten 1840 mit europäischer Hilfe aus Syrien verdrängt worden war, wurde es auch gezwungen, dem englisch-osmanischen Handelsvertrag von 1838 beizutreten, der praktisch alle protektionistischen Maßnahmen beendete. Dies geschah durch militärische Gewalt bzw. die Drohung damit. Das zeigt, wie eng wirtschaftliche und militärische Überlegenheit über die arabische Welt auch schon zu einer Zeit ineinander griffen, als diese noch nicht direkter europäischer Herrschaft unterlag. Offene Märkte wurden ausgenutzt, weniger offene mit militärischem Zwang europäischem Freihandel geöffnet.

In der Periode direkter europäischer Herrschaft in der arabischen Welt wurde die Abhängigkeit noch verstärkt. In den arabischen Gesellschaften entstanden moderne Sektoren, die eng mit dem europäischen Einfluss verbunden waren, sie dehnten sich aber, anders als im Industrialisierungsprozess Europas, nicht über die ganze Gesellschaft aus. Der nicht modernisierte Teil der Gesellschaft wurde den Zwecken des modernen Sektors unterworfen, profitierte aber selbst kaum von den Segnungen der Moderne. So entstand eine tief gehende Spaltung der Gesellschaft in einen modernen Sektor und einen, den man oft als traditionell bezeichnet, der aber keineswegs traditionell in dem Sinn ist, dass er von den Umbrüchen nicht betroffen wäre.

Auch nach dem Ende der Kolonialherrschaft besteht die Abhängigkeit der arabischen Welt in ihren verschiedenen

Aspekten (wirtschaftlich, militärisch, technologisch und kulturell) fort – lediglich die direkte politische Abhängigkeit ist beendet worden. Nach wie vor ist das Verhältnis der arabischen Welt zum Westen von struktureller Ungleichheit geprägt, und auch im Inneren der arabischen Gesellschaften entspricht dem eine strukturelle Heterogenität, eine oft krasse Spaltung zwischen den verschiedenen Sektoren. Man kann also immer noch von einer Blockierung der Entwicklung sprechen, die aus diesen strukturellen Ungleichheiten resultiert.

— Verschwörungsdenken —

Den Arabern wird gern eine Neigung zum Verschwörungsdenken nachgesagt. Und tatsächlich trifft man in der arabischen politischen Literatur, in der Publizistik und im Gespräch mit Arabern oft den Begriff der Verschwörung (arab. *muʿāmara*) an, wenn es darum geht, politische Vorgänge zu erklären, besonders solche, die sich tatsächlich oder nach Meinung der jeweils sich Äußernden zum Nachteil der Araber (oder bestimmter Araber) ausgewirkt haben. Da werden die verschiedensten Gruppen oder Kräfte als Subjekte von Verschwörungen gegen die jeweils eigene Gruppe identifiziert, so etwa der Westen schlechthin, der westliche Kolonialismus, der Imperialismus, Israel, der Zionismus, die Juden, konkurrierende arabische Staaten oder deren Regimes usw., aber manchmal auch das Freimaurertum oder die Orientalistik. Ein typischer Buchtitel im Zusammenhang mit der Kampagne gegen »Verschwörungen« dieser Art ist z. B. »Die miteinander verbündeten Kräfte des Bösen – Orientalistik, Missionierung, Imperialismus«. Als Motivation solcher Verschwörungen erscheint in dieser Argumentation oft nicht die Verfolgung eigener Interessen der feindlichen Kräfte, sondern ein tief verwurzelter Hass auf die Araber oder den Islam.

Es liegt auf der Hand, dass eine solche Sicht auf die ja ganz reale missliche Lage vieler Araber irrational ist, dass sie ein angemessenes Verständnis dieser Lage verhindert und dass sie es darüber hinaus ihren Vertretern ermöglicht, angesichts der Lage in Passivität zu verharren: Wenn diese Lage Ergebnis von Verschwörungen übermächtiger und teilweise im Geheimen wirkender Kräfte ist, hat es wenig Sinn, dagegen anzugehen; wer darauf verzichtet, ist von vornherein entschuldigt. Solches Verschwörungsdenken ist also schon in sich für die Araber von Nachteil. Es schadet ihnen zusätzlich, weil es übel wollenden Beobachtern ermöglicht, unter Hinweis auf dieses Denken die Araber herabzusetzen und sie stärker als real vertretbar für ihre schlechte Lage verantwortlich zu machen.

Ein auch heute noch von Arabern gern angeführtes Beispiel für eine vermeintliche westliche Verschwörung gegen ihre Interessen ist die britische Nahostpolitik im → Ersten Weltkrieg. Zur Gewinnung arabischer Sympathien im Kampf gegen die Osmanen stellten die Briten im Husain-McMahon-Briefwechsel ihre Unterstützung für arabische Unabhängigkeit nach dem Krieg in Aussicht. Nichtsdestotrotz vereinbarten sie mit ihren französischen Bundesgenossen eine Aufteilung der Interessensphären in diesem Gebiet ab und versprachen auch den Zionisten Hilfe beim Aufbau einer jüdischen Heimstätte in Palästina. Beides war mit arabischer Unabhängigkeit und somit mit dem erstgenannten Versprechen nicht vereinbar; die entsprechenden Dokumente wurden darum auch vor den Arabern so weit wie möglich verborgen gehalten. Nun war dies aus Sicht Großbritanniens keine Verschwörung, sondern die Verfolgung handfester imperialer Interessen in einer Kriegssituation, die kontrastierende Stellungnahmen gegenüber verschiedenen Partnern einschloss. Aus der Perspektive der Araber, die sich nach dem Krieg zum größten Teil als Kolonisierte wiederfanden, war das ein durch Geheimpolitik flankierter Vertrauensbruch – eine Verschwörung.

Die Problematik spitzt sich im Hinblick auf die arabische Haltung gegenüber Israel und dem Zionismus zu. Vielfach schreiben Araber den Erfolg des zionistischen Projekts in Palästina einer jüdischen oder zionistischen Weltverschwörung zu und ziehen in diesem Zusammenhang dann sogar die *Protokolle der Weisen von Zion*, also ein zentrales ideologisches Versatzstück des modernen europäischen Antisemitismus, heran. Es gibt mehrere arabische Übersetzungen dieses Machwerks. Mit einer solchen Argumentation und der entsprechenden Propaganda und Aktion wird die Sache der palästinensischen Araber – die ja doch tatsächlich unter der Verwirklichung des zionistischen Projekts enorm gelitten haben – moralisch entwertet und ihren Gegnern erleichtert, sie in den Augen der Weltöffentlichkeit herabzusetzen.

An diesem Fall lässt sich aber wohl auch am besten verstehen, woher das bei Arabern weit verbreitete Verschwörungsdenken rührt. Die zionistischen Juden, am Anfang auch unter den Juden selbst eine kleine Minderheit, die in Palästina selbst kaum präsent war, konnten sich in kurzer Zeit im Land ansiedeln, die Übermacht erreichen, ihren Staat gründen und die Palästinenser weitgehend verdrängen und dies mit der aktiven Unterstützung der britischen Mandatsmacht, der USA und anderer westlicher Staaten und zeitweise sogar der UdSSR. Diesen Vorgang und seine weltpolitischen Implikationen zu verstehen, war und ist nicht leicht, zumal dazu auch ein angemessenes Verständnis des Holocaust gehört, das den Palästinensern, die sich zunächst einmal selbst in der Opferrolle sehen, schwer fällt. Da greift man denn zu der »einfachen« Erklärung, dass die Juden in geheimer und schwer zu durchschauender Weise die Regierungen der Welt beherrschen.

Bei aller Kritik an diesem Denken muss man aber auch sehen, dass diese Vorstellungen nicht aus einer anthropologischen Eigenart der Araber rühren, sondern aus ihrer Situation und historischen Erfahrung erwachsen sind. Das zionistische Projekt, das keine Verschwörung war, wurde aus der Perspektive der Araber so gesehen. Das Charakteristische an einer Verschwörung ist, dass sie vor der Außenwelt und besonders den Betroffenen geheim gehalten wird. Und wichtige Züge des zionistischen Projekts wurden in der Tat vor den Arabern verborgen bzw. ihnen gegenüber regelrecht geleugnet. So wurde etwa die Balfour-Deklaration mit großer Verzögerung in Palästina veröffentlicht; die Zionisten, die ja auf die Umwandlung Palästinas in einen jüdischen Staat zielten, sprachen lange Zeit nur vom Aufbau eines jüdischen Nationalheims und behaupteten, dieses werde nicht zur wesentlichen Schädigung der ansässigen Bevölkerung führen. Die palästinensischen Araber hegten aufgrund ihrer Erfahrungen und der viel weniger zurückhaltenden internen Äußerungen der Zionisten massive Befürchtungen für ihre Existenz im Land und wunderten sich, dass die Weltöffentlichkeit im Großen und Ganzen die Behauptungen der Zionisten akzeptierte und ihre eigene moralische Position ignorierte. Nachdem sich mit der Gründung des Staats Israel und der Vertreibung der meisten Palästinenser von seinem Gebiet ihre Befürchtungen bestätigt hatten, fehlte ihnen das Verständnis für die Haltung der Welt, und sie sahen diesen Gang der Dinge als Beweis für die Existenz eines zionistischen oder jüdischen Komplotts.

Das verbreitete Verschwörungsdenken ist also Begleiterscheinung der realen Lage der Araber und ihrer geschichtlichen Erfahrung. Im Rahmen arabischer Selbstkritik gibt es aber auch durchaus Araber, die sich heftig gegen das Verschwörungsdenken wenden, es als Schwäche geißeln und für eine realistische Sicht der Araber und ihre Stellung in der Welt plädieren.

— Wahhabiten —

Die Wahhabiten sind eine islamische Gemeinschaft, die im 18. Jahrhundert in Nedschd (östliche Arabische Halbinsel) von dem dortigen Gelehrten Muhammad bin Abdalwahhab (um 1703–92) gegründet wurde. Die Bezeichnung Wahhabiten stammt von westlichen Beobachtern; sie selbst nennen sich *muwahhidūn*, »Bekenner der Einheit Gottes«. Wahhabiten sind Sunniten, gehören zur hanbalitischen Rechtsschule und verstehen diese etwa im Sinn des großen hanbalitischen Gelehrten Ibn Taimiyya (gest. 1328), d. h. sie halten sich streng an Koran und → Sunna, wollen diese wörtlich verstanden wissen und wenden sich gegen alle Neuerungen, die seit dem 9. Jahrhundert in die islamischen Lehren gekommen sind. Sie sind gegen viele Ausdrucksformen der Volksfrömmigkeit, insbesondere gegen jede Form der Heiligenverehrung, selbst wenn sie die Person Muhammads betrifft (Wahhabiten haben mehrmals Orte der Muhammad-Verehrung im Hedschas zerstört).

Was diese Gemeinschaft so bemerkenswert und wirksam gemacht hat, ist der Umstand, dass ihr Gründer im Jahr 1747 eine Partnerschaft mit dem zentralarabischen Stammesführer Muhammad bin Saud einging, bei der ihm selbst die Rolle des religiösen Fuhrers – in moderner Sprache könnte man sagen: des Ideologen – und Ibn Saud die des militärischen Führers und des politischen Chefs zukam. Auf diese Weise war ein Bündnis zwischen religiösem Ideologen und fähigem Militär und Staatsmann geschmiedet worden, wie es mehrfach in der islamischen Geschichte zu beobachten ist, so etwa bei der Entstehung der → Almohaden. Die Partnerschaft hatte Bestand und erstreckte sich auch auf die Nachkommen der ursprünglichen Partner. Der auf diese Weise zustande gekommene Staat expandierte bis zum Beginn des 19. Jahrhunderts so weit, dass er den Hedschas umfasste und sich bis in den Fruchtbaren Halbmond erstreckte, also die Kreise der Osmanen empfindlich störte. Diese beauftragten daraufhin den ägyptischen Herrscher, die Wahhabiten in ihre Schranken zu weisen, was erst nach großen Mühen und mehreren Feldzügen gelang. 1818 wurden der saudisch-wahhabitische Staat und seine Hauptstadt zerstört.

Das Bündnis von Wahhabiten und Saudis hielt allerdings und war offenbar ein so wirksamer Garant von Kontinuität und Stabilität, dass der Staat wieder aufgebaut und nach erneuten Rückschlägen am Beginn des 20. Jahrhunderts konsolidiert werden konnte – immer noch im Bündnis der beiden führenden Familien, die aus dem Wahhabitentum die Ideologie des Staats geschaffen hatten. Mit einer erneuten Expansion umfasste dieser Staat praktisch das gesamte Innere der Arabischen Halbinsel einschließlich (bis 1926) des Hedschas und der damit für das Prestige eines islamischen Staats so wichtigen Heiligen Stätten. 1932 wurde dann mit dem Königreich Saudi-Arabien der moderne saudische Staat gegründet, mit Abdalaziz bin Saud (1880–1953), einem Abkömmling der Familie Saud, als Monarch und einer nach wie vor beträchtlichen Rolle der Nachkommen von Ibn Abdalwahhab als wichtige Gelehrte des Landes.

Die weitere Geschichte Saudi-Arabiens hat die Rolle des Wahhabitentums weiter gestärkt. Die Führung des Landes hat großen Ehrgeiz, international, besonders auf der islamischen Ebene, Einfluss auszuüben. Die Präsenz der Heiligen Stätten auf seinem Territorium, sein Ölreichtum und damit seine Finanzmacht und die damit zusammenhängende enge Beziehung zum Westen geben ihm erhebliche Mittel, diesen Einfluss tatsächlich auszubauen. In verschiedenen internationalen islamischen Organisationen macht sich dieser Einfluss – und damit die Rolle der Wahhabiten – bemerkbar; die Islamische Weltliga ist sogar eine regelrechte saudische Gründung und damit wahhabitischem Einfluss besonders zugänglich. Dabei machen sich allerdings Widersprüche bemerkbar. Ihrer Ideologie nach sind die Wahhabiten neuerungsfeindlich. Sie haben durchgesetzt, dass die Scharia offiziell in Kraft ist; sie wachen streng über die Einhaltung islamischer Vorschriften usw. Andererseits operieren sie in dem in mancher Hinsicht durchaus modernen saudischen Kontext und können sich den dementsprechenden Zwängen nicht entziehen. Dieser Widerspruch wird umso akuter, je stärker das Land sich notwendigerweise modernen Gepflogenheiten anpasst. Seit der Besetzung der Großen Moschee in Mekka 1979 und zunehmend seit 1990 machen in Saudi-Arabien radikale Gruppen von sich reden, welche die Lehren des Wahhabitentums offenbar ernst nehmen, an der Praxis des saudischen Staats und seiner Führungsschicht aber so viel Anstoß nehmen, dass sie aus diesem Widerspruch terroristische Konsequenzen ziehen. Aus diesen Kreisen rekrutieren sich auch viele Mitglieder der Gruppe um Usama bin Laden, der selbst ein Saudi mit entsprechendem Hintergrund ist.

— Wasser —

Die arabische Welt gehört aufgrund ihrer Lage zwischen den tropischen und den gemäßigten Breiten zu den trockensten Großregionen der Erde. Das hat ihre Entwicklungsmöglichkeiten seit jeher eingeschränkt. Traditionell machte sich das vor allem in der Landwirtschaft bemerkbar. Nur wenige Gebiete der arabischen Welt sind so niederschlagsbegünstigt, dass dort Regenfeldbau möglich ist (Mindestvoraussetzung je nach Wirtschaftsweise sind 250–400 mm durchschnittlicher jährlicher Regenfall). Die weitaus größte Fläche wird von Wüsten, Halbwüsten und Steppen eingenommen, dort übersteigt die Verdunstung den Niederschlag für den größten Teil des Jahres und ist – außer in den scharf abgegrenzten Gebieten mit künstlicher Bewässerung – keine landwirtschaftliche Nutzung möglich. In der jüngeren Vergangenheit bzw. der Gegenwart macht sich die Wasserknappheit auch im Bereich der industriellen Entwicklung und in der Steigerung des Wasserbedarfs für Haushaltszwecke bemerkbar: Die Bevölkerung vermehrt sich im Allgemeinen rasch, und auch der Wasserverbrauch pro Kopf tendiert mit dem Einzug moderner Lebensweisen zur Steigerung. Bei diesem wachsenden Bedarf und den begrenzten Ressourcen wird für viele arabische Länder bald eine kritische Situation eintreten, in einigen ist dies bereits der Fall.

Man teilt die Wasservorkommen ein in Oberflächenwasser (Bäche, Flüsse, Seen) und Grundwasser, und dieses Letztere wieder in erneuerbare Grundwasserressourcen, die durch Regenfälle wieder aufgefüllt werden, und nicht erneuerbare oder fossile, bei denen das nicht möglich ist. Außer den ganz auf arabischem Gebiet liegenden Flusssystemen gibt es in der arabischen Welt drei große Ströme, deren Wassermassen »von außerhalb« kommen: den Nil, der sein Wasser aus Ostafrika, sowie den Euphrat und den Tigris, die ihr Wasser aus Ostanatolien bzw. Iran erhalten.

In der vormodernen arabischen Welt gab es angesichts der Naturbedingungen ausgesprochen zweckmäßige Systeme der Wassererschließung und -nutzung: Brunnen, aufwendig ausgebaute horizontale Wasserstollen (*qānāt*) und Wasserschöpfwerke, mit denen etwa Flusswasser auf höher gelegene Felder geleitet wurde – berühmt sind die großen Wasserschöpfräder am Orontes in Hama (Syrien). Heute überwiegt in der arabischen Welt ein technisches Wassermanagement, in das, anders als in den industriell entwickelteren Gesellschaften, ökologische und ökonomische Gesichtspunkte nur ansatzweise eingehen. Eine der wichtigsten Maßnahmen zur Verbesserung der Wasserversorgung besteht im Bau von Staudämmen an den großen Strömen oder auch an anderen Flüssen; die bekanntesten sind der Assuanhochdamm in Ägypten (→ Niltal) und die Aufstauung des Euphrats in Syrien. Insbesondere im letzteren Fall blieben die Erfolge hinter den Erwartungen zurück; in jedem Fall ergeben sich ökologische Folgen (Versalzung des Bodens), die Folgeinvestitionen erfordern. Brunnen zur Grundwassernutzung können heute tiefer und problemloser gebohrt werden als früher. Ansätze zur Berücksichtigung ökologischer Gesichtspunkte sind die verstärkte Nutzung von Brauchwasser, die Einführung von Technologien zur sparsameren Nutzung von Wasser bei der Bewässerung, das Zurückfahren von Kulturen, die viel Wasser benötigen (Zitrus, Bananen) und generell das Zurückfahren der Bewässerungslandwirtschaft zugunsten der rentableren industriellen Nutzung der begrenzten Wasserressourcen.

Einige arabische Länder (Libyen, Ägypten, Saudi-Arabien, Jordanien) mildern ihr Wasserproblem dadurch, dass sie ihre teilweise sehr großen fossilen Grundwasserreserven anzapfen; Libyen betreibt in diesem Zusammenhang sein Projekt des »großen von Menschenhand gemachten Flusses«, mit dem es weite Wüstenstrecken kultivieren will; Saudi-Arabien ist auf diese Weise zum Weizenselbstversorger und sogar -exporteur geworden, ist aber dabei, dieses Projekt wegen der exorbitanten, jeder Rentabilität Hohn sprechenden Kosten wieder aufzugeben. Die ökologischen Folgen solcher Nutzung fossilen Grundwassers sind nicht hinreichend untersucht, und auf jeden Fall sind die Reserven endlich. In den reichen Golfstaaten und in Libyen betreibt man auch in großem Umfang (und zu hohen Kosten) Meerwasserentsalzungsanlagen. Und schließlich denken nicht nur arabische Staaten, sondern auch das mindestens ebenso stark betroffene Israel an den Zukauf von Wasser von außerhalb der Region – etwa aus der Türkei, die dazu auch durchaus bereit ist. Allerdings scheitern diese Pläne bisher an technischen und politischen Hürden, denn der dazu nötige Bau von grenzüberschreitenden Pipelines ist bisher wegen der Konflikte und politischen Spannungen zwischen den betroffenen Staaten unmöglich.

Gelegentlich hört man die Auffassung, der nächste Krieg im Nahen Osten werde nicht um Öl, sondern um Wasser geführt werden. Das ist Spekulation. Ohne Übertreibung kann man aber sagen, dass bei Wasserknappheit einerseits, bei zunehmendem Bedarf an Wasser andererseits und bei dem Vorkommen grenzüberschreitender Gewässer, die von mehreren Anliegern genutzt werden, die Konkurrenz um Wasser zu Konflikten führen kann (und auch schon geführt hat) bzw. ohnehin aus anderen Gründen bestehende Konflikte verschärfen oder ihre Regelung erschweren kann. Das Nilwasser müssen sich Ägypten, Sudan und Äthiopien teilen. Das hat bisher noch nicht zu Konflikten geführt, da weder Äthiopien noch der Sudan Staudämme in größerem Umfang gebaut haben. Ägypten hat so immer die wenigstens 55 Milliarden Kubikmeter Wasser pro Jahr erhalten, die ihm vertraglich zustehen. Das Wasser des Euphrats, den sich die Türkei, Syrien und der Irak, und des Tigris, den sich die Türkei und der Irak teilen, ist ebenfalls potenzieller Konfliktgegenstand. Im Fall des Euphrats ist der Konflikt auch schon akut geworden, weil er und seine Zuflüsse auf türkischem Gebiet im Rahmen des »Südostanatolienprojekts« in großem Umfang aufgestaut und zur Bewässerung riesiger landwirtschaftlicher Flächen genutzt werden. Dadurch kommt auf syrischem Gebiet weniger Wasser und – wegen der Rückleitung von Abwässern – Wasser schlechterer Qualität an, als Syrien hinzunehmen bereit ist. Dies hat zusammen mit anderen Ursachen zu Konflikten zwischen den beiden Ländern geführt.

Der spektakulärste Fall der Überlagerung von Wasser- mit anderen Konflikten in der arabischen Welt ist das Flussbecken des Jordan. Es liegt auf dem Gebiet mehrerer Staaten (Israel, Libanon, Syrien, Jordanien und die palästinensischen Gebiete). Israel, Jordanien und die Palästinenser leiden unter großer Wasserknappheit; und überdies sind diese Staaten in die Auseinandersetzungen des → Palästinakonflikts verwickelt. Bereits in den 60er-Jahren des 20. Jahrhunderts spielte in diesem Konflikt Wasser eine Rolle, als Israel begann, dem See Genezareth am Oberlauf des Jordan große Mengen Wasser zu entnehmen und damit das Zentrum des Landes zu versorgen. Daraufhin bauten die arabischen Nachbarländer Dämme zur Ableitung der Jordan-Zuflüsse auf ihrem Gebiet, die dann wieder von Israel bombardiert wurden – ein Szenario, das zum Aufbau der Spannungen im Vorfeld des → Junikriegs beitrug. In diesem Zusammenhang ist heute das größte Problem, dass Israel einen erheblichen Teil seines Wasserbedarfs aus Brunnen deckt, die zwar auf seinem Staatsgebiet liegen, aber über die Grundwasser führenden Schichten aus dem Gebiet der (palästinensischen) Westbank gespeist werden. Um die so verfügbare Wassermenge nicht schmälern zu lassen, beschränkt Israel den Palästinensern die Gewinnung von Wasser in der Westbank, was die Entwicklungsmöglichkeiten der Landwirtschaft begrenzt und auch schon zu gravierenden Engpässen bei der Versorgung der Haushalte geführt hat. Gleichzeitig dürfte das Interesse Israels an der weiteren Kontrolle über die palästinensischen Wasserressourcen ein gewichtiger Grund dafür sein, dass es die Souveränität über die Westbank nicht aufgeben will. Damit spielt die Konkurrenz um knappes Wasser eine wichtige Rolle bei der Verschärfung bzw. der geringen Regulierbarkeit zumindest dieses Konflikts.

— Westen und Moderne —

Seit im Verlauf des 19. Jahrhunderts die Überlegenheit Europas den Arabern bewusst wurde, bildet ihr Verhältnis zu Europa (und später, nachdem die USA hinzugekommen waren, zum Westen) ein, wenn nicht *das* beherrschende Thema ihres politischen und sozialen Denkens. Die sprunghafte Entwicklung der industriellen Revolution führte den Arabern plastisch vor Augen, dass sie selbst, die doch einmal tonangebend in der Weltzivilisation gewesen waren, nun hinterherhinkten, und selbst wenn sie den europäischen Entwicklungsstand hätten ignorieren wollen, gab ihnen Europa nicht die Möglichkeit dazu: Es machte sich mit Interventionen und → Penetration in der arabischen Welt nachhaltig bemerkbar. Der Einfluss des Westens wurde unabweislich, und die Araber mussten sich der damit gegebenen Herausforderung stellen.

Dabei stellte sich die Frage, ob man im Sinne der Selbstbehauptung gegenüber Europa dessen Errungenschaften übernehmen sollte. Unter arabischen Politikern und Intellektuellen bildeten sich verschiedene Haltungen heraus. Die eine Extremposition, der Traditionalismus, wollte alle fremden Einflüsse abwehren, um die eigene Identität und Stärke zu bewahren bzw. wiederherzustellen. Das schien den Vertretern dieser Position nur im Rückgriff auf das Eigene möglich. Die andere Extremposition, der Modernismus, propagierte die rückhaltlose Übernahme aller westlichen Errungenschaften und Modelle, denn nur dies schien ihr das machtpolitische Gleichziehen mit Europa zu ermöglichen, und sei es auch nur, um Europa politisch-militärisch abwehren zu können. Es zeigte sich, dass beide Positionen nicht zu den gewünschten Ergebnissen führen würden. »Reiner« Traditionalismus war kaum durchzuhalten, denn schon zur militärischen Selbstbehauptung mussten bestimmte europäische Errungenschaften übernommen werden. Und auch »reiner« Modernismus war kaum auf breiter Front durchzusetzen, denn viele hielten gerade in einer als schwach empfundenen Lage an manchen Elementen der eigenen Tradition fest. Ihre Preisgabe wäre als Schwächung oder Vernichtung der eigenen Identität gesehen worden. In der Folge nahm man meistens eine Mittelposition ein, die oft als → Reformismus bezeichnet wird: Man weiß, dass die arabischen Gesellschaften umgestaltet werden müssen und dass man dazu von anderen lernen kann und muss, man will dies aber unter möglichster Wahrung der wichtigsten Elemente der eigenen Tradition tun. Ein sehr wichtiger Bestandteil dieser Tradition ist die Religion, für die meisten Araber der Islam; demgemäß beziehen sich viele reformistische Intellektuelle gern auf ihn. Im »reformistischen« Mittelfeld fanden und finden intensive Auseinandersetzungen darüber statt, was man vom Eigenen bewahren und wie viel man von anderen übernehmen soll.

Dieses Spektrum von Positionen bildete sich seit der Mitte des 19. Jahrhunderts heraus und findet sich ganz ähnlich noch heute. Ein großer Teil der arabischen Geistesgeschichte dieser Epoche besteht aus den Auseinandersetzungen zwischen den Vertretern der genannten Positionen. Dabei wurde unabhängig von der jeweils eingenommenen Haltung sehr klar, dass alle Teilnehmer an der Debatte unter dem Eindruck der westlichen Herausforderung standen und sich ihr nicht entziehen konnten. Die Moderne – im gegebenen Fall eine westlich geprägte Moderne – drückte der Debatte ihren Stempel auf. Das betraf die Gegner der Modernisierung ebenso wie ihre Befürworter. Auch die schärfsten Kritiker der Moderne verzichteten bei der Verfolgung ihrer Ziele nicht auf bestimmte ihrer Errungenschaften. Und sie benutzten in der Ablehnung der Moderne Begriffe und Argumentationen, die ohne sie nicht denkbar wären.

Dass sich die genannten Positionen seit etwa 150 Jahren immer wieder finden, weist darauf hin, dass die Grundlinien der Konstellation, in der sie sich erstmals herausbildeten, nach wie vor bestehen. Die arabischen Gesellschaften konnten die Abhängigkeit vom Westen immer noch nicht überwinden. Hinzu kommt, dass die Modernisierung diese Gesellschaften zwar erfasst, aber nicht so umgestaltet hat, dass große Teile der Bevölkerung davon profitiert hätten. Die Moderne erscheint den Arabern unter einem doppelten Gesichtspunkt. Einerseits beinhaltet sie materiellen und technischen Fortschritt, die Ausweitung individueller Freiheit und die Einführung entsprechender Werte und Modelle wie Menschenrechte und Demokratie – alles Dinge, die auch den meisten Arabern erstrebenswert erscheinen. Andererseits hat sich die Durchsetzung der Moderne in der arabischen Welt unter dem Vorzeichen westlicher Vorherrschaft vollzogen, die aus vielen Gründen von den Betroffenen in sehr negativem Licht gesehen wird. Die Moderne umfasst also positive wie negative Aspekte. Und auch die positiven Aspekte werden oft nicht als solche gesehen, weil sie (wie etwa der materielle Fortschritt) nur Teilen der Bevölkerung zugute kommen oder (wie Demokratie und Menschenrechte) zwar propagiert, aber nicht praktiziert werden. Auch dies trägt zu den Vorbehalten gegenüber der Moderne bei. Das ist besonders dann der Fall, wenn die Moderne als integrales Programm verstanden wird, das man nur als Ganzes akzeptieren oder ablehnen kann. Ein solches »integrales« Verständnis der Moderne ist weit verbreitet. Es gibt demgegenüber aber auch Versuche, die verschiedenen Aspekte der Moderne analytisch voneinander zu trennen und sich in dieser Hinsicht eine Wahlmöglichkeit offen zu halten. Die Absicht, beide Aspekte des europäischen Einflusses wahrzunehmen, findet sich bereits zu Beginn des 20. Jahrhunderts in folgender Äußerung des libanesischen Intellektuellen Farah Antun aus dem Jahr 1903 angedeutet:

»Europa benutzt die Religion als Instrument. [...] Wenn man den in den Osten gesandten Missionar darstellen wollte, so wäre er ein Mensch mit einem Mönchshut auf dem Kopf, eine Bibel in der Rechten, ein Schwert und eine Flagge in der Linken, und auf dem Rücken die Waren von London, Paris, Rom und Berlin.

Und doch sollte der Orient [...] nicht vergessen, dass diese Missionare, wenn sie ihm auf der einen Seite geschadet, ihm auf der anderen Seite doch auch genützt haben. Leben und Zivilisation wären nicht zu ihm zurückgekehrt ohne den Dienst dieser Missionare. [...] Die Orientalen sollten [...] auf der einen Seite diese Wohltaten anerkennen, welche die Grundlage ihres Wiedererwachsens waren, und auf der anderen Seite sagen: Unser Interesse stimmt nicht mit eurem überein, und wenn uns daher Wissenschaft und Kultur mit euch verbinden, so trennt uns doch die Politik von euch«.

Heute wird die Debatte um Tradition und Moderne oft unter Benutzung des Begriffspaars »Authentizität – Modernität« geführt. Die Authentizität wird gern im *turāt* gesucht, im arabisch-islamischen Kulturerbe, mit dem sich viele Forscher seit den 70er-Jahren intensiv auseinander setzen. Vieles von dieser Auseinandersetzung bewegt sich in den seit langem eingefahrenen Bahnen. Das Bewusstsein der eigenen Schwäche; der Gegensatz zwischen denen, die sie durch Übernahme »fremder« Errungenschaften, und denen, die sie durch Rückgriff auf die eigenen Werte und Traditionen überwinden wollen; die Erkenntnis, dass hier ein Mittelweg gefunden werden muss; die Klage über die arabische Spaltung und die verderbliche Rolle des Westens und Israels; das Eingeständnis, dass man die Verantwortung für das eigene Elend nicht ausschließlich bei anderen suchen kann; das Gefühl der Ohnmacht der Intellektuellen gegenüber den Machteliten der eigenen Länder, die von den bestehenden Zuständen profitieren – das sind immer wiederkehrende Themen der Debatten und einschlägigen Publikationen.

— **Wirtschaft** —

Die traditionelle Grundlage der arabischen Wirtschaft ist die Landwirtschaft; auch der Handel, besonders der Fernhandel, und andere Sektoren der städtischen Ökonomie spielten eine große Rolle. Die Entwicklungsmöglichkeiten der Landwirtschaft waren immer durch die Wasserarmut der Region eingeschränkt, nur in den begrenzten Gebieten mit künstlicher Bewässerung war intensive Landwirtschaft möglich. Dagegen war die Region durch ihre Lage zwischen drei wichtigen Wirtschaftsräumen im Hinblick auf den Fernhandel und die Stadtökonomie begünstigt. Über weite Strecken der vormodernen Zeit florierte die arabische Wirtschaft.

Diese Wirtschaftsblüte hielt nicht an. Europa begann sich dynamischer zu entwickeln, und auch die arabische Welt wurde in die europäisch dominierte Weltwirtschaft integriert. Sie musste sich deren Vorgaben anpassen. Das war nicht in jeder Hinsicht negativ. Anders als im Fall anderer Länder passte sich die Landwirtschaft zwar an die Bedürfnissen des Weltmarkts an, entwickelte aber keine ausgeprägten Monokulturen. Dennoch wurden die arabischen Wirtschaften im Verlauf des 19. Jahrhunderts abhängig und unfähig zu einer Entwicklung, die sich an ihren eigenen Bedürfnissen orientierte – von einem Mitziehen mit der europäischen Wirtschaftsentwicklung ganz zu schweigen.

Auch die nachkolonialen Wirtschaften der arabischen Welt haben sich aus dieser Abhängigkeit nicht befreien können. Sie sind in der Regel wenig diversifiziert und haben keine bedeutende verarbeitende Industrie. Dabei haben sie erhebliche Entwicklungsanstrengungen unternommen. Typischerweise verfolgten sie in einem ersten Stadium eine Strategie der staatsgelenkten importsubstituierenden Industrialisierung, den Aufbau einer eigenen Industrie mit unterschiedlichen Finanzierungsquellen und unterschiedlichen ideologischen Vorgaben. Mit dem Ölboom der Jahre ab 1973 begann ein neues Stadium arabischer Wirtschaftsentwicklung. Die vermehrten Einkünfte, die nicht auf die Ölstaaten beschränkt blieben, sondern sich über Transferzahlungen und die Einkünfte von Arbeitsmigranten in vielen arabischen Ländern niederschlugen, führten zu höheren Investitionsraten und damit zu gesteigertem Wachstum.

Dabei spielte der Staat eine unverhältnismäßig große Rolle. Die öffentlichen Sektoren sind in den arabischen Ländern ausgedehnt, und auch die übrige Wirtschaft ist staatlicher Kontrolle unterworfen. Marktwirtschaftliche Mechanismen können unter solchen Umständen keine große Rolle spielen; die staatlichen Betriebe sind nicht gezwungen, profitabel zu arbeiten, und tun das dann in der Regel auch nicht. Selbst wenn Investitionen in ausreichendem Maß vorgenommen werden, sind sie nicht am Kriterium der Effizienz oder gesellschaftlicher Notwendigkeit orientiert, sondern folgen den von staatlichen Eliten nach zweifelhaften Kriterien gesetzten Prioritäten. Die Folge ist eine in weiten Bereichen unprofitabel arbeitende Wirtschaft, die für den wirtschaftlichen Einbruch seit den 80er-Jahren mitverantwortlich ist.

Als nämlich um die Mitte der 80er-Jahre die Öleinnahmen wegbrachen, zeigten sich die Verwundbarkeit der bis dahin verfolgten Strategien und der problematische Charakter einer so zentralen wirtschaftlichen Rolle des Staats. Seitdem haben sich die meisten arabischen Staaten der Strukturanpassung, also einer Verbesserung der wirtschaftspolitischen Rahmenbedingungen, verschrieben. Dabei geht es um größere Verlässlichkeit und Rechtssicherheit, die Reform oder Privatisierung des staatlichen Wirtschaftssektors, die Lockerung von Preiskontrollen und den Abbau von Subventionen, Steuerreformen, eine Liberalisierung des Außenhandels, den Abbau der Devisenbewirtschaftung und Ähnliches. Auch der Internationale Währungsfond übte Druck in dieser Richtung aus, wenn er bei der Schuldenregulierung für arabische Staaten eingeschaltet wurde. Entsprechende Programme haben heute fast alle arabischen Staaten, manche seit langer Zeit. Ihre Umsetzung verzögert sich aber oft aus Rücksicht auf einflussreiche Interessengruppen oder leidet unter der generellen politischen Schwerfälligkeit oder Ineffizienz der Systeme. Generell lässt sich aber sagen, dass die Strategie der importsubstituierenden Industrialisierung aufgegeben worden ist und dass die arabischen Regierungen inzwischen eine Vermehrung ihrer Exporte und damit die Integration in den Weltmarkt anstreben. Damit taucht unweigerlich das Gespenst der Globalisierung auf, die viele Kräfte in den arabischen Ländern fürchten, weil sie ihre Wirtschaften bei völliger Öffnung der Märkte nicht für konkurrenzfähig halten. Man kann die heutige Diskussion über die arabische Wirtschaftsentwicklung ohne weiteres in dem Spannungsfeld zwischen dem Willen zur Strukturanpassung und der Furcht vor der Globalisierung ansiedeln.

Es gibt große Unterschiede zwischen den einzelnen arabischen Wirtschaften. Das zeigt sich schon bei einem Blick auf einen Grobindikator wie das Pro-Kopf-Einkommen, das in den Vereinigten Arabischen Emiraten mehr als 24 000 Dollar, im Jemen etwa 450 Dollar beträgt. Einige arabische Länder verfügen eben über große Lagerstätten von Erdöl und Erdgas, erwirtschaften mit deren Verkauf große Einkünfte, haben aber eine relativ geringe Bevölkerung. Andere Länder verfügen über Öl, aber auch über eine große Bevölkerung, und wieder andere haben ausgesprochen wenige verwertbare Ressourcen bzw. eine gering entwickelte Wirtschaft. Aus einem so großen Wohlstandsgefälle können politische Probleme und Spannungen resultieren, wie sich z. B. während der Golfkrise und des zweiten → Golfkriegs gezeigt hat.

Die angedeuteten Entwicklungsprobleme, die sich beispielsweise auch in hoher Arbeitslosigkeit (15–25%) niederschlagen, dürften sich durch zusätzliche Probleme noch verschärfen, so etwa das im internationalen Vergleich hohe, aber für die einzelnen arabischen Länder sehr unterschiedliche Bevölkerungswachstum (1,2–5%), die hohe Urbanisierung, die sich verschärfende Wasserknappheit, andere Umwelt- und Infrastrukturprobleme, enorme Aufgaben im Erziehungsbereich, die Außenverschuldung der arabischen Länder usw. Das alles stellt die arabischen

Wirtschaften vor große Aufgaben, die sich auch bei großen Anstrengungen und durch die oft vorgeschlagene verstärkte interarabische Kooperation nicht leicht oder kurzfristig werden lösen lassen.

Anhang

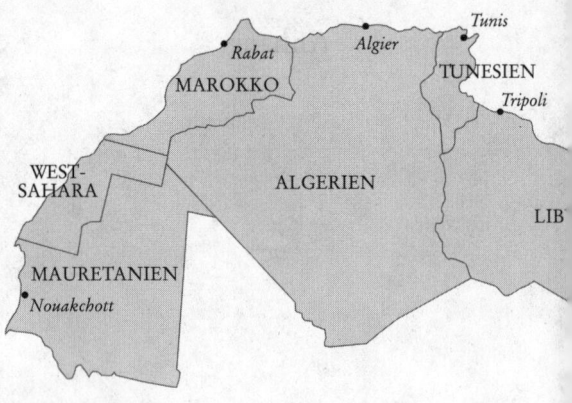

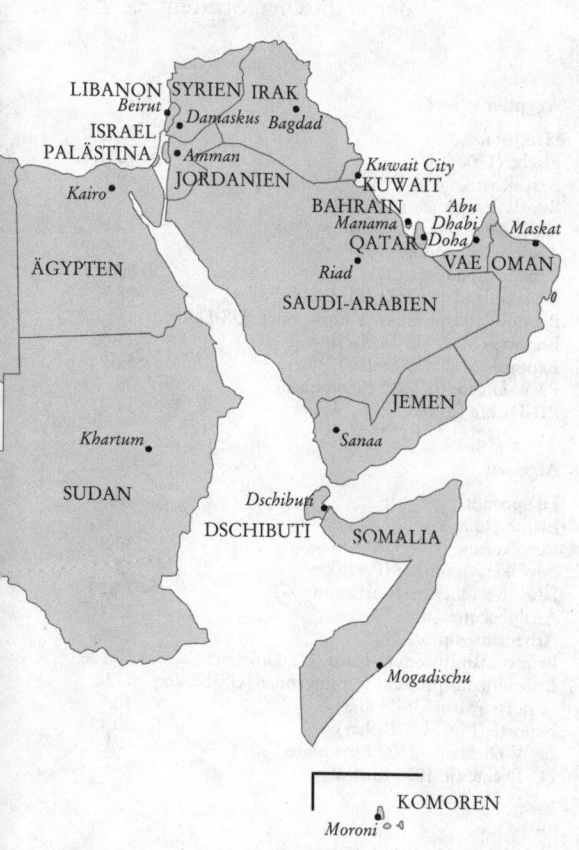

LIBANON SYRIEN IRAK
Beirut *Damaskus* *Bagdad*
ISRAEL
PALÄSTINA *Amman* *Kuwait City*
JORDANIEN KUWAIT
Kairo BAHRAIN *Abu*
Manama *Dhabi* *Maskat*
ÄGYPTEN QATAR *Doha*
VAE OMAN
Riad SAUDI-ARABIEN

JEMEN

Khartum *Sanaa*

SUDAN *Dschibuti*
DSCHIBUTI SOMALIA

Mogadischu

KOMOREN
Moroni

Daten zu Wirtschaft und Bevölkerung der arabischen Staaten

Ägypten

Hauptstadt	Kairo
Fläche (1000 km²)	1001,5
Bevölkerung (Mio.)	69,1
Bevölkerungsdichte (Pers./km²)	69
Jährl. Bevölkerungswachstum (%)	1,82
Analphabetenquote (%)	45,4
Arbeitslosenquote (%)	8,1
Bruttoinlandsprodukt (Mrd. US-Dollar)	98,725
Bruttoinlandsprodukt je Einwohner (US-Dollar)	1430
Importe (Mrd. US-Dollar)	21,66
Exporte (Mrd. US-Dollar)	5,63
PKW-Dichte (je 1000 Einwohner)	25
PC-Dichte (je 1000 Einwohner)	14

Algerien

Hauptstadt	Algier
Fläche (1000 km²)	2381,7
Bevölkerung (Mio.)	30,8
Bevölkerungsdichte (Pers./km²)	13
Jährl. Bevölkerungswachstum (%)	1,82
Analphabetenquote (%)	33,4
Arbeitslosenquote (%)	29,8
Bruttoinlandsprodukt (Mrd. US-Dollar)	53,306
Bruttoinlandsprodukt je Einwohner (US-Dollar)	1730
Importe (Mrd. US-Dollar)	10,1
Exporte (Mrd. US-Dollar)	20,47
PKW-Dichte (je 1000 Einwohner)	57
PC-Dichte (je 1000 Einwohner)	7

Bahrain

Hauptstadt	Manama
Fläche (1000 km²)	0,711
Bevölkerung (Mio.)	0,7
Bevölkerungsdichte (Pers./km²)	915
Jährl. Bevölkerungswachstum (%)	2,21
Analphabetenquote (%)	12,9
Arbeitslosenquote (%)	3,1
Bruttoinlandsprodukt (Mrd. US-$)	7,971
Bruttoinlandsprodukt je Einwohner (US-Dollar)	11,387
Importe (Mrd. US-Dollar)	4,612
Exporte (Mrd. US-Dollar)	5,701
PKW-Dichte (je 1000 Einwohner)	270
PC-Dichte (je 1000 Einwohner)	153

Dschibuti

Hauptstadt	Dschibuti
Fläche (1000 km²)	23,2
Bevölkerung (Mio.)	0,632
Bevölkerungsdichte (Pers./km²)	27
Jährl. Bevölkerungswachstum (%)	2,96
Analphabetenquote (%)	36,6
Arbeitslosenquote (%)	--
Bruttoinlandsprodukt (Mrd. US-Dollar)	0,553
Bruttoinlandsprodukt je Einwohner (US-Dollar)	875
Importe (Mrd. US-Dollar)	0,153
Exporte (Mrd. US-Dollar)	0,012
PKW-Dichte (je 1000 Einwohner)	21
PC-Dichte (je 1000 Einwohner)	11

Irak

Hauptstadt	Bagdad
Fläche (1000 km²)	438,317
Bevölkerung (Mio.)	23,6
Bevölkerungsdichte (Pers./km²)	54
Jährl. Bevölkerungswachstum (%)	2,70
Analphabetenquote (%)	46,3

Arbeitslosenquote (%)	--
Bruttoinlandsprodukt (Mrd. US-Dollar)	--
Bruttoinlandsprodukt je Einwohner (US-Dollar)	--
Importe (Mrd. US-Dollar)	2,741
Exporte (Mrd. US-Dollar)	14,097
PKW-Dichte (je 1000 Einwohner)	32
PC-Dichte (je 1000 Einwohner)	--

Jemen

Hauptstadt	Sanaa
Fläche (1000 km²)	536,869
Bevölkerung (Mio.)	19,1
Bevölkerungsdichte (Pers./km²)	36
Jährl. Bevölkerungswachstum (%)	4,17
Analphabetenquote (%)	54,8
Arbeitslosenquote (%)	8,2
Bruttoinlandsprodukt (Mrd. US-Dollar)	8,532
Bruttoinlandsprodukt je Einwohner (US-Dollar)	447
Importe (Mrd. US-Dollar)	2,326
Exporte (Mrd. US-Dollar)	4,078
PKW-Dichte (je 1000 Einwohner)	18
PC-Dichte (je 1000 Einwohner)	2

Jordanien

Hauptstadt	Amman
Fläche (1000 km²)	89,342
Bevölkerung (Mio.)	5,1
Bevölkerungsdichte (Pers./km²)	57
Jährl. Bevölkerungswachstum (%)	2,90
Analphabetenquote (%)	10,8
Arbeitslosenquote (%)	14,4
Bruttoinlandsprodukt (Mrd. US-Dollar)	8,340
Bruttoinlandsprodukt je Einwohner (US-Dollar)	1635
Importe (Mrd. US-Dollar)	4,539
Exporte (Mrd. US-Dollar)	1,897
PKW-Dichte (je 1000 Einwohner)	52
PC-Dichte (je 1000 Einwohner)	34

Komoren

Hauptstadt	Moroni
Fläche (1000 km²)	2,235
Bevölkerung (Mio.)	0,706
Bevölkerungsdichte (Pers./km²)	316
Jährl. Bevölkerungswachstum (%)	2,95
Analphabetenquote (%)	40,8
Arbeitslosenquote (%)	--
Bruttoinlandsprodukt (Mrd. US-Dollar)	0,2
Bruttoinlandsprodukt je Einwohner (US-Dollar)	283
Importe (Mrd. US-Dollar)	--
Exporte (Mrd. US-Dollar)	--
PKW-Dichte (je 1000 Einwohner)	--
PC-Dichte (je 1000 Einwohner)	--

Kuwait

Hauptstadt	Kuwait City
Fläche (1000 km²)	17,818
Bevölkerung (Mio.)	2,0
Bevölkerungsdichte (Pers./km²)	112
Jährl. Bevölkerungswachstum (%)	2,48
Analphabetenquote (%)	18,1
Arbeitslosenquote (%)	7,1
Bruttoinlandsprodukt (Mrd. US-Dollar)	37,783
Bruttoinlandsprodukt je Einwohner (US-Dollar)	18 892
Importe (Mrd. US-Dollar)	5,685
Exporte (Mrd. US-Dollar)	17,762
PKW-Dichte (je 1000 Einwohner)	338
PC-Dichte (je 1000 Einwohner)	132

Libanon

Hauptstadt	Beirut
Fläche (1000 km²)	10,452
Bevölkerung (Mio.)	3,6
Bevölkerungsdichte (Pers./km²)	340
Jährl. Bevölkerungswachstum (%)	1,97
Analphabetenquote (%)	14,4

Arbeitslosenquote (%)	8,5
Bruttoinlandsprodukt (Mrd. US-Dollar)	16,488
Bruttoinlandsprodukt je Einwohner (US-Dollar)	4580
Importe (Mrd. US-Dollar)	6,23
Exporte (Mrd. US-Dollar)	0,714
PKW-Dichte (je 1000 Einwohner)	400
PC-Dichte (je 1000 Einwohner)	56

Libyen

Hauptstadt	Tripoli
Fläche (1000 km²)	1759,540
Bevölkerung (Mio.)	5,5
Bevölkerungsdichte (Pers./km²)	3
Jährl. Bevölkerungswachstum (%)	2,13
Analphabetenquote (%)	20,9
Arbeitslosenquote (%)	11,2
Bruttoinlandsprodukt (Mrd. US-Dollar)	--
Bruttoinlandsprodukt je Einwohner (US-Dollar)	--
Importe (Mrd. US-Dollar)	--
Exporte (Mrd. US-Dollar)	--
PKW-Dichte (je 1000 Einwohner)	--
PC-Dichte (je 1000 Einwohner)	0

Marokko

Hauptstadt	Rabat
Fläche (1000 km²)	458,730
Bevölkerung (Mio.)	30,4
Bevölkerungsdichte (Pers./km²)	66
Jährl. Bevölkerungswachstum (%)	1,87
Analphabetenquote (%)	52,0
Arbeitslosenquote (%)	15,1
Bruttoinlandsprodukt (Mrd. US-Dollar)	33,345
Bruttoinlandsprodukt je Einwohner (US-Dollar)	1097
Importe (Mrd. US-Dollar)	12,412
Exporte (Mrd. US-Dollar)	8,228
PKW-Dichte (je 1000 Einwohner)	38
PC-Dichte (je 1000 Einwohner)	13

Mauretanien

Hauptstadt	Nouakchott
Fläche (1000 km²)	1030,700
Bevölkerung (Mio.)	2,7
Bevölkerungsdichte (Pers./km²)	3
Jährl. Bevölkerungswachstum (%)	3,16
Analphabetenquote (%)	58,4
Arbeitslosenquote (%)	--
Bruttoinlandsprodukt (Mrd. US-Dollar)	0,935
Bruttoinlandsprodukt je Einwohner (US-Dollar)	346
Importe (Mrd. US-Dollar)	0,635
Exporte (Mrd. US-Dollar)	0,479
PKW-Dichte (je 1000 Einwohner)	3
PC-Dichte (je 1000 Einwohner)	10

Oman

Hauptstadt	Maskat
Fläche (1000 km²)	309,500
Bevölkerung (Mio.)	2,6
Bevölkerungsdichte (Pers./km²)	8
Jährl. Bevölkerungswachstum (%)	3,29
Analphabetenquote (%)	29,7
Arbeitslosenquote (%)	17,2
Bruttoinlandsprodukt (Mrd. US-Dollar)	19,748
Bruttoinlandsprodukt je Einwohner (US-Dollar)	7595
Importe (Mrd. US-Dollar)	5,376
Exporte (Mrd. US-Dollar)	10,509
PKW-Dichte (je 1000 Einwohner)	123
PC-Dichte (je 1000 Einwohner)	32

Palästinensische Gebiete (völkerrechtlicher Status ungeklärt)

Hauptstadt	--
Fläche (1000 km²)	6,120
Bevölkerung (Mio.)	3,1
Bevölkerungsdichte (Pers./km²)	507
Jährl. Bevölkerungswachstum (%)	4,78
Analphabetenquote (%)	--

Arbeitslosenquote (%)   51
Bruttoinlandsprodukt (Mrd. US-Dollar)   4,509
Bruttoinlandsprodukt je Einwohner (US-Dollar) 1455
Importe (Mrd. US-Dollar)   2,60
Exporte (Mrd. US-Dollar)   0,737
PKW-Dichte (je 1000 Einwohner)   --
PC-Dichte (je 1000 Einwohner)   --

Qatar

Hauptstadt   Doha
Fläche (1000 km²)   11,437
Bevölkerung (Mio.)   0,62
Bevölkerungsdichte (Pers./km²)   54
Jährl. Bevölkerungswachstum (%)   1,99
Analphabetenquote (%)   19,2
Arbeitslosenquote (%)   5,1
Bruttoinlandsprodukt (Mrd. US-Dollar)   14,6
Bruttoinlandsprodukt je Einwohner (US-Dollar) 23548
Importe (Mrd. US-Dollar)   3,5
Exporte (Mrd. US-Dollar)   8,1
PKW-Dichte (je 1000 Einwohner)   --
PC-Dichte (je 1000 Einwohner)   136

Saudi-Arabien

Hauptstadt   Riad
Fläche (1000 km²)   2240,000
Bevölkerung (Mio.)   21,0
Bevölkerungsdichte (Pers./km²)   9
Jährl. Bevölkerungswachstum (%)   3,49
Analphabetenquote (%)   23,9
Arbeitslosenquote (%)   15,0
Bruttoinlandsprodukt (Mrd. US-Dollar)   173,287
Bruttoinlandsprodukt je Einwohner (US-Dollar) 8252
Importe (Mrd. US-Dollar)   36,191
Exporte (Mrd. US-Dollar)   74,688
PKW-Dichte (je 1000 Einwohner)   182
PC-Dichte (je 1000 Einwohner)   67

Somalia

Hauptstadt	Mogadischu
Fläche (1000 km²)	637,657
Bevölkerung (Mio.)	8,78
Bevölkerungsdichte (Pers./km²)	14
Jährl. Bevölkerungswachstum (%)	3,56
Analphabetenquote (%)	--
Arbeitslosenquote (%)	--
Bruttoinlandsprodukt (Mrd. US-Dollar)	--
Bruttoinlandsprodukt je Einwohner (US-Dollar)	--
Importe (Mrd. US-Dollar)	--
Exporte (Mrd. US-Dollar)	--
PKW-Dichte (je 1000 Einwohner)	--
PC-Dichte (je 1000 Einwohner)	--

Sudan

Hauptstadt	Khartum
Fläche (1000 km²)	2505,813
Bevölkerung (Mio.)	31,8
Bevölkerungsdichte (Pers./km²)	13
Jährl. Bevölkerungswachstum (%)	2,13
Analphabetenquote (%)	43,1
Arbeitslosenquote (%)	17,0
Bruttoinlandsprodukt (Mrd. US-Dollar)	11,516
Bruttoinlandsprodukt je Einwohner (US-Dollar)	362
Importe (Mrd. US-Dollar)	1,440
Exporte (Mrd. US-Dollar)	1,768
PKW-Dichte (je 1000 Einwohner)	4
PC-Dichte (je 1000 Einwohner)	4

Syrien

Hauptstadt	Damaskus
Fläche (1000 km²)	185,180
Bevölkerung (Mio.)	16,6
Bevölkerungsdichte (Pers./km²)	90
Jährl. Bevölkerungswachstum (%)	2,59
Analphabetenquote (%)	26,4

Arbeitslosenquote (%)	6,5
Bruttoinlandsprodukt (Mrd. US-Dollar)	16,984
Bruttoinlandsprodukt je Einwohner (US-Dollar)	1023
Importe (Mrd. US-Dollar)	4,033
Exporte (Mrd. US-Dollar)	4,700
PKW-Dichte (je 1000 Einwohner)	9
PC-Dichte (je 1000 Einwohner)	16

Tunesien

Hauptstadt	Tunis
Fläche (1000 km²)	163,610
Bevölkerung (Mio.)	9,6
Bevölkerungsdichte (Pers./km²)	58
Jährl. Bevölkerungswachstum (%)	1,12
Analphabetenquote (%)	30,1
Arbeitslosenquote (%)	15,6
Bruttoinlandsprodukt (Mrd. US-Dollar)	19,462
Bruttoinlandsprodukt je Einwohner (US-Dollar)	2027
Importe (Mrd. US-Dollar)	8,593
Exporte (Mrd. US-Dollar)	5,986
PKW-Dichte (je 1000 Einwohner)	52
PC-Dichte (je 1000 Einwohner)	24

Vereinigte Arabische Emirate

Hauptstadt	Abu Dhabi
Fläche (1000 km²)	77 700
Bevölkerung (Mio.)	2,7
Bevölkerungsdichte (Pers./km²)	34
Jährl. Bevölkerungswachstum (%)	2,05
Analphabetenquote (%)	24,9
Arbeitslosenquote (%)	2,6
Bruttoinlandsprodukt (Mrd. US-Dollar)	66,008
Bruttoinlandsprodukt je Einwohner (US-Dollar)	24 447
Importe (Mrd. US-Dollar)	39,584
Exporte (Mrd. US-Dollar)	41,068
PKW-Dichte (je 1000 Einwohner)	187
PC-Dichte (je 1000 Einwohner)	158

West-Sahara (von Marokko besetzt)

Hauptstadt	El-Aiyun
Fläche (1000 km²)	266,000
Bevölkerung (Mio.)	0,252
Bevölkerungsdichte (Pers./km²)	1
Jährl. Bevölkerungswachstum (%)	--
Analphabetenquote (%)	--
Arbeitslosenquote (%)	--
Bruttoinlandsprodukt (Mrd. US-Dollar)	--
Bruttoinlandsprodukt je Einwohner (US-Dollar)	--
Importe (Mrd. US-Dollar)	--
Exporte (Mrd. US-Dollar)	--
PKW-Dichte (je 1000 Einwohner)	--
PC-Dichte (je 1000 Einwohner)	--

Quellen: Statistisches Bundesamt Deutschland (www.destatis.de), Zugriffsdatum: 11.4.2003. – United Nations Development Programme / Arab Fund for Economic and Social Development: Arab Human Development Report. Creating Opportunities for Future Generations. New York: UNDP, 2002. – Nah- und Mittelostverein e. V. (Hrsg.): Nah- und Mittelost. Wirtschaftshandbuch 2002. Hamburg: NUMOV, 2001. – Alexander SchulAtlas. Gotha: Justus Perthes, 2002.

Literaturempfehlungen

I. Allgemein

Für konzise Analysen zu aktuellen Problemen der arabischen Welt empfehle ich die Zeitschriften *Middle East Report* (Washington) und insbesondere die deutschsprachige *INAMO* (Berlin). Informationen zu vielen Aspekten (auch) der arabischen Welt finden sich in folgenden Nachschlagewerken:

Enzyklopädie des Islam. Geographisches, ethnographisches und biographisches Wörterbuch der muhammedanischen Völker. 4 Bde. und Erg.-Bd. Leiden/Leipzig 1913–38.

The Encyclopaedia of Islam. New Edition. Vol. 1 ff. Leiden 1954 ff.

Barthel, Günter / Stock, Kristina (Hrsg.): Lexikon arabische Welt. Kultur, Lebensweise, Wirtschaft, Politik und Natur im Nahen Osten und Nordafrika. Wiesbaden 1994.

II. Literatur zu den einzelnen Themenkomplexen (s. Einleitung)

1. Grundlagen

Hartmann, Richard: Die Religion des Islam. Darmstadt 1987. [Zuerst: Berlin 1944.]

Johansen, Baber: Contingency in a Sacred Law. Legal and Ethical Norms in the Muslim *Fiqh*. Leiden/Boston/Köln 1999. [Aufsätze zu wichtigen Fragen des islamischen Rechts und seiner Entwicklung.]

Richard, Yann: Der verborgene Imam. Die Geschichte des Schiismus in Iran. Berlin 1983. [Gute Einführung in die Geschichte der Schia.]

Rodinson, Maxime: Die Araber. Frankfurt a. M. 1981. [Sehr nützliche Monographie, aber schlecht übersetzt; daher besser das Original heranziehen: Maxime Rodinson, *Les Arabes*, Paris 1979.]

Ruthven, Malise: Der Islam. Eine kurze Einführung. Stuttgart 2000. [Eine nützliche Einführung, die auch Gegenwartsprobleme behandelt.]

Steppat, Fritz: Islam als Partner. Islamkundliche Aufsätze 1944–1996. Beirut 2001. [Wegweisende Aufsätze des Doyens der »gegenwartsgeöffneten« Orientalistik.]

2. Vormoderne Geschichte
(bis zum Ende des 18. Jahrhunderts)

Lothar Rathmann [u. a.]: Geschichte der Araber von den Anfängen bis zur Gegenwart. 7 Bde. Berlin [Ost] 1971–83.

Brockelmann, Carl: Geschichte der islamischen Völker und Staaten. München/Berlin 1943.

Endreß, Gerhard: Einführung in die islamische Geschichte. München 1982. [Vorzügliche Einführung mit Chronologie und ausführlicher Bibliographie.]

Haarmann, Ulrich (Hrsg.): Geschichte der arabischen Welt. München ²1991. [Das deutsche Standardwerk zum Thema.]

Hourani, Albert: Geschichte der arabischen Völker. Frankfurt a. M. 1992.

Maalouf, Amin: Der Heilige Krieg der Barbaren. Die Kreuzzüge aus der Sicht der Araber. München 1997. [Eine gut zu lesende Geschichte der Kreuzzüge aus arabischer Sicht.]

Rodinson, Maxime: Mohammed. Luzern / Frankfurt a. M. 1975. [Auch dieses – vorzügliche – Buch von Rodinson ist schlecht übersetzt, auch hier empfiehlt sich der Rückgriff auf das Original: Maxime Rodinson, *Mahomet*, Paris ²1968.]

3. Umbruch zur Moderne
(19. Jahrhundert)

Antonius, George: The Arab Awakening. The Story of the Arab National Movement. Beirut 1969. [Nachdr. der Ausg. London 1938.]

Hourani, Albert: Arabic Thought in the Liberal Age 1798–1939. London / Oxford / New York 1970. [¹1962.] [Klassiker zur Geschichte des modernen arabischen Denkens.]

Issawi, Charles (Hrsg.): The Economic History of the Middle East 1800–1914. Chicago/London 1966.

Johansen, Baber: Islam und Staat. Abhängige Entwicklung, Verwaltung des Elends und religiöser Antiimperialismus. Berlin 1982. (Argument Studienhefte. 54.) [Sehr empfehlenswerte konzise Darstellung des Umbruchs zur Moderne in der islamischen Welt, mit ausführlicher Bibliographie.]

Kohn, Hans: Die Europäisierung des Orients. Berlin 1934. [Anregende Darstellung der Verwestlichungsproblematik.]

4. Moderne Geschichte
(seit dem Ersten Weltkrieg)

Abdel-Malek, Anouar: Ägypten – Militärgesellschaft. Das Armeeregime, die Linke und der soziale Wandel unter Nasser. Frankfurt a. M. 1971. [Klassische Darstellung der Hintergründe und der Entstehung des Nasserismus in Ägypten.]

Baumgarten, Helga: Palästina – Befreiung in den Staat. Frankfurt a. M. 1991. [Zur Entstehung und Entwicklung der PLO.]

Corm, Georges: Géopolitique du conflit libanais. Paris 1986. [Wichtige Aufsätze zur Libanon-Problematik.]

– Le proche-orient éclaté. De suez à l'invasion du liban, 1956–1982. Paris 1983. [Darstellung – und anregende Erklärung – eines wichtigen Abschnitts der arabischen Geschichte.]

Ende, Werner / Steinbach, Udo (Hrsg.): Der Islam in der Gegenwart. München ⁴1996. [Gute Darstellung vieler Aspekte der modernen islamischen Welt, mit nach Ländern geordneten Abschnitten über die politischen und rechtlichen Probleme auch vieler arabischer Länder.]

Flores, Alexander: Indifada. Aufstand der Palästinenser. Berlin ²1989.

Held, Jean-Francis / Lacouture, Jean / Lacouture, Simonne / Rouleau, Eric: Israël et les Arabes. Le 3ᵉ combat. Paris 1967. [Lebendige Darstellung des Junikriegs.]

Henle, Hans: Der neue Nahe Osten. Frankfurt a. M. 1972. [Für die Erscheinungszeit eine brauchbare Darstellung der jüngeren Geschichte der nahöstlichen Länder.]

Hottinger, Arnold: Die Araber vor ihrer Zukunft. Geschichte und Problematik der Verwestlichung. Paderborn [u. a.] 1989.

Kepel, Gilles: Der Prophet und der Pharao. Das Beispiel Ägypten – Die Entwicklung des muslimischen Extremismus. München/Zürich 1995. [Gute Darstellung und Erklärung.]

Krämer, Gudrun: Gottes Staat als Republik. Reflexionen zeitgenössischer Muslime zu Islam, Menschenrechten und Demokratie. Baden-Baden 1999. [Diese Darstellung erfasst sehr gut die Problematik von Muslimen, die gleichzeitig an ihrer Religion festhalten und sich den Herausforderungen der heutigen Welt stellen wollen.]

Macdonald, Robert W.: The League of Arab States. A Study in the Dynamics of Regional Organization. Princeton (N. J.) 1965. [Darstellung der Entstehung und frühen Geschichte der Arabischen Liga.]

Mejcher, Helmut: Sinai, 5. Juni 1967. Krisenherd Naher und Mittlerer Osten. München 1998. [Monographie, die den Junikrieg in den größeren historischen Zusammenhang stellt.]

– (Hrsg.): Die Palästina-Frage 1917–1948. Historische Ursprünge und internationale Dimensionen eines Nationenkonflikts. Paderborn [u. a.] ²1993. [Wichtige Aufsätze zur Entwicklung des Palästinakonflikts im genannten Zeitraum.]

Mitchell, Richard P.: The Society of the Muslim Brothers. Oxford / New York 1969. [Umfassendste Darstellung der ägyptischen Muslimbrüder.]

Rodinson, Maxime: L'Islam: politique et croyance. Paris 1993. [Sammlung von Aufsätzen zur Bedeutung des Islam in der modernen Welt.]

– Marxisme et monde musulman. Paris 1972. [Sammlung von wegweisenden Aufsätzen zur modernen islamischen Geschichte.]

Ruf, Werner: Die algerische Tragödie. Vom Zerbrechen des Staates einer zerrissenen Gesellschaft. Münster 1997. [Vorzügliche Darstellung der modernen algerischen Geschichte, welche die derzeitige Krise erklärt.]

Scharf, Claus / Schatkowski Schilcher, Linda (Hrsg.): Der Nahe Osten in der Zwischenkriegszeit 1919–1939. Die Interdependenz von Politik, Wirtschaft und Ideologie. Stuttgart 1989. [Sammelband zur Geschichte des Nahen Ostens in der genannten Zeit, mit einer sehr ausführlichen Auswahlbibliographie.]

Schulze, Reinhard: Geschichte der islamischen Welt im 20. Jahrhundert. München ²2002. [Sehr anregende Darstellung des Themas.]

Sivan, Emmanuel: Radical Islam. Medieval Theology and Modern Politics. New Haven / London 1985. [Guter Überblick über die Weltsicht der arabischen – und vor allem ägyptischen – Islamisten.]

5. Großregionen der arabischen Welt

Mensching, Horst / Wirth, Eugen (Hrsg.): Nordafrika und Vorderasien. Frankfurt a. M. 1973. (Fischer Länderkunde. Bd. 4.) [Sehr brauchbare grundlegende geographische Darstellung.]

Nötzold, Günter (Hrsg.): Die arabischen Länder. Gotha/Leipzig 1970. [Vor allem wirtschaftsgeographisch orientierte Überblicksdarstellung.]

6. Sozialstruktur

Bunzl, John: Juden im Orient. Jüdische Gemeinschaften in der islamischen Welt und orientalische Juden in Israel. Wien 1989.

Van Nieuwenhuijze, C. A. O.: Sociology of the Middle East. A Stocktaking and Interpretation. Leiden 1971. [Umfassende Darstellung vieler Aspekte der nahöstlichen Sozialstruktur.]

Wirth, Eugen: Die orientalische Stadt im islamischen Vorderasien und Nordafrika. 2 Bde. Mainz 2000. [Ein vorzüglicher, gut dokumentierter Überblick über die wichtigen Züge der traditionellen wie der modernen orientalischen Stadt.]

7. Wirtschaft

Mejcher, Helmut: Die Politik und das Öl im Nahen Osten. Bd. I: Der Kampf der Mächte und Konzerne vor dem Zweiten Weltkrieg. Stuttgart 1980. – Bd. 2: Die Teilung der Welt 1938–1950. Ebd. 1990. [Detaillierte Darstellung der internationalen Auseinandersetzung um das nahöstliche Öl; Bd. III i. Vorb.]

Richards, Alan / Waterbury, John: A Political Economy of the Middle East. State, Class and Economic Development. Boulder (Col.) 1990. [Überblick über den Verlauf und Stand der ökonomischen Entwicklung in der arabischen Welt, Türkei und Iran.

Der Artikel »Landwirtschaft« des vorliegenden Bandes beruht
weitgehend auf dem 6. Kapitel von Richards/Waterbury.]
Schoeltzke, Werner (Hrsg.): Nah- und Mittelost Wirtschaftshandbuch 2002. Hamburg 2001. [Überblicksdarstellung über wichtige Wirtschaftsdaten u. a. der arabischen Länder.]

8. Gegenwart

El Saadawi, Nawal: The Hidden Face of Eve. Women in the Arab
World. London 1980. [Darstellung der wichtigsten Aspekte der
Frauendiskriminierung in der arabischen Welt.]
Hartmann, Thomas (Hrsg.): Orient-Express. Ansichten zum Islam. Leipzig 1991. (Kopfbahnhof. Almanach 4.) [Enthält einige
sehr sprechende Texte zum Gemüts- und Bewusstseinszustand
der heutigen Araber.]
Khoury, Paul: Une lecture de la pensée arabe actuelle. Trois étu-
des. Münster 1981. [Versuch einer Skizzierung der Hauptlinien
heutigen arabischen Denkens auf politischem und sozialem Ge-
biet.]
Laroui, Abdallah: L'idéologie arabe contemporaine. Essai critique.
Paris 1967. [Analytische Darstellung der Tendenzen des arabischen Denkens.]
Mernissi, Fatima: Beyond the Veil. Male-Female Dynamics in
Modern Muslim Society. London 1985. [Ergebnisse einer Un-
tersuchung des Geschlechterverhältnisses in Marokko.]
Norton, Augustus Richard (Hrsg.): Civil Society in the Middle
East. 2 Bde. Leiden / New York / Köln 1995/96. [Aufsatzsamm-
lung über den Zusammenhang von Entwicklung der Zivilgesell-
schaft und Perspektiven der Demokratisierung in arabischen –
und anderen nahöstlichen – Ländern.]
Perthes, Volker: Geheime Gärten. Die neue arabische Welt. Berlin
2002. [Sehr kompetente Darstellung der gegenwärtigen Tendenzen der arabischen Politik.]
United Nations Development Programme / Arab Fund for Economic and Social Development (Hrsg.): Arab Human Development Report 2002. Creating Opportunities for Future Generations. New York 2002. [Zusammenfassende kritische Darstellung des Entwicklungsstandes der arabischen Welt.]

Zum Autor

ALEXANDER FLORES, geboren 1948, Historiker und Islamwissenschaftler. Lehrt Wirtschaftsarabistik an der Hochschule Bremen. Mehrjährige Aufenthalte in arabischen Ländern. Arbeitsschwerpunkte: moderne Sozial- und Geistesgeschichte des Nahen Ostens, Palästinakonflikt, moderne Entwicklungen im Islam.

Wichtigste Veröffentlichungen: Nationalismus und Sozialismus im arabischen Osten. Kommunistische Partei und arabische Nationalbewegung in Palästina 1919–1948. 1980. – (Mithrsg.) Palästinenser in Israel. 1983. – (Mitverf.) Falscher Alarm? Studien zur sowjetischen Nahostpolitik. 1985. – Intifada. Aufstand der Palästinenser. 1988. – (Hrsg.) Die Zukunft der orientalischen Christen. Eine Debatte im Mittleren Osten. 2001.